天然气行业
法律研究及操作实务

郝 伟 著

中国商务出版社
·北京·

图书在版编目（CIP）数据

天然气行业法律研究及操作实务/郝伟著. --北京：
中国商务出版社，2024.4
ISBN 978-7-5103-5094-8

Ⅰ.①天… Ⅱ.①郝… Ⅲ.①天然气工业—法律—研
究—中国 Ⅳ.①D922.292.4

中国国家版本馆 CIP 数据核字（2024）第 090772 号

天然气行业法律研究及操作实务

郝 伟 著

出版发行：中国商务出版社有限公司
地　　址：北京市东城区安定门外大街东后巷 28 号　邮　　编：100710
网　　址：http://www.cctpress.com
联系电话：010—64515150（发行部）　　010—64212247（总编室）
　　　　　010—64243656（事业部）　　010—64248236（印制部）
责任编辑：谢星光
排　　版：北京天逸合文化有限公司
印　　刷：北京九州迅驰传媒文化有限公司
开　　本：700 毫米×1000 毫米　1/16
印　　张：20　　　　　　　　　　　字　　数：307 千字
版　　次：2024 年 4 月第 1 版　　　　印　　次：2024 年 4 月第 1 次印刷
书　　号：ISBN 978-7-5103-5094-8
定　　价：88.00 元

前　言 QIANYAN ▶ ▶ ▶

天然气是"最清洁的化石能源"。随着我国在能源结构调整和环境保护方面的持续努力，天然气作为一种清洁能源，正在逐渐替代煤炭成为主要的能源。

随着需求的增加，近年来，我国的天然气产业经历了显著的增长。一方面是国内产量的稳定增长，另一方面是天然气进口量的同步稳步增长。统计资料显示，从 2011 年到 2022 年，我国国内的天然气产量年复合增长率达到了 7.1%。仅 2022 年，国内自产气量就达到了 2 178 亿方，同比增长了 6.1%。与此同时，天然气的进口量也呈现出同步增长的趋势。从 2010 年到 2021 年，国内天然气的表观消费量从 1 074 亿方增长到了 3 740 亿方，年复合增长率达到了 12.0%。即使 2022 年国内的天然气进口量和表观消费量略有回落，但整体消费量仍然维持在一个相对较高的水平。

展望未来，我国的 LNG 需求仍有很大的增长空间。根据国家发展和改革委员会能源研究所的预测，到 2030 年，我国的天然气需求将达到 6 000 亿方。如果按照每年 5% 的增长速度计算，到 2030 年，国内自产气量将达到 3 218 亿方。此外，管道气的进口量也将从 2022 年的 650 亿方增加到 950 亿方。基于这些预测，到 2030 年，我国的 LNG 进口需求将达到 1 832 亿方，比 2022 年增长了 930 亿方，年复合增长率为 9.3%。[①]

一个行业的健康发展离不开一个健康的外部环境。影响天然气行业健康运转的因素有很多，法律环境是其中最不能被忽视的一个。充分了解这个行业的法律、法规和政策，无疑对促进行业健康发展，同时保障行业从业人员依法、合规运营、管理相关行业主体具有十分重要的意义。

---

① 资产信息网. 2023 年天然气行业研究报告 [R/OL]. https://baijiahao.baidu.com/s? id = 1777252418 411278093&wfr=spider&for=pc.

　　天然气行业有其特殊性，法律的理解和适用均离不开对该行业的理解和把握。首先，天然气行业的产业链较长，涉及探测和开采，生产、运输和存储，销售和使用，每一个环节都体现出该行业的特殊性，比如销售合同中的照付不议条款、管道建设中的"三穿"、压覆矿等都是该行业所独有的问题。其次，天然气行业涉及国计民生，相对其他产业，国家政策的变化会对这个行业有比较大的影响。最后，该行业中的国有企业占有极大比例，国资监管有关的规制对市场主体合规运营具有重大意义。基于这些情况，对天然气行业的法律法规进行研究整理，并对实务中出现的一些问题及解决方法进行探讨和总结，便具有了相当的现实意义。

　　作者的律师团队曾为某央企集团下属天然气板块相关多家企业提供过十余年法律服务，在此过程中，不断遇到这个行业在各个环节出现的各种法律问题，相对于其他行业是特殊性问题，但在天然气行业内部则具有一定的共性。在分析、处理和解决这些法律问题的过程中，我们不断对这些行业中的特殊性问题进行了归纳和整理，希望对于日后出现的同类问题可以起到指引和借鉴的作用，也有利于这些问题得到高效、准确的处理。

　　我们将平时研究和积累的一些文章按照天然气行业产业链的大致分类进行了归纳和整理。从上游气田开发所涉及的法律法规以及储气库、管道建设所涉及的法律问题，到中游天然气购销、运输中常见的争议问题，包括在实践中容易出现的照付不议条款的争议解决和天然气质量、计量、偏差结算等问题的争议解决，再到下游天然气终端销售的特许经营问题和反垄断问题。除了这些在天然气产业链中出现的法律问题外，我们把在工作过程中遇到的一些企业并购问题、合资合作过程中尽职调查问题也进行了梳理。在本书最后部分，我们对国外天然气价格与运输的监管制度也进行了一些总结和分析，希望能够从不同的视角对从业者提供一些帮助。

　　需要明确的是，本书的部分内容也不仅是这个行业才会涉及的，比如一些国有产权管理的规定和各行业都会涉及到的反垄断问题等。针对天然气行业本身的特殊法律问题，我们也没有能够将每一个环节所涉及的法律问题进行充分的研究，无法做到事无巨细、面面俱到，只是希望本次整理和总结能够抛砖引玉，引起大家关注天然气行业的法律问题，也希望能够为促进天然气行业在法治环境下健康有序的发展贡献一点力量。

目 录 CONTENTS ▶ ▶ ▶

第一章

天然气行业现状及法律体系概述

第一节 天然气行业现状分析

一、天然气行业现状

（一）什么是天然气

天然气是指在地表下孔隙性地层发现的天然烃类和非烃类混合物，常常和原油伴生在一起，其成分以甲烷为主。

天然气按用途分类，可分为居民燃料、车用燃料、工业用燃料和化工原料；按存储运输状态分类，可分为管输天然气（PNG）、压缩天然气（CNG）、液化天然气（LNG）；按气源分类，可分为气层气、油田伴生气和凝析气。[①]

（二）我国天然气行业现状

1. 供需两侧协同发力，天然气市场总体平稳

截至 2022 年，天然气供应侧发挥了国产气和进口长协气保供稳价"压舱石"作用，灵活调节 LNG 现货采购，资源池均衡定价平抑市场波动，多企互

[①] 刘吉余. 油气田开发地质基础 ［M］. 北京：石油工业出版社，2006.

济强化供应保障。天然气需求侧立足能源系统思维多能互补，发挥煤炭兜底保障作用，优化调整用气结构，通过用好气、少用气，同时发挥市场调节作用，采用可中断用户等快速响应平衡供需。天然气行业形成"全国一盘棋"，全产业链齐心协力，主动有效地应对国际市场价格波动的新局面。

2022 年，全国天然气消费量 3 646 亿立方米，同比下降 1.2%；天然气在一次能源消费总量中占比 8.4%，较上年下降 0.5 个百分点，体现了中国天然气产业发展的弹性和灵活性。从消费结构看，城市燃气消费占比增至 33%；工业燃料、天然气发电、化工行业用气规模下降，占比分别为 42%、17% 和 8%。广东和江苏全年消费量保持在 300 亿立方米以上，河北、山东和四川消费量处于 200 亿~300 亿立方米。

2. 大力提升勘探开发力度，新增储量产量维持高位

2022 年，天然气勘探开发在陆上超深层、深水、页岩气、煤层气等领域取得重大突破。其中，在琼东南盆地发现南海首个深水深层大型天然气田；页岩气在四川盆地寒武系新地层勘探取得重大突破，开辟了规模增储新阵地，威荣等深层页岩气田开发全面铺开；鄂尔多斯盆地东缘大宁—吉县区块深层煤层气开发先导试验成功实施。

2022 年，国内油气企业加大勘探开发投资，同比增长 19%。其中，勘探投资约 840 亿元，创历史最高水平；开发投资约 2 860 亿元。全国新增探明地质储量保持高峰水平 11 323 亿立方米。全国天然气产量 2 201 亿立方米，同比增长 6.0%，连续 6 年增产超过 100 亿立方米，其中，页岩气产量 240 亿立方米。

3. 管道气进口稳健增长，LNG 贸易灵活调节

2022 年，进口天然气 1 503 亿立方米，同比下降 9.9%。其中，来自土库曼斯坦、澳大利亚、俄罗斯、卡塔尔、马来西亚 5 个国家的进口量合计 1 215 亿立方米，占比 81%。管道气进口量 627 亿立方米，同比增长 7.8%，俄罗斯管道气增长 54%，中亚管道气近年履约量波动加大。在全球天然气供应紧张及 LNG 现货价格高企的背景下，中国灵活调节 LNG 进口。LNG 进口量 876 亿立方米，同比下降 19.5%，主要来自澳大利亚、卡塔尔、马来西亚、俄罗斯、

印度尼西亚、巴布亚新几内亚、美国。受国际高气价影响，中国作为进口国付出更高成本，LNG 进口货值同比增长 25%。

2022 年，中国企业新签 LNG 长期购销协议合同总量近 1 700 万吨/年，离岸交货（FOB）合同占比近 60%。

4. 基础设施建设持续推进，储气能力快速提升

"全国一张网"和全国储气能力建设工作加快推进，天然气基础设施"战略规划、实施方案、年度计划、重大工程"层层推进落实体系不断完善。

2022 年，全国长输天然气管道总里程 11.8 万千米（含地方及区域管道），新建长输管道里程 3 000 千米以上。其中，中俄东线（河北安平—江苏泰兴段）、苏皖管道及与青宁线联通工程等项目投产，"西气东输"三线中段、"西气东输"四线（吐鲁番—中卫段）等重大工程持续快速建设。

2022 年，全国新增储气能力约 50 亿立方米，大港驴驹河、大港白 15、吉林双坨子、长庆苏东 39~61、吐哈温吉桑储气库群温西一库、江汉盐穴王储 6 等地下储气库，以及中国海油江苏滨海 LNG 接收站等项目陆续投产，先后建成北京燃气天津 LNG 接收站、河北新天曹妃甸 LNG 接收站，进一步增强了环渤海区域保供能力。

5. 油气体制改革深入实施，市场体系加快建设

2022 年，共挂牌出让广西、黑龙江、新疆等 7 省（自治区）42 个石油天然气、页岩气区块。"全国一张网"建设持续推进。浙江省天然气管网以市场化方式融入国家管网，持续推动全国油气管网设施公平开放，油气管网设施运营效率稳步提升。国家管网开放服务及管容交易平台上线运行，积极探索"一票制"服务、"储运通"产品、文 23 储气库容量竞价等多样化交易模式。出台完善进口液化天然气接收站气化服务定价机制的指导意见。天然气购销合同的签订与执行构成天然气市场化保供的坚实基础。持续压缩管输层级和供气层级，部分地区积极探索和开展燃气特许经营评估，促进城镇燃气优胜劣汰，整合重组。

6. 科技创新示范取得新进展，塑造发展新动能

自主研发国产超深井钻机，四川盆地蓬莱气区的蓬深 6 井以 9 026 米刷新

亚洲最深直井纪录。成功研制"一键式"人机交互 7 000 米自动化钻机，并在四川长宁—威远页岩气国家级示范区成功应用。深层煤层气成藏模式、渗流机理取得新认识，钻井、压裂技术取得突破，拓展了煤层气开发的新思路新领域。首套国产化 500 米级水下油气生产系统、自主设计建造的亚洲第一深水导管架平台"海基一号"等正式投用。天然气管道在线仿真等数字化智能化水平持续提升。中国最大的碳捕集、利用与封存（CCUS）全产业链示范基地、国内首个百万吨级 CCUS 项目"中国石化齐鲁石化—胜利油田百万吨级 CCUS 项目"注气运行。国内首台自主研制 F 级 50 兆瓦重型燃气轮机正式交付进入实际应用。

7. 行业发展总体向好，局部矛盾需差异化解决

自天然气产供储销体系建设以来，国产气连续 6 年的年增产超百亿立方米，"全国一张网"初步形成，储气能力翻番式增长，全国天然气干线管输"硬瓶颈"基本消除。在气源及基础设施供应能力均充分保障、天然气产业链各环节均实现总体盈利的背景下，2022—2023 年采暖季，个别地区发生民生用气限供甚至断供等负面案例，暴露出部分地区民生保供责任未压实，特许经营权责不对等问题。下游企业用气成本较高，终端顺价的合理诉求及城燃领域优胜劣汰、整合重组的趋势也值得关注和引导。①

二、天然气行业发展

（一）天然气行业历史发展

1. 早期的天然气产业（1821 年以前）

在古希腊、古印度、古波斯和中国的文献资料中，都有过天然气的记录。早期人类发现，在旷野和湖泊中会出现一种气体，能被闪电击中而自燃产生火焰。随着人类活动的扩展和对自然现象的认识加深，天然气逐渐被人类为

---

① 中国天然气发展报告 2023 编委会. 中国天然气发展报告 2023 ［M］. 北京：石油工业出版社，2023.

生活所用。18 世纪末、19 世纪初期，英、美两国陆续出现了使用天然气照明等商业行为。但由于缺乏一些必要的技术手段，这些使用活动一直无法得到大规模的商业化应用，对天然气产业发展几乎毫无影响。20 世纪初，美国出现了天然气矿井，开始了商业化、大规模运作，天然气产业由此诞生。

(1) 中国是最早使用天然气的国家

中国是世界最早发现并使用天然气的国家，据史料记载，要比西方国家早 1 600 多年。

我国古籍中最早记载天然气的是东汉班固《汉书·郊祀志》。汉宣帝神爵元年，"祠天封苑火井于鸿门。"鸿门县，汉代置，属西河郡，在今陕西省北端的神木市西南。天封苑是汉代军马场的名称，鸿门邻近内蒙古草原，故在此设置军马场。北魏郦道元《水经·河水注》载："圁阴县（今神木市南）西五十里有鸿门亭，天封苑火井庙，火从地中出。"这条史料明确指出了火井庙的位置。

火井是古人对天然气井燃烧现象的称谓。上述记载说明，我国有记载最早发现天然气的应该是在陕西神木市，但鸿门火井是自然形成的，并非人工开凿。由于当时人们的认知有限，对这种地下蹿出来的火，认为是神灵显示，所以立祠祭祀。①

(2) 早期的燃气照明工业

英国最早开始将天然气用于街灯和家庭的照明。1732 年，英国的卡立舍·斯帕丁提出利用煤矿中排出的甲烷给怀特黑文街道提供照明。到 1813 年，英国伦敦和威士敏斯特燃气照明和焦炭公司取得了有史以来第一个市政煤气照明合同。美国的天然气照明工业则始于 1816 年，马里兰的巴蒂尔摩开始将天然气用于街灯照明。但是，此时使用的天然气大都是从煤矿中提炼出来的，即煤层气。相比自然的天然气，此时的天然气效率低下且对环境极为不利。由于没有引起世人的注意以及对其缺乏相应的了解，此时人们对于天

---

① 历史钩沉. 古人如何发掘并利用天然气 [EB/OL]. https://baijiahao.baidu.com/s? id = 174722507167973 7438&wfr=spider&for=pc.

然气的商业化使用非常有限。①

2. 天然气的商业化使用（1821—1915 年）

天然气在 19 世纪初被用于照明后，商业化进程逐渐加快。1821 年，美国出现了第一家天然气公司。随后，整个 19 世纪，世界各国，尤其是欧美国家，陆续成立了多家燃气照明公司。此时的天然气不再仅仅是煤矿中获得的极少且效率较低的煤层气，越来越多的天然气井被发现。到 19 世纪中后期及 20 世纪初期，天然气的消费不断增加，天然气贸易也随之出现。

（1）天然气商业公司的出现

1821 年，一个名叫威廉·哈特的年轻人为了获取天然气，在纽约的佛雷多尼亚凿下了一口 9 米深的井，成功地取得较大量的天然气，并且创办了佛雷多尼亚天然气照明公司，这是美国第一家天然气公司。这家公司为纽约小镇上的居民提供了照明燃料，威廉·哈特因而被认为是美国的"天然气之父"。随后，天然气逐渐开始被商业化、规模化使用，但仍然多用于照明。由于当时主流的燃料还是以容易获得的木材、煤炭为主，且天然气的开发需要相应的配套设施，否则易导致爆炸，因而天然气产业并未出现大规模开采和商业贸易。

（2）天然气贸易的出现

19 世纪中后期，世界各地，尤其是欧美等国，陆续出现了多家燃气公司，天然气的用途也逐渐不局限于照明工业。随着天然气需求的增加，天然气贸易也随之出现。1886 年，随着美孚石油托拉斯的成功，约翰·洛克菲勒创办了美孚燃气托拉斯，并且迅速购买 JN. 普在匹兹堡的输气权和销售权。1891 年，加拿大和美国之间敷设了一条从安大略巴特尔到纽约布法罗的输气管线。这标志着天然气国际贸易的出现。但是，这时的天然气产业正处于发展初期，因而贸易量极少，没有规模可言。

（3）世界各国天然气田的陆续发现

1821—1916 年，世界各国在不断普及使用城市燃气的同时，也陆续发

---

① 申万宏源. 这篇文章把天然气产业发展史说透了［EB/OL］. https://mp.weixin.qq.com/s/an-GqvpNKTxOV4eaAsHvY9A.

现了天然气气田资源。但是，此时天然气的使用仍集中在欧美国家，且由于有限的管道技术，发现的天然气资源大多在当地自行使用。其中，美国天然气的快速商业化为其在接下来的 30 年垄断世界天然气产业奠定了坚实的基础。①

3. 天然气产业的发展（1971—2000 年）

天然气大规模发展的年代是 1970 年以后。1990 年，世界天然气产量突破 2 万亿立方米，达到 21 397 亿立方米。20 世纪 70 年代初至 90 年代末，世界天然气储量继续增长，2000 年达到 125.7 万亿立方米；同年，世界天然气产量 24 134 亿立方米。这一时期，不仅大量的气田被发现并开采，而且随着管道建设的发展以及配套储气设施的完善，跨国天然气贸易迅速增长。此外，政府在 20 世纪 70 年代后逐渐放松了对天然气市场的交易和价格管制，使得天然气价格趋于合理水平。20 世纪 90 年代初，美国率先出现了天然气期货交易，天然气产业体系的发展更加完善。

20 世纪 70 年代开始，天然气的大容量长距离输送有了长足进步。1975 年，苏联建成第一条"联盟"输气管道，全长 3 641 千米。接着又陆续建成从乌连戈伊和扬堡气田"东气西输"的巨型管廊，年输气能力达到 2 000 亿立方米。

1981 年，世界第一条跨洲、跨海输气管道建成，即阿尔及利亚到意大利的跨地中海管道，年输气 120 亿立方米。截至 1988 年，美国的天然气高、中压管线全长 15.6 万英里②，地方配气公司所有的天然气输气管线全长 46.8 万英里③，基本上形成了覆盖全美的完善的输气管网。

在输气管道建设以及配套储气设施逐步完善的背景下，天然气的跨国贸易越来越频繁，主要由俄罗斯、加拿大、北非、中东流向欧洲、美国和东亚地区。1980 年以来，世界天然气贸易以约 6% 的速度增长着。目前，俄罗斯、加拿大、挪威是世界主要的管道天然气出口国，出口量占世界的 60% 以上。

---

① 申万宏源. 这篇文章把天然气产业发展史说透了［EB/OL］. https://mp.weixin.qq.com/s/an-GqvpNKTxOV4eaAsHvY9A.

② 15.6 万英里约为 25.1 千米。

③ 46.8 万英里约为 75.31 千米。

4. 新型天然气产业的出现（2001年至今）

由于石油危机的影响和天然气产业的逐渐壮大和成熟，以俄罗斯、伊朗和阿尔及利亚为主的相关国家提出了"天然气OPEC"的概念并不断推动其最终成立。此外，近十年来，随着技术的改革和创新，越来越多的新型天然气产业开始出现并不断发展。其中，受到最多关注的包括天然气直接转化为高性能燃料技术（GTL）、非常规天然气等。由于这些非传统意义的天然气产业不断壮大，天然气的使用率也不断提高。

三、天然气产业链分析

天然气产业链可分为上、中、下游。如图1-1所示，上游勘探开采，中游储存运输，下游分销至终端用户。天然气按形式可分为气态天然气、液化天然气（LNG）和压缩天然气（CNG）。其中，LNG液化后，体积大约缩小为气态天然气的1/625。其储存成本很低，具有投资省、占地少、储存效率高的特点。[①]

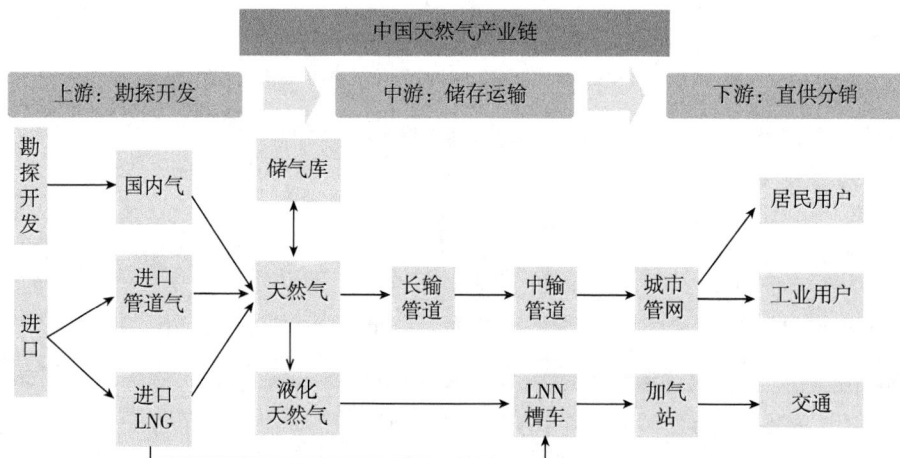

图1-1　中国天然气产业链

---

① 朱石. 中国天然气产业链价值研究 [EB/OL]. https://mp.weixin.qq.com/s/R3_ 3kAJUAqeS5s_lCy1gew.

（一）上游气源

1. 自采气

自采气参与主体少，垄断程度高。我国天然气开采一直是垄断程度最高的环节，由"三桶油"（中石油、中石化、中海油）主导。虽然自 2019 年开始，国家放开油气资源勘探开采准入限制，但是受勘探开采成本高、周期长等因素影响，截至当前，民企资本单独获得油气矿权的仍极少。目前，具有天然气勘查、开采资质的主体以"三桶油"和"延长石油"4 家为主。

2022 年，全国天然气产量 2 178 亿立方米，同比增长 4.9%。企业生产格局方面，中石油为国内最大的天然气供应商；区域生产格局方面，陕西、四川、新疆三大省份天然气产量占据 70% 以上，集中度较高，其中陕西天然气产量稳居第一位。

2. 进口气

中国基本形成了西北、西南、东北及东部四大天然气进口通道，其中，西北中亚管道、东北中俄管道、西南中缅管道为进口管道气，东部通道以进口 LNG（液态天然气）为主。管道气进口项目周期长、投资规模大，通常需要签订长期协议，价格受前期签订的长期协议影响较大；LNG 进口较为灵活，协议期限短期化，其价格与国际能源价格挂钩。

（二）中游储运

中国天然气储备体系主要包括 LNG 接收站、地下储气库、LNG 液化工厂等，运输体系由骨干管道、省级管道、城市管网、LNG 槽车构成。

1. 气态天然气储运

天然气通过骨干管道进入省级管网后，部分液化后储备起来，储备的 LNG 可用作冬季储气调峰，也可经 LNG 槽车运输分销；未液化的天然气可注入地下储气库储备，或者通过城市管网系统直接分销到终端用户。

骨干管道和省级管道依靠收取管输费实现建设资本回收。但是，投资建设运输管道审批手续繁杂，且投资回收期长，一般都由国企作为投资主体，导致管道资源较为集中。另外，目前我国地下储气库发展较为滞后，尚不能完全满足我国天然气存储的需要。

2. 液态天然气储运

LNG 接收站是进口 LNG 进入中国天然气市场的唯一窗口，分布在东部沿海地区，在整个天然气产业链中具有接收、气化和调峰功能。接收站自主进口 LNG，然后利用管道或罐车将 LNG 分销出去，赚取价差；其空余的窗口期可租赁给 LNG 贸易方，赚取接收费和存储费。

（三）下游销售

在天然气产业链下游，管道气通过管输到达城市；城市管道主要负责将省级管道气向下分销至终端用户（含居民用气、工业用气和汽车用气）。LNG 则通过槽车运输到用户终端。

城市管道运营方主要为政府控股的燃气公司、管网公司或者民营企业。在投建管道前，运营方通常与地方政府签订城市燃气项目协议，获取地区内的燃气特许经营权（一般为 30 年），因此，该环节经营属于网络型自然垄断。天然气市场化改革后，该环节逐步向民企、外商开放使得行业竞争提升，其竞争的核心为特许经营权。

2021 年，在城市燃气领域中，新奥能源、中国燃气、华润燃气 3 家企业市场占比均超过 4%。但整个城镇燃气市场的 CR10（市场最大十项之和所占比例）仅为 29.0%，行业集中度较低，竞争激烈。[①]

第二节 天然气行业主要法律规范

一、我国天然气行业立法进程

我国天然气法律、法规是伴随着石油立法的进程而建立起来的。1950 年 12 月 22 日，中央人民政府政务院通过了《中华人民共和国矿业暂行条例》。

---

① 前瞻经济学人. 洞察 2023：中国城市燃气生产与供应行业竞争格局及市场份额［EB/OL］. ht-tps://baijiahao.baidu.com/s?id=1766841974567085591&wfr=spider&for=pc.

这是新中国第一部涉及天然气矿产资源的行政法规，确立了矿产资源国家所有、探矿或采矿许可证等重要制度。在较长时期内，由于实行高度集中的计划经济管理体制，天然气与石油一样，它的勘探、开采和销售成为国家行为。其经营主体和生产经营方式单一，而且由于勘探开发不够，产、储量较低，没有形成产业规模，客观上对天然气立法的要求淡化，因此，天然气立法长期处于停滞状态。①

随着经济的发展，我国已认识到法律规制对促进油气行业发展的重要作用。从20世纪80年代开始，我国启动了天然气行业的立法进程。

（一）《中华人民共和国矿产资源法》及其配套规定

《中华人民共和国矿产资源法》（以下简称《矿产资源法》）于1986年3月19日第六届全国人民代表大会常务委员会第十五次会议通过，在1996年8月29日又进行了修改。《矿产资源法》是矿产资源领域中的基本法律，也是规制石油天然气行业的基本法律。但是，《矿产资源法》规定的内容较为原则和简略。随着实践中新问题的不断涌现，有关部门又颁布了一系列与之配套的规定。如《矿产资源勘察区块登记管理办法》《矿产资源开采登记管理办法》《探矿权采矿权转让管理办法》等，对《矿产资源法》起到了补充作用，有较好的操作性。

（二）勘察、开采方面的法律法规

这主要包括《石油及天然气勘查、开采登记管理暂行办法》及实施细则、《开采海洋石油资源缴纳矿区使用费的规定》《中外合作开采陆上石油资源缴纳矿区使用费暂行规定》《对外合作开采陆上石油资源条例》《石油及天然气勘察、开采登记收费暂行规定》等。这些法规、规章对天然气勘探、开采环节做了详细规定，更具有专业性和适用性。

（三）《中华人民共和国石油天然气管道保护法》

我国第一部保护石油天然气管道的专门立法是1989年颁布的《石油天然

---

① 陈玉龙. 我国应加快天然气立法进程 [J]. 四川石油经济，2001，1（5）.

气管道保护条例》，2010年6月25日颁布了《中华人民共和国石油天然气管道保护法》（以下简称《石油天然气管道保护法》）。相对于之前的条例及保护法在很多方面有了长足的进步。

（四）尚未出台的石油天然气法

20世纪80年代初期，当时的石油部就启动了起草石油天然气法的工作。1995年，由207名全国人大代表联名提议，要求国家制定出台石油天然气法。2005年，当时的国家发改委能源局召集多家企业及国家发改委能源研究所的负责人和专家学者，制定出石油天然气法的大致框架，但是此后就再无音讯。2008年国家能源局成立，不久后就正式召集业内相关单位专家，开始了立法讨论。但由于各方面的原因，至今尚未出台。[1] 2019年1月18日，国家能源局印发《能源行业深入推进依法治理工作的实施意见》，其中提到加快推进重点立法项目，再次提出要积极做好石油天然气法立法研究和起草修改工作，研究论证制定天然气管理行政法规。

二、我国现行天然气法律制度存在的问题

（一）立法分散、层级较低

目前，我国有关天然气方面的立法涉及油气资源管理体制、油气矿权、对外合作、管道安全、税费制度、土地、环保等领域。这些都是通过分散的法律法规、规章及其他规范性文件来规定的，缺乏一部统一的基础性的法律。而且规章及规范性文件效力层级太低，与天然气行业在整个国民经济中的重要地位严重不相称。此外，由于层级低，导致其贯彻落实情况也不理想。

（二）重要法律缺位，法律体系不健全

目前，在油气储运、销售、加工炼制、储备、油气田监管和保护等方面，

---

[1] 国际金属加工网. 国家能源局牵头　石油天然气立法再启动 [EB/OL]. https://www.mmsonline.com.cn/info/133073.shtml.

主要是大量的政策性文件，相关立法基本上还是空白。而且油气行业的基本原则、基本制度等散见于宪法、矿产资源法等其他法律，缺乏统一的石油天然气法作为行业基础性法律，体系不健全。

（三）立法滞后，不能满足发展需要

我国先行有关天然气行业的立法大部分是 20 世纪八九十年代制定的。随着油气产业的发展，这些法规的滞后性越发明显，其所确认的原则、制度难以适应形势的变化，而且这些法律法规在政府规制范围和手段、政企关系、市场准入等方面还与许多国际规则相悖，不能满足行业发展的需要。

（四）立法技术不成熟，导致法律法规可操作性差

现行法律法规由于颁布时间较早，当时立法技术不够成熟，法律法规条文本身存在诸多问题，如概念不明确、主管部门不明、责任不明、适用范围不确定等。这些都影响了法律法规的可操作性，导致立法本意不能在实践中贯彻落实。[①]

三、天然气行业监管

（一）行业主管部门

根据国务院发布的《城镇燃气管理条例》（中华人民共和国国务院令第583 号）（自 2011 年 3 月 1 日起实施）规定，国务院建设主管部门负责全国的燃气管理工作，县级以上地方人民政府燃气管理部门负责本行政区域内的燃气管理工作，中华人民共和国住房和城乡建设部为城市燃气行业的国家主管部门，各省级住房和城乡建设厅为各省级城市燃气行业的政府主管部门。本行业的自律机构是中国城市燃气协会及各地方城市的燃气行业协会。

---

① 田国兴. 石油天然气法律体系的完善［EB/OL］.［2022－10－02］https://www.gwyoo.com/lunwen/faxuelunwen/flfxlw/201210/542286.html.

（二）行业监管体制

目前，我国天然气行业的监管部门以发改委、自然资源部、生态环境部、应急管理部、住建部、能源局等部门为主，各主管部门对天然气行业产业链所涉及的不同环节实施监管和指导，包括天然气的勘探、开采、输送、销售等。

主管部门及监管体制如表1-1所示。

表1-1　主管部门及监管体制

项目	行业主管部门	行业监管体制
天然气管道输送	发改委	国家发改委负责制订中长期能源发展规划，制定、实施行业政策和法规，并审批相应额度的管道建设工程。根据拟建设输气管道的年输气能力、建设区域以及投资企业性质等进行区分，分别由国家发改委或各级发改委予以核准（备案或批复）
	能源局	国家能源局根据国民经济和社会发展的需要组织编制全国管道发展规划，并依照《中华人民共和国石油天然气管道保护法》规定主管全国管道保护工作，负责组织编制并实施全国管道发展规划，统筹协调全国管道发展规划与其他专项规划的衔接，协调跨省、自治区、直辖市管道保护的重大问题
	自然资源部（原国土资源部）	根据《中华人民共和国土地管理法》《国务院关于促进节约集约用地的通知》（国发〔2008〕3号）、《节约集约利用土地规定》（国土资源部令第61号）、《石油天然气工程项目用地控制指标》，对天然气管道输送工程用地进行管理控制
	应急管理部（原国家安监总局）	根据《中华人民共和国安全生产法》《中华人民共和国特种设备安全法》《中华人民共和国石油天然气管道保护法》《危险化学品安全管理条例》《危险化学品建设项目安全监督管理办法》《陆上石油天然气长输管道建设项目安全设施设计编制导则（试行）》《国家安全监管总局办公厅关于明确石油天然气长输管道安全监管有关事宜的通知》等法律法规规定，对天然气管道建设项目进行安全设施设计审查，将油气管道安全监管纳入危险化学品安全监管范畴，严格按照有关危险化学品安全监管法律法规、规范标准实施监管
	生态环境部（原环保部）	各级生态环境部对职责范围内的天然气管道输送项目制定环境保护管理措施和环境保护标准，并对项目进行事前、事中及事后管控，以保护天然气输送管道建设区周边生态环境

续表

项目	行业主管部门	行业监管体制
CNG 及 LNG 业务	发改委	CNG（LNG）加气站建设须经发改委核准/备案
城镇燃气管网领域	住建部	燃气经营许可须经所在地县级以上住建部门资质审查合格后批准
	发改委	管道燃气销售价格的确定和调整由县级以上地方发改物价部门审核、批准后组织实施
	县级以上地方人民政府燃气管理部门及其他有关部门	采用管道供应城镇燃气的地区实行区域性统一经营；燃气供应企业，必须经资质审查合格并经工商行政管理机关登记注册，方可从事经营活动；市政公用事业主管部门根据本级政府的授权负责本行政区域内的市政公用事业特许经营的具体实施；县级以上地方人民政府城建、劳动（安全监察）、公安（消防监督）部门按照同级人民政府规定的职责分工，共同负责本行政区域的城市燃气安全监督管理工作

（三）天然气行业主要法律规范汇总表

表1-2 天然气行业主要法律规范汇总表

法律法规名称	实施时间	颁布单位
《中华人民共和国石油天然气管道保护法》	2010 年 10 月 1 日	全国人大常务委员会
《中华人民共和国环境保护法》	2015 年 1 月 1 日	
《中华人民共和国安全生产法》	2021 年 9 月 1 日	
《中华人民共和国土地管理法》（2004 年修订）	2004 年 8 月 28 日	
《城镇燃气管理条例》（2016 年修订）	2016 年 2 月 6 日	国务院
《安全生产许可证条例》（2014 年修订）	2014 年 7 月 29 日	
《危险化学品安全管理条例》（2013 年修订）	2013 年 12 月 7 日	
《矿产资源勘查区块登记管理办法》（2014 年）	2014 年 7 月 9 日	
《天然气管道运输价格管理办法（试行）》	2021 年 6 月 7 日	国家发改委
《天然气管道运输定价成本监审办法（试行）》	2021 年 6 月 7 日	
《天然气基础设施建设与运营管理办法》	2014 年 4 月 1 日	
《市政公用事业特许经营管理办法》（2015 年修订）	2015 年 5 月 4 日	自然资源部（原国土资源部）
《陆上石油天然气长输管道建设项目安全设施设计编制导则（试行）》	2015 年 8 月 22 日	应急管理部（原国家安监总局）

续表

法律法规名称	实施时间	颁布单位
《基础设施和公用事业特许经营管理办法》	2015 年 6 月 1 日	国家发改委、财政部、原住建部、交通运输部、原水利部、人民银行等

四、天然气行业重点问题相关法律规范

(一) 天然气管道项目建设

天然气管道工程建设不同于一般的建设工程，具有施工线路长、跨行政区域多的特点，而且由于其运输的是天然气，属于危化品，对工程的安全、环保、压覆、穿越等均需要特殊要求。根据我国现行的相关法律法规，天然气管道建设需要办理的手续涵盖用地、施工及规划许可、环境影响评价、压覆矿评估、安全评价、职业卫生评价、防洪评价、穿越河流、公路、铁路批复等众多环节，相关手续的办理贯穿项目建设的全过程。我们对天然气管道建设项目中所涉及的相关法规进行了整理。

项目核准的相关法规有《企业投资项目核准和备案管理办法》《企业投资项目核准和备案管理条例》《政府核准的投资项目录（2016 年本)》。

规划选址及用地预审的相关法规有《中华人民共和国城乡规划法》（以下简称《城乡规划法》)、《建设项目选址规划管理办法》（建规〔1991〕583号)、《建设项目用地预审管理办法》、《关于以"多规合一"为基础推进规划用地"多审合一、多证合一"改革的通知》（自然资规〔2019〕2 号)。

项目用地手续办理的相关法规有《中华人民共和国土地管理法》（以下简称《土地管理法》)、《中华人民共和国土地管理法实施条例》、《城乡规划法》、《关于以"多规合一"为基础推进规划用地"多审合一、多证合一"改革的通知》（自然资规〔2019〕2 号)。

建设工程规划许可、施工许可办理的相关法规有《城乡规划法》、《中华

人民共和国建筑法》（以下简称《建筑法》）、《中华人民共和国石油天然气管道保护法》、《建筑工程施工许可管理办法》。

环境影响评价文件办理的相关法规有《中华人民共和国环境保护法》（以下简称《环境保护法》）、《石油天然气管道保护法》、《中华人民共和国环境影响评价法》（以下简称《环境影响评价法》）、《建设项目环境影响评价分类管理名录》、《建设项目环境保护管理条例》。

安全评价、安全审查手续办理的相关法规有《中华人民共和国安全生产法》《危险化学品安全管理条例》《危险化学品建设项目安全监督管理办法》。

地震安全性评价文件办理的相关法规有《中华人民共和国防震减灾法》《地震安全性评价管理条例》。

水土保持批复文件办理的相关法规有《中华人民共和国水土保持法（2010 修订）》《中华人民共和国水土保持法实施条例（2011 修订）》《开发建设项目水土保持方案编报审批管理规定（2005 修正）》。

防洪批复文件办理的相关法规有《中华人民共和国防洪法（2016 修正）》《水利部关于加强非防洪建设项目洪水影响评价工作的通知》《非防洪建设项目洪水影响评价报告审批》。

压覆重要矿产资源审批手续办理的相关法规有《矿产资源法》、《中华人民共和国矿产资源法实施细则》（以下简称《矿产资源法实施细则》）、《矿产资源开采登记管理办法》、《国土资源部关于进一步做好建设项目压覆重要矿产资源审批管理工作的通知》（国土资发〔2010〕137 号）、《自然资源部关于推进矿产资源管理改革若干事项的意见（试行）》（自然资规〔2019〕7 号）、《自然资源部办公厅关于矿产资源储量评审备案管理若干事项的通知》（自然资办发〔2020〕26 号）。

职业病危害相关手续办理的相关法规有《职业病防治法》《建设项目职业病防护设施"三同时"监督管理办法》《职业病危害因素分类目录》（国卫疾控发〔2015〕92 号）。

地质灾害危险性评估的相关法规有《地质灾害防治条例》《国务院关于加强地质灾害防治工作的决定》。

消防手续办理的相关法规有《中华人民共和国消防法》（以下简称《消防法》）、《建设工程消防设计审查验收管理暂行规定》。

防雷装置设计审查及验收手续的办理的相关法规有《中华人民共和国气象法》《气象灾害防御条例》《防雷减灾管理办法》《防雷装置设计审核和竣工验收规定》。

特种设备安全管理的相关法规有《特种设备安全法》（以下简称《特种设备安全法》）、《中华人民共和国特种设备安全监察条例》、《特种设备使用管理规则》、《关于压力管道气瓶安全监察工作有关问题的通知》（质检办特〔2015〕675号）、《特种设备使用管理规则》（TSG 08—2017）及《压力管道使用登记管理规则》（TSG D5001—2009）（已于2017年8月1日废止）。

涉路施工许可的相关法规有《中华人民共和国公路法》（以下简称《公路法》）、《中华人民共和国公路安全保护条例》、《路政管理规定》。

涉铁路施工的相关法规有《中华人民共和国石油天然气管道保护法》《中华人民共和国铁路法》《铁路安全管理条例》《高速铁路安全防护管理办法》《油气输送管道与铁路交汇工程技术及管理规定》（国能油气〔2015〕392号）。

穿越河流审查手续的办理的相关法规有《中华人民共和国水法》《中华人民共和国防洪法》《河道管理条例》《河道内建设项目管理的有关规定》。

文物保护的相关法规有《中华人民共和国文物保护法》（以下简称《文物保护法》）、《文物保护法实施条例》《水下文物保护管理条例》。

占用林地手续办理的相关法规有《中华人民共和国森林法》（以下简称《森林法》）、《中华人民共和国森林法实施条例》、《建设项目使用林地审核审批管理办法》。

占用草原手续办理的相关法规有《中华人民共和国草原法》《草原征占用审核审批管理规范》。

竣工验收的相关法规有《建设工程质量管理条例》、《危险化学品建设项目安全监督管理办法》、《中华人民共和国水土保持法》（以下简称《水土保护法》）、《中华人民共和国职业病防治法》（以下简称《职业病防法治》）及《建设项目职业病防护设施"三同时"监督管理办法》。

（二）天然气行业价格监管问题

2021 年 6 月 7 日，国家发展和改革委员会为健全天然气管道运输定价机制，规范定价成本监审行为，加强自然垄断环节价格监管，促进天然气行业高质量发展，根据《中华人民共和国价格法》、《中共中央、国务院关于推进价格机制改革的若干意见》（中发〔2015〕28 号）、《政府制定价格成本监审办法》（国家发展改革委令 2017 年第 8 号）等有关规定，制定了《天然气管道运输价格管理办法（暂行)》和《天然气管道运输定价成本监审办法（暂行)》。

《天然气管道运输价格管理办法（暂行)》明确规定了管道运输价格实行政府定价，按照"准许成本加合理收益"的方法制定，即通过核定准许成本、监管准许收益确定准许收入，核定管道运价率。并对准许收入的计算方式、准许收益率作出了明确规定。该规定的适用范围为国家石油天然气管网集团有限公司经营的跨省（自治区、直辖市）天然气管道运输价格，其他市场主体经营的跨省（自治区、直辖市）天然气管道原则上按照国家管网集团价格执行。

《天然气管道运输定价成本监审办法（暂行)》规定了管道运输定价成本监审工作由国务院价格主管部门负责组织实施。管道运输定价成本监审应当遵循合法性原则、相关性原则、合理性原则，同时明确规定了管道运输定价成本由折旧及摊销费、运行维护费构成。其中，折旧及摊销费是对管道运输业务相关的固定资产和无形资产，按照本办法规定的方法和年限计提的费用；运行维护费包括输气成本、管理费用、销售费用及纳入定价成本的相关税金。

（三）天然气质量标准问题

在我国境内普遍采用体积计量方式对天然气价款进行结算的情况下，天然气的质量是否符合标准就显得尤为关键。如果"不同质却同价"，无疑会使得购销双方利益失衡，实践中也存在不少关于天然气质量是否合格的争议和纠纷。

天然气的组分及各组分的比例是判断天然气质量的关键指标。为了尽可能避免硫化物对环境与人体的危害以及对天然气输配系统的腐蚀，天然气组分中硫化物的含量应当尽可能地降低并符合国家标准。

1. 强制性国家标准

《天然气（GB 17820—2018）》（2019 年 6 月 1 日实施），由国家市场监督管理总局、中国国家标准化管理委员会发布，归口于国家能源局。该标准适用于经过处理的、通过管道输送的商品天然气，主要规定了天然气产品质量要求、试验方法和检验规则，对天然气中高位发热量、总硫、硫化氢、二氧化碳等指标进行了量化确认。

2. 推荐性国家标准

《液化天然气的一般特性（GB/T 19204—2020）》（2021 年 1 月 1 日实施）。该标准由国家市场监督管理总局、中国国家标准化管理委员会发布，归口于国家标准化管理委员会。《液化天然气的一般特性》可作为液化天然气领域其他标准的参考，也可供设计和操作液化天然气设施的人员参考。该标准规定了液化天然气的一般特性、健康与安全、建造材料。

《液化天然气（GB/T 38753—2020）》（2020 年 11 月 1 日实施），适用于商品液化天然气，规定了液化天然气的质量、试验方法、检验规则及储存与装运的要求。

（四）天然气行业经营许可及特许经营问题

1. 燃气经营许可制度

对燃气经营许可制度进行规制的相关法律规范主要包括国务院制定的《城镇燃气管理条例》、住房和城乡建设部制定的《燃气经营许可管理办法》，以及各省人大常委会制定的燃气管理条例等。

2. 燃气特许经营制度

对燃气特许经营制度进行规制的相关法律规范主要包括住房和城乡建设部制定的《市政公用事业特许经营管理办法》，国家发展和改革委员会、财政部、住房和城乡建设部、交通运输部、水利部、中国人民银行制定的《基础设施和公用事业特许经营管理办法》，以及省级政府制定的地方燃气特许经营管理条例和办法等。

第二章

上游——天然气的开采、储备、管道建设

第一节　天然气的开采——气田开发

一、什么是油气田开发

所谓油气田开发，就是依据详探成果和必要的生产性开发试验，在综合研究的基础上对具有工业价值的油气田，从油气田的实际情况和生产规律出发，制订出合理的开发方案并对油气田进行建设和投产，使油气田按预定的生产能力和经济效果长期生产，直至开发结束。[①]

二、我国气田开发相关法律法规

《矿产资源法》第十六条规定了开采石油天然气等特定矿种可由国务院授权的有关主管部门审批和颁发采矿许可证。

《矿产资源勘查区块登记管理办法》第三条规定了以经纬度 $1' \times 1'$ 划分的区块为基本单位区块，石油天然气勘查项目允许登记的最大范围是 2 500 个基

[①]　郑俊德，张洪亮. 油气田开发与开采 [M]. 北京：石油工业出版社，1997.

本单位。第四条规定了勘查石油天然气的，由国务院地质矿产主管部门登记颁发勘查许可证。第七条规定了申请石油天然气滚动勘探开发的，要提交经国务院矿产储量审批机构批准的进行滚动勘探开发的储量报告。第十条规定了石油天然气勘查许可证有效期最长 7 年，滚动勘探开发的有效期最长为 15 年。第二十条规定石油天然气勘查期间可申请试采 1 年。第十七条规定探矿权人应当自领取勘查许可证之日起，按照下列规定完成最低勘查投入：（一）第一个勘查年度，每平方公里 2 000 元；（二）第二个勘查年度，每平方公里 5 000 元；（三）从第三个勘查年度起，每个勘查年度每平方公里 10 000 元。

《矿产资源开采登记管理办法》第三条规定了开采石油天然气的，由国务院地质矿产主管部门登记颁发采矿许可证；第四条规定了申请划定矿区范围应当根据经批准的地质勘查储量报告。

三、气田开发与固体矿产开发的区别

表 2-1　油气开发与固体矿开发的区别

事项	油气开发	固体矿开发
矿权审批	开采石油、天然气矿产的，经国务院指定的机关审查同意后，由国务院地质矿产主管部门登记，颁发采矿许可证	开采矿产资源，由省、自治区、直辖市人民政府地质矿产主管部门审批登记，颁发采矿许可证
批准文件	申请开采石油、天然气的，还应当提交国务院批准设立石油公司或者同意进行石油、天然气开采的批准文件以及采矿企业法人资格证明	申请开采国家规划矿区或者对国民经济具有重要价值的矿区内的矿产资源和国家实行保护性开采的特定矿种的，还应当提交国务院有关主管部门的批准文件
探矿期限	探采合一计划超过 5 年，未转采矿权仍继续开采的，按违法采矿处理	探矿权新立、延续及保留登记期限均为 5 年
开采期限		采矿许可证有效期，按照矿山建设规模确定：大型以上的，采矿许可证有效期最长为 30 年；中型的，采矿许可证有效期最长为 20 年；小型的，采矿许可证有效期最长为 10 年

四、我国气田开发相关法规及规范性文件

《中华人民共和国对外合作开采陆上石油资源条例》（2011 年 9 月 30 日第三次修订）。该条例规定了中国石油天然气集团公司、中国石油化工集团公司（以下简称中方石油公司）负责对外合作开采陆上石油资源的经营业务；负责与外国企业谈判、签订、执行合作开采陆上石油资源的合同；在国务院批准的对外合作开采陆上石油资源的区域内享有与外国企业合作进行石油勘探、开发、生产的专营权。中方石油公司在国务院批准的对外合作开采陆上石油资源的区域内，按划分的合作区块，通过招标或者谈判，与外国企业签订合作开采陆上石油资源合同。该合同经中华人民共和国商务部批准后，方为成立。中方石油公司也可以在国务院批准的合作开采陆上石油资源的区域内，与外国企业签订除前款规定以外的其他合作合同。该合同必须向中华人民共和国商务部备案。外国合同者根据国家有关规定和合同约定，可以将其应得的石油和购买的石油运往国外，也可以依法将其回收的投资、利润和其他合法收益汇往国外。外国合同者在中华人民共和国境内销售其应得的石油，一般由中方石油公司收购，也可以采取合同双方约定的其他方式销售，但是不得违反国家有关在中华人民共和国境内销售石油产品的规定。

《中华人民共和国对外合作开采海上石油资源条例》（国务院令第 606 号）。

《中共中央关于全面深化改革若干重大问题的决定》（2013 年 11 月 12 日）。其中涉及油气产业的内容为积极发展混合所有制经济。国有资本、集体资本、非公有资本等交叉持股、相互融合的混合所有制经济，是基本经济制度的重要实现形式，有利于国有资本放大功能、保值增值、提高竞争力，有利于各种所有制资本取长补短、相互促进、共同发展。允许更多国有经济和其他所有制经济发展成为混合所有制经济。国有资本投资项目允许非国有资本参股。允许混合所有制经济实行企业员工持股，形成资本所有者和劳动者利益共同体。

《国务院关于鼓励和引导民间投资健康发展的若干意见》（2010 年）。其中，涉及油气产业的内容为鼓励民间资本参与石油天然气建设。支持民间资本进入油气勘探开发领域，与国有石油企业合作开展油气勘探开发。支持民间资本参股建设原油、天然气、成品油的储运和管道输送设施及网络。

《国务院关于鼓励支持和引导个体私营等非公有制经济发展的若干意见》（2005 年）。其中，涉及油气产业的内容为：放宽非公有制经济市场准入。允许非公有资本进入垄断行业和领域。加快垄断行业改革，在电力、电信、铁路、民航、石油等行业和领域，进一步引入市场竞争机制。对其中的自然垄断业务，积极推进投资主体多元化，非公有资本可以参股等方式进入；对其他业务，非公有资本可以独资、合资、合作、项目融资等方式进入。在国家统一规划的前提下，除国家法律法规等另有规定的，允许具备资质的非公有制企业依法平等取得矿产资源的探矿权、采矿权，鼓励非公有资本进行商业性矿产资源的勘查开发。

《鼓励外商投资产业目录（2022 年版）》。该产业目录中鼓励外商投资涉及石油天然气的产业包括：石油、天然气（含页岩气、煤层气）的勘探、开发和矿井瓦斯利用；提高原油采收率（以工程服务形式）及相关新技术的开发与应用；物探、钻井、测井、录井、井下作业等石油勘探开发新技术的开发与应用。

第二节　天然气的储备——储气库法律问题研究

城镇燃气是我国现代化城市的重要基础设施。城镇燃气消费量占天然气消费量的 50%，中国将逐步成为天然气消费大国。根据我国能源发展战略，中国天然气市场发展前景广阔，在发展过程中仍然存在管道、储气设施建设不足、互连互通程度不够、上中下游缺乏统筹等问题。①

为了促进天然气产业健康发展，2018 年 8 月，国务院印发了《关于加快

---

① 陈泽芳. 中国城市燃气行业发展现状分析［EB/OL］.［2023-5-24］. https://www.chinairn.com/hyzx/20230524/150843843.shtml.

储气设施建设和完善储气调峰辅助服务市场机制的意见》。文件指出，我国要构建多层次的储备体系，建立以地下储气库和沿海液化天然气接收站为主，重点地区内陆集约规模化储气罐为辅，管网互联互通多层次的储气体系。

长期以来，在实践中，我国的地下储气库作为管道的附属设施，基本由一体化的管输/销售公司管理运营。储气库投资、运行成本和收益则包含在管输费中，由管输/销售企业向下游用户收取。

2016 年，中华人民共和国国家发展和改革委员会就天然气管道、储气库的服务定价发布了一系列文件，要求储气库与天然气管道实现业务分离、财务独立，储气库可通过销售调峰气与提供储气服务盈利，管输费中不得包含储气服务费用，储气库将逐步实现与管道的产权独立，自主经营。这是我国天然气市场发展的必然方向。

一、天然气调峰储备概念及特点

天然气调峰储备已是一个关乎社会稳定的重大议题。在进行天然气调峰储备的探讨时，对其概念的厘清以及对天然气调峰储备设施的类型进行详细的了解具有重要意义，能够指导我们遵循市场及社会发展规律，因时、因地制宜，做好对天然气调峰储备的建设及完善工作，并能够根据需求调整法律及政策对其的规制方式。

（一）天然气调峰储备的概念

天然气调峰储备是指，在天然气的使用过程中，总是存在用气的峰值变化，用气量的变化导致天然气供气系统的供气负荷在不同的时段呈现差异。因此，为了保障高峰时期居民的用气质量，就需要有关供气部门积极行动采取各种手段保障高峰时段天然气气量供应的平衡问题，建设各种调峰储备设施作为高峰时段气源的辅助性供应方。[1]

---

[1] 佚名. 城市天然气供应的储气与调峰 [EB/OL]. (2017-6-26) https://www.docin.com/p-1959865761.html.

（二）天然气调峰储备的特点

要实现有效的天然气调峰，就离不开调峰储气设备的支撑。一个完整的调峰储备体系，可以保障天然气用气高峰时节气源供应的稳定性。中国目前拥有的天然气调峰储备体系主要包括了三大部分。其一是最早建设且储备能力最佳的地下调峰储气库。其建设主体主要是中石油，建设类型主要是枯竭油气藏地下储气库和盐穴地下储气库。其二是伴随着气源的液化技术发展而来的 LNG 储气库。其主要储气方式是：LNG 接收站、LNG 工厂及 LNG 卫星站。其三是输气管道末端储气。其储气设备的储气量不及前两者高，但由于其直接与用户终端相衔接，对用气缺乏的时间和用气量具有极高的敏感度，因此也是天然气调峰储气体系中必不可少的部分。

二、我国已建成31座地下储气库

截至 2023 年 6 月，我国已建成地下储气库 31 座。呼图壁储气库是目前国内规模最大的地下储气库，注采气量居全国首位。呼图壁储气库是"西气东输"管网首个大型配套系统，总库容 117×108 立方米，生产库容 45.1×108 立方米。其功能定位是为"西气东输"二线和北疆地区季节调峰及战略储备之用。呼图壁储气库仅用两年时间便全面建成投产，堪称世界储气库建设史上的奇迹。港华燃气是我国仅有的由城市燃气企业建设运营的储气库，是由香港中华煤气、中盐金坛盐化有限责任公司合作建设的港华金坛储气库。其利用金坛地下盐穴空间资源优势，在用气低峰时期将富余气量存储起来，到用气高峰时期进行释放补充气量，起到调峰填谷的作用。[①]

2019 年 1 月 9 日，中国石油 2019—2030 年地下储气库建设规划部署安排会议在京召开。会上，中国石油天然气股份有限公司与各相关油气田企业签订储气库项目建设责任书，落实责任主体。明确至 2030 年，中国石油将扩容 10 座储气库（群），新建 23 座储气库。

---

① 张烈辉."一个神奇的地方"——储气库与油库［J］.油燃而声，2023（43）.

三、我国天然气调峰储备法律制度现状

随着城市化进程的加快，以及天然气冬夏季气源供应的不稳定性，调峰储备体系基础设施建设投入逐步加大，目前我国已经构建相当一部分的调峰储备设施，且随着技术的进步和建设规划的落实，整个调峰储备体系在市场需求和国家政策的推动下，已经在逐步走向完善。随着天然气调峰储备体系建设及运行的快速发展，探索构建天然气调峰储备相关的法律制度规范也应该提上议程。现行的涉及天然气调峰储备方面的法律制度主要包含以下几个方面。

一是法律。我国目前暂时没有针对天然气调峰储备制定相关的法律，在实践中，对调峰储备建设及运营中的规制通常依据的是已有的现行法律，如《安全生产法》《环境保护法》等。这些法律仅对天然气行业的安全生产以及生产过程中的环境保护提供了法律依据。

二是行政法规。其包含《城镇燃气管理条例》《特种设备安全监察条例》。

三是部门规章。其包含《关于加快推进储气设施建设的指导意见》《基础设施和公用事业特许经营管理办法》《天然气发展"十三五"规划》《天然气利用政策》《天然气基础设施建设与运营管理办法》《油气管网设施公平开放监管办法（试行）》《保障天然气稳定供应长效机制若干意见的通知》《能源发展战略行动计划（2014—2020年）》《国务院关于创新重点领域投融资机制鼓励社会投资的指导意见》。其中，与储气库相关的政策措施涵盖了储气库的建设、运营以及投资等方面。

四、我国天然气调峰储备面临的法律问题

2018年4月，国家发改委、国家能源局联合印发了《关于加快储气设施建设和完善储气调峰辅助服务市场机制的意见》。这是自《中共中央、国务院关于深化石油天然气体制改革的若干意见》（中发〔2017〕15号）下发以来，

国家有关部委出台的第一个配套落实文件，针对以下实践中可能存在的法律问题作出详细的规定。

1. 通常供用气双方签订的购销合同时并未对天然气调峰作出约定

在实践中，供用气双方通常在签订购销合同时，仅针对交付期、合同量、合同价格、气款结算等通用条款作出明确的约定，未针对天然气调峰作出详细的约定，如供气方的年度供气量、分月度供气量或月度不均衡系数、最大及最小日供气量等参数。这导致当出现超出合同的需求的情况，只能通过双方协商或由用气方通过市场化采购的方式解决，但针对出现的应急用气的情况下，仅通过以上两种方式显然不是长久之计。

由此，《关于加快储气设施建设和完善储气调峰辅助服务市场机制的意见》针对供用气双方签订的购销合同作出了详细的规定。首先，在签订购销合同时，双方要对天然气的年度供气量等作出明确的约定，并对双方违约的惩罚机制作出约定。其次，在实践中，购销合同未明确约定时，出现应急保供的情况下，供气方和管道企业可在能力范围内供应天然气并同时获得合理收益，额外产生的费用由用气方承担。最后，如购销合同未对供气方不能履行合同供应作出明确的约定，用气方外采气量超额支出的费用可由供气企业承担。

加强合同化的管理不仅有利于供用气双方计划用气、依法合作，同时也解决了天然气供应企业调峰储备时出现的"寒冬不寒"或"虽寒不用"等情况，即用气量不及预期的情况或出现因调峰价格高而导致的用气量短缺。

2. 基础设施使用方与实际运营方签订的服务合同不完善

据笔者了解，在实践中，对于提供天然气运输、气化、液化或压缩等服务的实际运营方与基础设施使用方在签订服务合同时，并未针对实际运营方根据各个时期的用气量，提供不同类型的管输、气化、液化等服务，从而造成基础设施的运营效率低下、服务成本不确定、基础设施尚有剩余能力但闲置等问题。

对此，《关于加快储气设施建设和完善储气调峰辅助服务市场机制的意见》作出了进一步的规定，要加强天然气运输、储存、气化、液化和压缩服务的合同化管理。首先，明确了在运营方向基础设施使用方提供服务时，双方应签订服务合同，同时应针对实际运营方根据各个时期的用气量，提供不同类型的管输、气化、液化等服务等。其次，设施使用方及运营方应共同加强用气曲线的科学预测，提高基础设施运营效率，从而确定服务成本。最后，该意见还规定了在设施运营方不能履行服务合同的情况下，保供支出（含气价和服务收费）超出正常市场运行的部分，原则上应由设施运营方承担。如果基础设施尚有剩余能力，且存在第三方需求时，基础设施运营企业需以可中断、不可中断等多样化服务合同形式，公平开放基础设施并可获得合理收益。

3. 储气设施通常未成立独立的储气服务公司，由政府调控储气服务价格

我国的地下储气库作为管道的附属设施，基本由一体化的管输或销售公司管理运营，并未成立独立的储气服务公司。随着国家管网公司的成立，截至目前，原中石油公司修建并管理的地下储气库现在由国家管网公司与中石油公司共同管理，其中部分地下储气库已经由国家管网公司全权接管。尽管如此，储气设施仍作为国家管网公司、中石油、中石化、中海油的附属设施。在储气设施不能完全独立的情况下，储气设施在天然气市场上不具有主动性，导致储气设施天然气购进价格和对外销售价格统一由政府调控，形成了垄断的市场结构。这对我国储气库未来的发展造成很大的影响。

国家发改委一直鼓励将储气设施的经营模式放开，鼓励成立独立的储气服务公司。据了解，目前，部分中国石油的分公司已经逐渐成立独立的储气服务部与储气公司，也逐步实现财务独立核算，但该储气服务部仅针对中国石油内部的公司提供储气服务，储气服务价格均由中国石油公司调控，暂不对外提供服务，也并未针对天然气调峰储备而开展不同的储气服务模式。

对此，2016年国家发改委发布了《天然气管道运输价格管理办法》《天然气管道运输定价成本监审办法》《关于明确储气设施相关价格政策的通知》等文件，首先是明确管道运输实行政府定价，把储气库、液化天然气接收站等

资产排除在管道运输业务准许成本之外，以实现管道运输价格和储气服务价格的分离；其次在储气设施价格政策中把储气设施价格彻底放开，完全实行市场定价。

2018年出台的《关于加快储气设施建设和完善储气调峰辅助服务市场机制的意见》也作出了进一步的规定。首先，鼓励储气设施实行财务独立核算，成立专业化、独立的储气服务公司。其次，要求储气设施经营企业自营天然气买卖业务。储气设施经营企业可统筹考虑天然气购进成本和储气服务成本，购进和销售天然气的价格应由市场竞争形成，根据市场供求情况自主确定对外销售价格。最后，鼓励储气服务、储气设施购销气量进入上海、重庆等天然气交易中心挂牌交易。峰谷差大的地方，要在终端销售环节积极推行季节性差价政策，利用价格杠杆"削峰填谷"。城镇燃气经营企业投资建设的储气设施，建设和运营成本纳入城镇燃气配气成本统筹考虑。

针对我国天然气的储备，我国要构建多层次的储备体系，建立以地下储气库和沿海液化天然气接收站为主，重点地区内陆集约规模化储气罐为辅，管网互联互通多层次的储气体系，以及完备的储气设施、调峰体系建设及顺畅的运作。

针对天然气储备设施目前所面临的法律问题，首要任务是将供用气双方购销天然气的行为，以及实际运营方为基础设施使用方提供天然气运输、气化、液化或压缩等服务的行为实行合同化管理，并在合同中的对不同时期的天然气调峰储备作出明确、详细的约定。其次，储气设施应尽快成立专业独立的储气服务公司，并实行财务独立核算；储气设施经营企业也可自营天然气买卖业务，根据天然气市场不同时期的供求情况自主确定对外销售价格。最后，城镇燃气经营企业在投资建设储气设施时，可将建设和运营成本纳入城镇燃气配气成本统筹考虑。

构建和完善天然气储气调峰市场机制，要逐步落实储气调峰的责任，明确政府、供气企业、管道企业、燃气公司和大用户的储备调峰的义务与责任。在天然气调峰储备的体系建设的完善过程中，不仅需要中央政府和地方政府的支持，同时也需要天然气行业上、中、下游各个环节的共同努力。

第三节　天然气管道建设中常见法律问题

一、天然气管道建设中土地使用"以补代征"问题

在天然气管道工程建设过程中，管道标志桩等辅助设施存在单个占地面积小、数量大、跨区域、涉及土地权利人多等特点，通过合法程序征地存在难以克服的客观困难。天然气企业在施工和建设中出现了通过签订"以补代征"协议的形式取得实际土地使用权。这种协议在现行法律制度下也存在一定的问题和风险。我们对实践中出现的"以补代征"问题进行法律分析，并就有关法律风险防范提出建议。

（一）天然气管道工程用地概述

天然气管道工程项目由线路、站场、阀室、施工与维修道路（伴行路）等主要工程以及电力系统、通信系统、自动控制系统等管道附属设施组成。其线路长，跨度大，涉及用地类别广泛，用地性质也多种多样。从土地利用范围来看，既涉及地上土地，也涉及地下土地；从用地利用期限来看，既有临时用地，也有永久性用地；从土地的取得方式来看，既有出让方式取得的土地，也有划拨方式取得的土地。①

管道工程建设用地可分为临时建设用地、永久性建设用地、管道穿越用地、管道通行及限制用地、管道后续使用土地五大类。不同类型土地的用地审批手续和流程也不尽相同，涉及的各项税费也存有差异。因而梳理管道工程建设相关用地问题，对天然气企业的法律风险防范具有重要意义。

1. 临时建设用地

天然气管道工程施工中的临时建设用地主要是指管道工程敷设作业带、

---

① 陈晓平，陈涛，白泉，张海涛. 长输天然气管道建设用地费内容与计算 [J]. 石油规划设计，2018，29（03）：38-42.

施工临时通道、管材堆放及设备、材料存放场地、取弃土地场地，以及穿越工程的临时用地。

临时建设用地的特征在于土地占用的临时性，占用范围内的土地的性质和权利归属并不发生根本性的变更，原有土地所有权人或使用权人在仍享有完整的物权。在管道敷设完成后，土地权利状态恢复到占用之前的圆满状态。对于临时用地，天然气企业与土地权利人签订临时用地合同，按照合同约定的标准支付补偿费并取得施工期间的土地使用权，待管道工程施工完成后，将土地恢复原貌并归还原土地权利人。临时使用土地的期限一般不超过两年，不得修建永久性建筑物。

2. 管道穿越用地

天然气管道穿越用地是指管道与河流、公路、铁路、自然保护区、林地、文物保护区、军事用地穿越，以及与其他构筑物交叉穿越时的用地。

穿越用地的取得必须征得相关主管部门的同意和支持，并且必须支付用地补偿为前提。

3. 管道通行及限制用地

管道埋低敷设而永久占用的土地空间；出于管道安全的考虑，《石油天然气管道保护法》对地表和管道周围一定范围内的土地利用做了许多限制，一定程度上对原有土地的农业种植和其他开发利用构成影响。如在管道中心线两侧 5~50 米范围内，不得修筑铁路、公路、河渠，不得架设电力线路，不得埋设地下电缆、光缆；在管道附近不得种植根系植物，不得挖掘地基等土地。由于这些限制的存在，土地权利人不仅要求天然气管道企业对这种限制进行补偿，还会要求以永久用地的方式给予补偿。

管道安全保护权是《石油天然气管道保护法》直接赋予的权利，其实质是通过立法方式在管道及附属设施周围一定范围的土地上设定他项权利，即限制了地面土地使用权人利用土地的部分选择权，而天然气管道企业取得管道正常运行的维护权和保护权。[①]

---

① 马强伟. 油气管道铺设中的用地问题及解决思路——从公共地役权理论到空间建设用地使用权 [J]. 法治研究，2017（06）：76-86.

管道建设中用于承载敷设管道，在管道建成后并不直接使用地表的土地。此部分用地的取得方式无明确规定，实践中常被当作临时用地处理。

4. 管道后续使用土地

天然气管道运行过程中，有关企业为对管道进行维护、维修等再次使用土地。该项土地使用权利的取得及补偿方式未明确。

5. 永久性建设用地

天然气管道工程的永久性建设用地主要是指首末站、中间站（热站、加压站和热泵站）、分输站、线路截断阀室、检测点、线路标志桩等用地。

该部分用地中的场站、阀室等涉及土地面积较大的、可成块测量的土地，在实践操作层面多为政府以划拨方式交付天然气管道建设企业使用。涉及占用集体土地的，需要先按照法定程序办理征收手续，在天然气企业在支付征收补偿费用后获得土地使用权，取得土地使用权证。

为达到管道标识完整清晰，方便管理和标准化的要求，天然气管道需要埋设"三桩一牌"。"三桩"包括里程桩/阴保测试桩、标志桩（转角桩）、加密桩/通信标识；"一牌"指的警示牌。"三桩一牌"分布在燃气设备周边与燃气管线上方，具有指示燃气走向、里程的作用，警示在设备管线附近施工的单位和个人，关注燃气管线位置，避免产生不必要的破坏，引发安全事故，造成巨大的生命财产损失。标志桩和警示牌上会有天然气公司的联系电话，以便施工单位或个人进行作业咨询，及时采取规避措施，从而维护天然气管道及附属设施的安全运行。

天然气管道上通常会设有很多的标志桩。其占用范围内小面积的土地，在土地性质上虽然为永久性用地，但在实践操作中天然气企业却多不办理用地手续，而是通过签订"以补代征"协议的方式取得土地使用权。

（二）天然气管道工程用地相关的法律法规

我国实行严格的土地用途管理制度。土地在我国分为农用地、建设用地和未利用地三大类。国家法律法规和政策导向是保护耕地，因而严格限制农用地转为建设用地；涉及农用地转为建设用地的，有严格的审批手续和流程。

就国有土地而言，可以通过划拨或出让方式取得土地使用权；对于占用范围内的集体土地，则需要在完成法定的征收程序后，通过划拨或出让方式取得土地使用权。[①] 与天然气管道工程用地相关的法律法规主要包括以下几个方面。

1.《中华人民共和国民法典》的规定

根据《中华人民共和国民法典》（以下简称《民法典》）第一百一十七条的规定，天然气管道附属设施建设属于"为了公共利益的需要"。天然气管道工程建设占用的集体土地，应按照法定的权限和程序对土地进行征收，并足额支付土地补偿费、安置补助费、地上附着物和青苗补偿费等各项补偿费用，以维护被征地农民的合法权益。同时《民法典》第二百四十四条还规定国家对耕地实行特殊保护，严格限制农用地转为建设用地，控制建设用地总量，不得违反法律规定的权限和程序征收集体所有的土地。

2.《土地管理法》的规定

《土地管理法（2019修正）》第四十四条规定建设占用土地，涉及农用地转为建设用地的，应当办理农用地转用审批手续。因而对于天然气管道项目的建设，只能占用国有土地，涉及占用农用地的，需通过法定程序转为建设用地，再进行施工建设。

3.《城乡规划法》的规定

《城乡规划法》第三十七条规定，划拨方式用地的建设项目应当办理建设用地规定许可证，在取得许可证后方可申请用地。

4.《石油天然气管道保护法》的规定

《石油天然气管道保护法》第十二条规定，管道建设规划纳入城乡规划；第十四条规定，管道建设用地依照《土地管理法》等相关法律法规办理。

（三）天然气管道工程"以补代征"出现的原因分析

在前文所述的土地类型中，对于管道建设施工占用范围面积较大、能够

[①] 杨雨潇. 公共地役权法律制度研究［D］. 济南：山东大学，2017.

以块状计量的土地，天然气管道建设企业在符合城乡建设总体规划的情况下，在提出用地申请、办理合法的用地审批手续后，取得主管部门颁发的建设用地使用权证，享有合法的使用权，进行管道工程建设具有合法的手续和依据。

在天然气管道工程施工过程中，除依照法定程序取得的土地外，还会涉及标志桩等辅助设施占用的零星土地。辅助设施对于天然气管道的正常运营至关重要。对于这些辅助设施占用范围内的零星土地，建设单位若严格按照法定程序办理建设用地审批往往费时、费力，要付出巨大的成本。且有关政府部门往往因为零星土地数量大，占地面积小，无法按正规程序操作，而不予分别办理用地审批，建设单位自然也无法取得土地使用权证。

因而在实践运作中，便出现了签订"以补代征"协议的方式来获得零星土地的使用权，即天然气管道建设企业与占用土地范围的集体土地所有权人或当地政府签订用地补偿协议，通过协议方式约定天然气企业按照一定标准支付补偿费，以取得相关土地使用权。

通过"以补代征"协议来获取零星土地使用权是由多方原因共同作用的结果。笔者分别从法律方面和现实方面进行分析。

1. 法律原因分析

现行法无法解决标志桩等的用地问题，公法上的征收制度和私法中的物权制度都不能较好地调整天然气企业与土地权利人之间的法律关系。

（1）采用征收方式难以解决。标志桩等辅助设施占用土地面积较小，且数量众多，不能用长期用地的方式解决。不可能将整体管道标志桩等设施占用范围内的土地全部征收。现行法律制度下的征收制度针对的是块状的土地。对这种呈线性分布的零星土地，采用征收方式涉及范围广，牵涉利益主体众多，且征收意味着对土地所有权人和使用权人权利的根本剥夺。标志桩等小范围土地占用对土地权利人利用土地产生的影响较小。土地征收成本高，效率低，不利于天然气管道工程建设的推进和土地权利人对土地的利用。采用征收方式取得土地使用权不可取。

（2）设立建设用地使用权难以解决。根据我国现行法律规定，能够设立建设用地使用权的土地必须是国有土地（不属于使用集体建设用地的情形），即只有在国有土地上才能建造建筑物、构筑物及附属设施。但天然气管道标志桩等附属设施广泛分布在农村地区，占有土地多为集体土地，设立建设用地使用权还是需要将土地通过法定程序征收成为国有土地后，方能进行建设。如前文所述，对于小幅且线状分布的土地采用征收方式不可取。①

（3）采用临时用地方式不可行。临时用地的期限不得超过两年，且在临时用地上不得修筑永久性建筑物；在临时用地合同终止后，土地权利人对土地拥有完整的所有权和使用权，天然气企业不再享有土地权利，不利于对管道辅助设施的维修和维护。标志桩等辅助设施从性质上而言，并非临时性设施，在天然气管道运行期间其始终与天然气管道并存，起到安全警示作用。在现行土地制度下临时用地无法解决根本问题。

（4）通过相邻关系无法解决。根据《民法典》第二百九十二条的规定，利用相邻土地有两种情形，一是不动产权利人建造和修缮建筑物而利用相邻土地；二是敷设电线、缆线、水管、暖气和燃气管道等必须利用相邻土地、建筑物。天然气管道的辅助设施修建跨度大，途经土地范围广，难以定义为相邻关系。相邻关系中规定对容忍义务是最低限度的，但标志桩等辅助设施占用的土地对土地权利人权利的限制超过了最低限度。相邻关系中容忍义务是法定的，是无偿的，若通过相邻关系调整有关法律关系必然引发土地权利人的不满。

（5）传统地役权制度难以解决。地役权设立的核心在于双方合意。天然气管道建设作为公共基础工程涉及范围广，标志桩等辅助设施占用地块小、范围广、涉及众多土地权利人，与每一个不动产权利人分别协商并签订地役权合同不可行。如果土地权利人不愿意与天然气企业签订地役权合同，没有强制性规定对此进行调整，则会影响天然气管道工程建设的进度。地役权制度能够较好地保护不动产权利人的权利，但难以满足私人不动产公用目的。②

公法上的征收制度和私法中物权制度均不能较好地调整天然气企业标志桩等辅助设施的用地问题，因而实践中便出现了"以补代征"的方式。

---

① 孙宇. 油气管道地下通过权的法律属性探析 [J]. 吉首大学学报（社会科学版），2016，37（06）：123-128.

② 马强伟. 油气管道铺设中的用地问题及解决思路——从公共地役权理论到空间建设用地使用权 [J]. 法治研究，2017（06）：76-86.

2. 现实原因分析

（1）天然气管道建设单位。天然气管道具有公益性和商业性双重属性，既是国家基础能源设施，又是企业的生产经营设施。天然气管道作为事关民生工程的基础设施和公共设施，施工工期较紧，任务较重，长输管线跨越多个行政区。就零星小幅土地而言，管道建设单位通过基层政府或村集体进行协商，签订"以补代征"协议的方式能够避免烦琐的土地审批程序，使标志桩等辅助设施的占地问题得以解决，从而加快推进管道工程项目的建设。从成本和收益的角度考量，此种方式相对来说能够使效益最大化。

（2）政府。在部分"以补代征"协议签订过程中，会有政府部门的参与。就笔者来看，有的基层政府作为协议一方主体，与天然气企业签订补偿协议，收取补偿费后再分配给有关土地权利人；有的则作为中介促成协议签订。对农民来说，有政府的介入，意味着土地补偿费更能落实到位，政府的参与也使"以补代征"这种方式不断发展。对有关政府部门来说，天然气管道建设关乎本行政区划内的基础能源供应，对管道辅助设施的施工建设会给予应有的帮助和协调。政府参与"以补代征"协议的签订过程，既能保障天然气企业施工顺利进行，又能使得被占用土地的农民得到补偿。[①]

（3）村民、村集体。天然气管道附属设施占用土地范围较小，对基本农业生产影响较小，标志桩等辅助设施一般只涉及设施周围的小面积土地。若天然气管道建设单位不签订补偿协议，农民必然会有所不满，有可能出现阻碍工程施工、聚众闹事的情形，进而影响到整体管道工程的施工进度。若签订"以补代征"协议，支付一定补偿费用给农民，对农民来说是可以接受的。但在补偿标准上、补偿费的落实上会出现一定的问题。

（四）天然气管道工程"以补代征"法律风险分析

然而，"以补代征"的方式也存在诸多法律风险，根据《土地管理法》、《城乡规划法》等基本法律法规，在现行土地制度下建设用地需要办理征地手

---

① 贺明侠，宁博. 天津建设项目用地报批具体实施过程及存在的问题——以输气管道项目为例 [J]. 中国工程咨询，2016（04）：24-26.

续。标志桩等辅助设施用地属于建设用地且为永久用地，签订补偿协议的方式而不通过法定的征收程序以取得土地使用权，有违反国家强制性法律规定之嫌。

1. 协议被认定无效的风险

通过梳理我国相关法律的规定，管道工程用地属于建设用地，建设工程涉及农业用地的，必须按照法律规定办理征地手续，转为非农业用地后，方可进行相关工程建设及施工。若天然气管道标志桩等辅助设施等选址为集体土地的，应当先根据土地类型及用地面积报省级或国务院审批征地事宜，由县级以上政府组织实施征地手续，再由天然气企业通过国有土地出让或者划拨方式取得土地使用权。

在实践中，应由当地政府、相应村集体、天然气企业三方签署签订"以补代征"协议，以此确认天然气企业对该块土地享有使用权的情况。任何没有通过合法的征地程序取得对占用范围内土地对合法使用权，都属于违反法律强制性规定。企业很可能面临协议被法院认定无效，同时涉及非法利用土地，存在被责令整改和行政处罚的风险。

2. 项目用地权属不清晰

天然气企业在管道实际建设过程中，往往寻找当地政府作为中间人同村集体签署合同，但出于对政府的信任，未核实村集体对该块土地的权属证明，也未前往国土部门查证土地的权属。若土地属于村集体，天然气企业只与当地政府签约，未与村集体签约，后期一旦当地政府换届，若村集体不认可该约定，可能存在较高的沟通成本。在实践中，若该块土地权属不清或存在争议，天然气企业往往在后期运营中需付出巨额的沟通成本，甚至存在项目无法正常运营的风险。

3. 土地补偿费发放存在风险

通过"以补代征"协议方式取得土地使用权的，天然气企业基于便利考虑，往往将土地补偿费交付当地政府或相应村委会，未亲自发放至村民手中并取得收据。

在实践中，不排除出现政府或村委会多拿少发，甚至干脆隐瞒相关补偿费收取等情况。在这些情况下，虽然天然气企业已完成了补偿费的支付，但是村民可能并未实际收到企业支付的补偿费用，因而企业将面临出现村民群体性维权事件的风险。为避免出现这种情况，建设单位应当考虑直接与村集体签订协议并及时取得村民出具的收据。

4. 签订协议过程中村集体民主程序有瑕疵

在实践中，多数用地方能够意识到占用村集体土地进行补偿需要村集体完成相应民主程序，但对于该民主程序是否合法合规缺乏审查。在实践中有地方与村委会签订的合同未在村内履行必要的公告、民主程序，如村民大会决议到会人数不足，少到多签，部分村民代表单独决定，多数村民不知情等情况。在这种情况下，如村民提出质疑，"以补代征"协议将面临合同无效的风险。

（五）天然气管道工程"以补代征"法律风险防范建议

1. 严格按照流程办理用地审批

对于天然气企业而言，用地审批虽然烦琐，但是涉及农用地、基本农田转为建设用地的，须严格按照法定流程办理用地审批，在获得合法使用权的基础上，再进行施工建设，避免因非法用地而面临行政乃至刑事处罚。

2. 明晰项目占地权属

建议企业在签订补偿协议前对天然气管道项目占用范围内的土地权属进行细致的调查核实，确保签订协议的主体是土地的合法使用权人或所有权人，避免后续因权属争议而付出高额的沟通协商成本。尤其是占用的农村集体土地，其所有权人是农村集体所有，有权签订合同的主体是村集体。

3. 落实土地补偿费

为避免村民因土地补偿费而引发群体性维权事件，建议天然气企业将土地补偿费直接支付到村民手中，获得村民出具的收据。将土地补偿费落到实处，可以避免村委会或有关政府侵吞补偿费、少发或者不发补偿费。若与政府或村集体签订协议，则可通过在协议中进行明确约定，政府或村集体在完成土地补偿费的发放后，将有关收据及资料移交给企业备案，以便后续发生争议时作为证据，以维护自身权益。

4. 监督村集体民主决策程序

占用村集体土地的，其补偿方案应当完成必要的村集体决策等民主程序。因而天然气企业在签订补偿协议时，要对村集体民主决策程序进行适当监督，尽量避免因村集体决策程序上的瑕疵对补偿协议的效力造成不利影响。

5. 建议设立公共地役权制度

传统地役权在我国物权法中属于用益物权，是地役权人根据地役权合同的约定，利用他人不动产提高自己不动产效益的权利，更多强调对土地权利人私权的保护。天然气管道工程具有基础性和公共事业性，具有社会公共利益目的，传统地役权制度难以调整，建议设立公共地役权制度，与传统地役权并行，以实现公共利益与私人不动产利益之间的平衡。

公共地役权设立有自愿设定和强制设定两种方式。在天然气企业和土地权利人能够达成订立地役权合同的合意情况下，通过地役权合同，约定土地所有权人或使用权人为管道运行所必需的辅助设施提供便利。这种便利出于保护管道运行安全的考量，给土地权利人造成损失的，天然气管道企业根据合同约定进行相应补偿。登记后的地役权具有对抗第三人的效力。在天然气企业无法与土地权利人达成合意的情况下，天然气企业可以向政府申请强制取得地役权，以保障天然气管道的正常运行与维护。在涉及公共利益的基础性工程中，公共地役权的设立能够更好地实现公共利益与私人利益的平衡。

综上所述，天然气管道辅助设施建设和维护在现行法律框架下难以解决，通过签订"以补代征"协议的方式取得土地使用权存有诸多法律风险，因而天然气企业在管道建设过程中，对于需要办理征地手续的，需要严格按照法定程序办理；同时明确签订协议的主体，对土地权属尽到必要的审查核实；确保各项土地补偿费用落实到实处；对与协议有关对村集体民主决策程序进行监督，以规避法律风险，最大限度地维护自身的合法权益，维护天然气管道及附属设施的安全运行。在相关法律制度完善过程中，建议增加公共地役权内容，给公共设施利用私人权利以实现公共利益的最大化，从而凭借法律上的基础和依据，实现相关法律主体利益的平衡，既保护土地权利人的合法权利，也维护必要的公共利益。

二、天然气管道建设项目非法占用土地的法律问题

天然气管道建设项目在施工过程中，必须按照法定程序依法依规办理各项用地手续，取得合法土地使用权，并按照规划的用途和期限利用土地。在实践中，天然气管道工程用地主要分为三部分：一是天然气首末站、分输站、压气站、阀室等管线配套、辅助设施永久性用地；二是敷设管道途经用地，在管道敷设完成后会对地表土地利用造成一定的限制，目前在实践中多为临时用地；三是不影响土地使用的临时性用地，如施工便道、设备堆放场地等。[①]

由于天然气管道工程涉及的用地范围广、土地类型多样，很多天然气企业在工程建设过程中容易出现非法占用土地的情况，天然气企业应当如何面对？我们将通过分析司法实践的案例，对非法占用土地的法律后果进行总结及分析。

（一）建设项目用地相关法律法规

根据《石油天然气管道保护法》第十四条的规定，管道建设用地须依照《土地管理法》等相关法律、行政法规的规定执行。

我国土地实行严格的规划和用途管理制度，根据《土地管理法》的规定，依据土地所有权依据性质，可划分为国有土地和集体土地；依据土地用途，可划分为农用地、建设用地、未利用土地，其中建设用地又分为国有土地建设用地和集体建设用地；依据土地取得方式，有划拨方式取得的土地，也有以出让等有偿方式取得的土地；依据土地使用期限，可划分为永久用地和临时用地。天然气管道工程建设项目利用的土地应当是国有建设用地。由于天然气管道工程的特殊性，在建设过程中也会涉及集体土地的利用及农用地转为建设用地的情形。

---

① 张耀东，陈元鹏. 论油气长输管道项目的用地管理 [J]. 国际石油经济，2010，18（07）：64-68.

根据《城乡规划法》的规定，在项目通过核准后，建设单位还应申请建设用地规划许可证，经有关主管部门审核后，取得用地规划许可证并申请用地。

（二）非法占用土地的法律责任

根据《土地管理法》及《土地管理法实施条例》的规定，未经批准或者采取欺骗手段骗取批准，非法占用土地的，建设单位承担的具体法律责任主要有如下几种。

1. 行政责任

（1）责令退还非法占用的土地，即由县级以上人民政府自然资源主管部门责令非法占用土地的单位或者个人将非法占用的土地，返还给土地的合法所有者或者使用者。非法占用土地的单位或者个人应当及时解除对所占用土地的实际控制状态。

（2）对在非法占用的土地上新建的建筑物和其他设施区分了两种不同的情形，规定了不同的处理方式。

①对于违反土地利用总体规划擅自将农用地改为建设用地的，由县级以上人民政府自然资源主管部门责令非法占用土地的单位或者个人，限期拆除在非法占用的土地上新建的建筑物和其他设施，恢复土地原状。

②对于符合土地利用总体规划的，由县级以上人民政府自然资源主管部门没收在非法占用的土地上新建的建筑物和其他设施。

（3）罚款。有关自然资源主管部门在作出有关行政处罚决定的同时，依据具体情节，可以作出并处罚款的决定。

（4）行政处分。适用于单位违法，对直接负责的主管人员和其他直接责任人员，由其所在单位或者任免机关或者监察机关，依法给予处分。

对于建设单位而言，如有关机关责令限期拆除在非法占用的土地上新建的建筑物和其他设施的，建设单位或者个人必须立即停止施工，自行拆除；对继续施工的，作出处罚决定的机关有权制止。建设单位或者个人对责令限期拆除的行政处罚决定不服的，可以在接到责令限期拆除决定之日起 15 日内，向人民法院起诉；期满不起诉又不自行拆除的，由作出处罚决定的机关依法申请人民法院强制执行，费用由违法者承担。

2. 刑事责任

《中华人民共和国刑法》第三百四十二条规定了非法占用农用地罪，对违反土地管理法规，非法占用耕地、林地等农用地，改变被占用土地用途，数量较大，造成耕地、林地等农用地大量毁坏的，处 5 年以下有期徒刑或者拘役，并处或者单处罚金。

(三) 相关案例

1. 天津×××燃气有限公司非法占用土地被处罚款

2022 年 10 月 31 日，天津市规划和自然资源局滨海新区分局作出津规资（滨海）罚字〔2022〕013 号《行政处罚决定书》，决定书中写明"天津×××燃气有限公司涉嫌未经批准擅自占用滨海新区大港朝霞道南侧土地建设燃气调压站（港东门站），违反了《中华人民共和国土地管理法》第四十四条，并作出以下处罚内容：①责令其交还非法占用的土地；②对其非法占地的行为处以 32 808.6 元的罚款。"

2. 青岛×××燃气设施开发有限公司非法占用土地被处罚款

2022 年 11 月 4 日，青岛市黄岛区综合行政执法局于对青岛×××燃气设施开发有限公司下达了青黄综法罚字〔2022〕第 202204587 号《行政处罚决定书》：①责令青岛×××燃气设施开发有限公司将非法占用的 187 平方米土地 15 日内退还青岛市黄岛区铁山街道办事处大平岭村村民委员会；②限期拆除在非法占用的 187 平方米土地上新建的建筑物和其他设施，恢复土地原状；③对青岛×××燃气设施开发有限公司处以非法占用旱地（187 平方米）25 元每平方米的罚款，计人民币肆仟陆佰柒拾伍元整（4 675.00 元）。

3. 郯城×××材料有限公司非法占用土地，被判有罪并被处罚

2021 年 11 月 26 日，山东省郯城县人民法院作出（2021）鲁 1322 刑初140 号《刑事判决书》，法院认定被告单位郯城×××材料有限公司违反土地管理法规，非法占用农用地，改变被占用土地用途，数量较大，造成农用地大量毁坏。被告单位郯城业宏建筑材料有限公司的行为构成非法占有农用地罪；被告人陈某作为直接负责的主管人员，负有责任，构成非法占有农用地

罪。经查，地块三被发现违法占地后虽进行覆土，案发后复垦现恢复耕种土地用途，但此前对该农用地的破坏行为已实施，该地块应计算在非法占用农用地的范围，复垦恢复耕种土地用途只能作为被告人的悔罪表现，量刑时酌情予以考虑。

判决如下：（1）被告单位郯城×××材料有限公司犯非法占用农用地罪，判处罚金人民币 20 万元（罚款折抵罚金 26 000 元，剩余罚金 174 000 元限于判决生效后 10 日内缴纳）。（2）负责人犯非法占用农用地罪，判处有期徒刑 1 年 6 个月，并处罚金 5 万元。

（四）预防及应对措施

1. 按规定办理"建设用地规划许可证"

根据《土地管理法》及《城乡规划法》的规定，建设单位申请用地的前提是取得城乡规划主管部门核发的建设用地规划许可证，根据《城乡规划法》第三十六条至三十八条的规定，若天然气建设企业在城市、乡镇规划区内进行项目建设，无论是以划拨方式取得的土地，还是以出让方式取得的土地，均需要在项目经核准后，向城乡规划主管部门提出用地规划许可，申请建设用地规划许可证。有关主管机关审核后，符合要求的予以核发建设用地规划许可证。[①]

2. 根据土地类型不同，办理土地用地手续

建设单位在取得建设用地规划许可证后，方可向土地主管部门申请用地，办理用地手续。《土地管理法》第五十四条规定，建设项目用地应当以出让等有偿方式取得，但是天然气管道建设项目若属于国家重点扶持的能源基础设施项目，在经过县级人民政府批准后，可以通过划拨取得建设用地使用权。

在实践中，天然气管道工程的场站、阀室等占用的土地多以划拨方式取得土地使用权；除划拨取得土地外，建设单位若以出让方式等有偿方式取得土地使用权，应当依法缴纳土地使用权出让金等土地有偿使用费和其他费用

---

① 靳媛. 从电网建设看公共地役权设定之现实意义［J］. 社科纵横（新理论版），2009，24（04）：43-44.

后，签订土地出让合同；涉及占用农用地的，应当履行相应的农用地转化为建设用地手续。①

3. 非法占用土地后，应当积极恢复土地用途

建设单位或单位负责人，在建设或者经营中已经产生了非法占用土地的情况后，后续应当积极恢复土地用途，恢复土地原状，弥补行为在行政执法部门认定处罚内容及罚金时可能会酌情予以考虑，甚至法院在量刑时也会作为被告的悔罪表现，酌情考虑。

三、天然气管道建设中压覆矿产的争议解决

随着我国天然气行业的强力发展，全国天然气骨干管网已基本形成，部分区域性天然气管网逐步完善，非常规天然气管道蓬勃发展，"西气东输、北气南下、海气登陆、就近外供"的供气格局已经形成。

在实践中，天然气企业在建设天然气管道时，涉及压覆重要矿产资源的，应当根据《矿产资源法》及《矿产资源法实施细则》等相关规定，按照法定程序和要求进行矿产资源查询、编制压覆评估报告、签订补偿协议、办理审批手续等。如未依法办理的，可能会面临用地手续无法办理、承担相应法律责任的风险。我们将以天然气企业在建设天然气管道中可能面临的压覆矿产纠纷案件的争议焦点及风险防控进行分析。

（一）建设项目压覆矿产资源概述

因天然气属于易燃易爆气体，一旦发生爆炸将会造成财产乃至人员伤亡。根据《石油天然气管道保护法》的规定，为确保天然气管道的安全运行，在管道线路中心线两侧各 5 米地域范围内，禁止取土、采石、用火、堆放重物、排放腐蚀性物质、使用机械工具进行挖掘施工；在管道专用隧道中心线两侧各 1 000 米地域范围内，禁止采石、采矿、爆破；确需采石、爆破的，应经管道保护工作的部门批准，并采取必要的安全防护措施。因此，天然气管道工

---

① 郑美珍. 论石油管道占用土地的权利配置 [D]. 北京：中国政法大学，2009.

程必须符合法律规定的安全距离，天然气管道建设项目可能会出现压覆已有矿产资源的情形，此时则需要办理压覆矿审批手续。

根据《矿产资源法》及《矿产资源法实施细则》的规定，建设单位在建设铁路、工厂、水库、输油管道、输电线路和各种大型建筑物或者建筑群之前，必须向所在省、自治区、直辖市地质矿产主管部门了解拟建工程所在地区的矿产资源分布和开采情况，并在建设项目设计任务书报请审批时附具地质矿产主管部门的证明。非经国务院授权的部门批准，不得压覆重要矿床。建设项目与重要矿产开采发生矛盾时，由国务院有关主管部门或省、自治区、直辖市人民政府提出方案，经国务院地质矿产主管部门提出意见后，报国务院计划行政主管部门决定。

根据《国土资源部关于进一步做好建设项目压覆重要矿产资源审批管理工作的通知》（国土资发〔2010〕137号）（以下简称"137号文"）的规定，凡建设项目实施后，导致其压覆区内已查明的重要矿产资源不能开发利用的，都应按规定报批。未经批准，不得压覆重要矿产资源。

重要矿产资源是指《矿产资源开采登记管理办法》附录所列34个矿种和省级国土资源行政主管部门确定的本行政区优势矿产、紧缺矿产。炼焦用煤、富铁矿、铬铁矿、富铜矿、钨、锡、锑、稀土、钼、铌钽、钾盐、金刚石矿产资源储量规模在中型以上的矿区原则上不得压覆，但国务院批准的或国务院组成部门按照国家产业政策批准的国家重大建设项目除外。故天然气管道项目压覆重要矿产资源的，应当依法办理审批手续。

《矿产资源开采登记管理办法》附录所列的34类矿产为：①煤；②石油；③油页岩；④烃类天然气；⑤二氧化碳气；⑥煤成（层）气；⑦地热；⑧放射性矿产；⑨金；⑩银；⑪铂；⑫锰；⑬铬；⑭钴；⑮铁；⑯铜；⑰铅；⑱锌；⑲铝；⑳镍；㉑钨；㉒锡；㉓锑；㉔钼；㉕稀土；㉖磷；㉗钾；㉘硫；㉙锶；㉚金刚石；㉛铌；㉜钽；㉝石棉；㉞矿泉水。

（二）常见的争议焦点法律分析

矿产压覆案件的建设项目多涉及公益性质，因此行业集中度较高。据统计，交通建设项目、电力、水利以及石油天然气工程等能源行业亦产生了相当数量的压覆案件,① 其中,石油天然气管道压覆矿产资源所导致的司法纠纷呈现逐年上升的趋势。经检索相关案例,此类纠纷案件的争议焦点主要分为以下 4 个问题。

1. 对于被压覆矿产所造成的损失,建设方应当被给予补偿还是赔偿?

【典型案例 1】 重庆市第四中级人民法院作出的 (2022) 渝 04 民再 6 号《民事判决书》② 中认定:"在中铁建高速公路公司与银富矿业公司达成补偿框架协议,并向相关职能部门报审后,中铁建高速公路公司压覆银富矿业公司名下采矿权的行为不具违法性,主观上亦不存在过错,不构成侵权,银富矿业公司关于中铁建高速公路公司构成侵权的主张不能成立。因此,无论从法律规定还是当事人约定的角度,银富矿业公司的采矿权被压覆的损失应给予补偿,而非赔偿。"

【典型案例 2】 最高人民法院作出的 (2020) 最高法民终 1062 号《民事判决书》③ 中认定 "中石化公司已按四川省国土资源厅《关于建设项目压覆矿产资源审批工作的通知》(川国土资发〔2004〕227 号) 规定,将建设项目压覆矿产资源情况调查报告交由四川省矿产资源储量评审中心出具评审意见,并于 2008 年向四川省国土资源厅备案。中石化公司已经备案后,四川省煤炭资源整合办公室于 2009 年 3 月 4 日批准××煤矿扩大采区范围并调整标高,导致××煤矿采区范围与××隧道部分重叠,中石化公司就此也不存在过错。并且,《石油天然气管道保护法》自 2010 年 10 月 1 日起施行后,××煤矿限制开采的范围扩大,系法律变化导致的,中石化公司亦不存在过错。斌丰公司在明知管道工程在先、应知权利冲突的情况下,不仅没有依法妥善处理,其整合扩建工程安全设施设计也未获通过,在此情形下其投入整合扩建形成的损失与在先的隧道工程无关,其要求中石化公司赔偿的请求无法支持。"

【法律分析】 在上述判决中,法院在认定建设方应给予补偿还是赔偿时,主要考虑的因素:一是建设方的压覆矿产行为是否具有违法性,主要体现在建设方是否按照法定程序和要求进行矿产资源查询、编制压覆评估报告、向

---

① 夏伟、崔煜民、蒋帅、瞿虹、梁逸秋. 矿业权压覆诉讼案件大数据分析 (2023.03.30)。
② 重庆市中级人民法院 (2022) 渝 04 民再 6 号民事判决书。
③ 最高人民法院 (2020) 最高法民终 1062 号民事判决书。

相关行政机关办理进行报审备案、取得审批手续等；二是是否具有主观过错，可以体现在双方是否就压覆矿产达成补偿协议，对于压覆矿产所产生的后果双方进行预期判断及具体约定；或者体现在矿业权方的相关损失是否可归责于建设方的行为等。

2. 建设方未按规定与矿业权方签订补偿协议，因此引发压覆矿产诉讼，是否应当承担侵权责任，赔偿其损失？

【典型案例】 海南省高级人民法院作出的（2018）琼民初 11 号《民事判决书》①中认定："根据已经查明的案件事实，被告铁路公司修建西环铁路压覆了新村石英砂矿，导致原告石英砂公司不能行使探矿权。据"137 号文"第四条第（三）项规定，建设项目压覆矿产资源的，建设单位除应征得主管部门的批准之外，还应征得矿业权人的同意并与之签订补偿协议。否则，建设单位对其建设项目压覆矿产资源并造成矿业权损害的结果便没有尽到合理的注意义务，也就是说，其存在过错。具体到本案，虽然第三人省自规厅已批准被告铁路公司压覆新村石英砂矿，但被告铁路公司修建西环铁路却并未征得原告石英砂公司的同意并与之签订补偿协议，故被告铁路公司存在过错，也即其修建西环铁路的行为侵害了原告石英砂公司的探矿权。根据《中华人民共和国侵权责任法》第二条第一款规定，侵害民事权益的，应当承担侵权责任；该条第二款又明确规定，民事权益包含了用益物权。因探矿权属于用益物权，故被告铁路公司应当承担侵害探矿权的侵权责任。"

【法律分析】 在上述判决中，法院认定建设方未征得矿业权方的同意并与之签订补偿协议，即对其建设项目压覆矿产资源并造成矿业权损害的结果便没有尽到合理的注意义务，故认定存在过错，应当承担侵权责任，赔偿矿业权方的损失。

3. 建设方与矿业权人在项目前期仅签订了《补偿框架协议书》等初步意向性文件，对于具体的补偿金额应如何认定？

【典型案例 1】 重庆市第四中级人民法院作出的（2022）渝 04 民再 6 号

---

① 海南省高级人民法院（2018）琼民初 11 号民事判决书。

《民事判决书》① 中认定："关于损失的范围及金额如何认定的问题。"137 号文"第四条第三项规定："建设项目压覆已设置矿业权矿产资源的，新的土地使用权人还应同时与矿业权人签订协议。协议应包括矿业权人同意放弃被压覆矿区范围及相关补偿内容。补偿的范围原则上应包括：1. 矿业权人被压覆资源储量在当前市场条件下所应缴的价款（无偿取得的除外）；2. 所压覆的矿产资源分担的勘查投资、已建的开采设施投入和搬迁相应设施等直接损失。"该规范性文件确立了矿业权压覆补偿范围原则上应包括的损失项目，尽管没有排除其他可能的损失，但蕴含着以直接损失为补偿的一般原则。在矿业权被合法压覆且对压覆补偿标准以及范围尚无法律、行政法规明确规定的情况下，可参照"137 号文"的规定精神，再结合本案实际情况综合考虑补偿范围。"最终判决损失的补偿范围包括采矿权价值损失、实物资产损失、经营损失、设备搬迁费用、资金占用损失。

【典型案例 2】 最高人民法院作出的（2017）最高法民终 724 号《民事判决书》（公报案例）②，最高人民法院认为，"压覆矿产资源的补偿范围，应限于矿业权人被压覆资源储量在当前市场条件下所应缴的价款，以及所压覆的矿区分担的勘查投资、已建的开采设施投入和搬迁相应设施等直接损失。特别是对于探矿权而言，能否转换为采矿权尚具不确定性；即便由探矿权转为采矿权，探矿权人亦须为采矿权的实现向国家缴纳必要的使用费以及投入大量的建设和生产经营成本；从市场风险的角度而言，投资采矿权还面临矿产品市场价格变动的风险，采矿权人的预期利润未必能够实现。对于仅拥有探矿权的长阁矿业公司而言，依据前述标准予以补偿，已经能够较好地保护其合法权益，也与其他已达成补偿协议的矿业权人所取得的补偿基本持平"。本案最终以矿业资产评估公司的司法鉴定结论作为确定补偿金额的依据。

【法律分析】 在上述两个判决中，重庆市第四中级人民法院作出的判决直接参考了"137 号文"的规定，在界定补偿范围时依照"以直接损失为补偿的一般原则"，再结合本案实际情况综合认定。最高人民法院作出的判决在

---

① 重庆市中级人民法院（2022）渝 04 民再 6 号民事判决书。
② 最高人民法院（2017）最高法民终 724 号民事判决书。

界定补偿范围时相对谨慎，虽然未直接援引"137号文"的规定作为定案依据，但最终判决的补偿范围和项目与"137号文"确定的原则基本一致。

4. 建设方存在过错，应当承担相应侵权责任，对于侵权赔偿的金额应如何认定？

【典型案例1——探矿权】 海南省高级人民法院作出的（2018）琼民初11号《民事判决书》① 中认定"关于被告铁路公司应赔偿损失的具体数额问题。鉴于探矿权是一种用益物权，故侵害探矿权应赔偿其相应的财产价值。本案中，鉴定机构已出具了《海南省昌江黎族自治县南罗镇新村石英砂矿详查（保留）探矿权评估报告》（云陆矿采评报〔2019〕第056号）。评估结果为：确定'海南省昌江黎族自治县南罗镇新村石英砂矿详查（保留）探矿权'在评估基准日的价值为5 499.07万元。评估报告系本院委托鉴定部门作出的鉴定结论，因各方当事人均没有足以反驳的相反的证据和理由，故本院对该鉴定结论的证明力予以采信，也即探矿权的财产价值为5 499.07万元。因被告铁路公司修建西环铁路的行为侵害了原告石英砂公司的探矿权，故其应赔偿原告石英砂公司5 499.07万元。至于原告石英砂公司主张被告铁路公司支付利息与诉前评估测绘费用的诉讼请求。本院认为，首先，《中华人民共和国侵权责任法》第十九条规定，侵害他人财产的，财产损失按照损失发生时的市场价格或者其他方式计算。据此，财产损失的计算并不包含因此产生的利息，故原告石英砂公司请求支付利息的诉讼请求没有法律依据，本院不予支持。其次，原告支出的诉前评估测绘费用为原告石英砂公司为证明因压覆造成的损失而支出，属于单方自行支出的费用，应自行承担，故该主张本院亦不予支持。"

【法律分析】 在上述判决中，建设方存在过错须承担侵权责任时，其赔偿金额以鉴定机构出具的对于探矿权评估报告的财产价值为计算标准。矿产权方在诉前产生的评估测绘等费用，法院认为系单方自行支出的费用，应当由矿产权方自行承担，建设方须按照鉴定机构评估探矿权的财产价值赔偿。

【典型案例2——采矿权】 河北省石家庄市中级人民法院作出的（2020）

---

① 海南省高级人民法院（2018）琼民初11号民事判决书。

冀 01 民终 5996 号《民事判决书》中法院认定"关于损失计算年限问题。本案中上诉人钙业公司与石家庄市国土资源局签订的《井陉县小峪熔剂用灰岩矿区采矿权矿区范围出让协议》，约定出让期限为 22 年，自 2007 年起始，根据一审查明事实，2012 年起二被上诉人作为项目主体修建的京昆高速公路石太北线石家庄段对上诉人钙业公司的矿区存在压覆行为，二被上诉人应赔偿压覆期间对上诉人造成的损失，故二被上诉人赔偿年限应为 2012 年至 2020 年底，共 9 年。关于损失计算依据问题。虽然根据《国土资源部关于进一步做好建设项目压覆重要矿产资源审批管理工作的通知》规定'补偿的范围原则上应包括：1. 矿业权人被压覆资源储量在当前市场条件下所应缴的价款（无偿取得的除外）；2. 所压覆的矿产资源分担的勘查投资、已建的开采设施投入和搬迁相应设施等直接损失'，压覆行为原则上以补偿直接损失为准，但采矿权作为用益物权，依法受法律保护，因高速公路压覆期间产生的预期利润二被上诉人亦应予赔偿，一审法院委托的上海立信资产评估有限公司出具的评估报告应作为本案认定依据。根据评估报告可知，该评估公司是以 2017 年 2 月为评估基准日，以 2038 年 1 月为截止日期，共 21 年 8 个月（约 21.67 年）为评估计算年限，在该 21.67 年期间的采矿权评估价值为 2 258.34 万元，而本案二被上诉人赔偿年限为 9 年，故赔偿损失数额应为 2 258.34 万元÷21.67 年×9 年＝937.94 万元。"

【法律分析】在上述判决中，因建设方原因变更修建路线后对矿区存在压覆，且变更后的修建路线未进行合法报批手续，故建设方作为该公路段的项目主体，应当对矿产权方的停产进行民事赔偿。法院认为，虽然压覆矿产行为原则上应当按照 137 号文以补偿直接损失为准，但采矿权属于用益物权，因压覆矿产期间产生的预期利润也应当赔偿，故在计算赔偿数额时根据鉴定机构出具的评估报告中采矿权的评估价值除以评估计算年限，再根据赔偿年限来计算。

（三）天然气企业针对压覆矿产纠纷案件的风险防范

1. 天然气管道项目压覆重要矿产资源的，应当依法办理审批手续

天然气企业在建设管道工程项目前，建设单位必须向自然资源主管部门

了解拟建工程所在地的矿产资源规划、矿产资源分布和矿业权设置情况。天然气管道项目压覆重要矿产资源的，应取得省级以上自然资源主管部门的审批。办理流程包括查询矿产资源情况、编制矿产资源评价报告并审查、签署压覆矿补充协议、取得压覆矿审批文件、勘查区块或矿区范围变更登记、编制压覆评估报告办理审批手续等，尽量减少可归责性。

2. 积极与矿产权方签订补偿协议

天然气企业应依据"137号文"的规定，与矿业权人签订压覆矿产资源的补偿协议，通过对矿业权人的经济补偿平衡其损失，以免在诉讼中承担更多的赔偿责任。若项目前期协商始终未达成一致，双方可先签订意向性协议，主要载明矿业权人同意管道压覆，管道企业承诺合理补偿等内容。管道企业可以据此先进行审批或备案，顺利开展管道建设工程，补偿范围及金额可待后续确定。

3. 积极沟通确定安全防护措施

天然气企业在管道工程建设的初期，管道企业应根据《石油天然气管道保护法》第44条以及第46条规定，与矿业权人积极沟通协商，确定合理有效的安全防护措施，并承担矿业权人按照安全防护要求实施防护措施所产生的费用，履行法律规定的义务，降低侵权责任的违法性存在。

4. 依法预留安全距离

天然气企业建设管道在经过矿产资源区域时，应严格按照《石油天然气保护法》第32条、第33条以及第35条规定的范围留设与矿产资源的安全距离，从而进行管道建设工程，避免因违反强制性法律规定而承担侵权责任。

5. 严格履行审慎的注意义务

天然气企业在进行矿产资源压覆评估、办理矿产资源压覆手续时，应积极与采矿企业沟通协商，尽量采取多种措施减少管道的敷设对矿业权人造成的妨碍和损害，包括但不限于交换图纸资料、及时通知管道通过矿产资源的三度空间的准确位置等方式。

四、关于建立天然气管道产权登记制度的构想

近年来，我国能源结构在迅速向低碳转型，天然气在能源消费结构中所占地位越来越重要。天然气管道的建设、管理、保障能力成为推动我国天然气行业发展的重要因素。一方面，目前我国已建成由跨境管线、主干线与区域联络线、省内城际管线、城市配气网与大工业直供管线构建的全国性天然气管网，已初步形成"横跨东西、纵贯南北、联通境外"的格局。另一方面，天然气管道建设具有投资大、周期长、跨区域、手续繁多、管理难等特点，尽管能源结构转型要求快速推动天然气管道建设，但现实中管道建设增速并未达到预期目标。相关资料显示，截至 2022 年底，全国建成投产天然气长输管道 11.8 万千米，新建长输管道里程 3 000 千米以上，中俄东线（河北安平—江苏泰兴段）、苏皖管道及与青宁线联通工程等项目投产，"西气东输"三线中段、"西气东输"四线（吐鲁番—中卫段）等重大工程持续快速建设。

如何在配套制度方面推动天然气管道建设，使之符合我国能源转型的迫切要求，是能源领域有识之士多方探讨的问题。笔者认为，从法律层面上，建立与天然气管道建设相配套的产权登记制度及管理制度，对于推动天然气管道建设大有裨益。

（一）天然气管道建设及管理中存在的问题

目前我国尚未建立天然气管道产权登记制度，在实践中，产权的确定一般是以批准文件及建设文件作为依据，容易存在产权界定不清、建设企业以管线抵押融资难、不易变现、管理难度大、不易流转等问题。

1. 产权界定不清

2014 年，中石油曾通过决议，将以西气东输一线和二线相关资产和负债出资设立东部管道公司，并通过产权交易所公开转让所持有东部管道公司100％的股权。该事例表明，在混改的过程中，将庞大的管道资产进行分割

进入市场已经成为可能。在交易过程中，管线如何分割、分割后的产权如何确定等均需要相关制度予以明确。如果把管道资产分割出来，与其他财产分别确定产权，在未实行产权登记制度的情况下，很容易在确权方面造成困扰。

2. 难以用资产抵押的方式进行融资

管道建设耗资巨大，企业在建设过程中需要大量融资。在实践中，一些民营企业在管道建设过程中，通常是建成部分管线后，以该部分管线作抵押，向金融机构或其他机构申请抵押贷款。由于管道资产并无明确的产权登记制度，目前各地执行标准不一，部分地区是以动产抵押的方式进行登记，有部分地区以无法律规定为由不予登记。统一登记制度的缺失导致金融机构因管线权属难以确定，而对是否提供融资服务心存疑虑，进而导致建设单位融资困难。最终结果是管道建设因缺乏资金支持而不能按照计划快速推进。

另外，由于管道资产性质特殊，即使在建设初期金融机构提供了融资服务，在抵押人无力偿还贷款时，金融机构行使抵押权也会遇到障碍，管道资产如何出售、如何证明抵押人拥有产权、所有权如何完成转让，均存在许多不确定之处。

3. 管道资产变现难

管道资产通常均处于公共区域内，不易分辨出在哪一方的实际控制之下，也不易分辨出哪一方实际占有。管道本身又不能比照动产转移以交付为准的方式完成转让。在没有统一登记制度的情况下，所有权人欲对外进行转让时，包括金融机构实现抵押权时，在确认所有权环节会存在不确定性，在转让时也很难明确物的交付已经完成。对于管道这一高额资产而言，这种不确定性带来的法律风险显然是很大的。

4. 管道产权流转困难

鉴于天然气管道建设投资大、跨区域、周期长等特点，目前长输高压天然气管网大多为国有企业投资和建设。但是，随着天然气市场的日渐扩大，民营企业对于中低压区域性天然气管网的投资建设也逐渐增多，相应产生出对确定管网产权的需求。同时，在流转过程中，由于管网已经不属于当初办理建设立项、施工手续一方所有，管网产权缺乏公示方式，导致后续产权方权利不易确认，从而造成管道产权流转困难。

5. 建成后的管道后续及时保护、迁移难

天然气管道建成后，在其穿越的公路、铁路、河流发生变化需要对管道进行保护、迁移的情况下，需要及时确认管道的产权方。在目前没有产权登记的情况下，尤其是在管道产权已经出现流转的情况下，实际产权方与当初管线的建设方并不一致，如产权方难以及时确定，给管道后续的保护和迁移造成不便。

6. 人民法院查封困难

在司法实践中，如燃气公司为债务人，管道是其主要资产，债权人在诉讼过程中或人民法院在执行过程中，一般会对燃气公司的管道资产采取保全措施。在目前没有产权登记制度的情况下，对管道资产进行查封较为困难，会耗费大量的司法资源，尤其是查封外地多条管线的情况下，一个案件就要耗费大量的人力、物力、财力。实践中的例子也显示，人民法院执行干警在执行相关案件时，付出了大量的精力。① 这种情况下，如果能将管道资产进行产权登记并公示，则执行法官在执行相关管道资产时就可以如同查封房屋、土地等不动产一样，仅到登记机关就可以办理查封手续。这无疑将大大节约司法资源和成本。

（二）建立产权登记制度的必要性

鉴于管道资产登记制度缺失所造成的上述问题，对于管道资产进行产权登记并公示具有紧迫性和必要性，主要集中在以下几个方面。

1. 可以有效、及时地确定管道资产的产权人及责任人

在对管道资产进行产权登记后，无论该资产如何流转，交易相对方均能有效、及时地确定产权人，便于进行收购、融资，有利于交易的稳定性。同

① 袁天鹤. 北京四中院查封失信人燃气石油管线 80 余公里 [Z/OL]. (2019-11-4). https://bjgy.bjcourt.gov.cn/article/detail/2019/12/id/4737164.shtml.

时，在管道发生各类事故时，可以合法、有效地确定产权人、管理人及责任人，有利于事故妥善处理。

2. 可以消除因产权不明导致的管道资产流通转让困难

在国家管网公司成立后，国家油气干线管网均由国家管网公司进行建设、运营。但是，除了油气干线管网外，还有大量的中低压管网和城市管网由各类企业投资建设。有部分地方燃气公司的主要财产就是投资建设的天然气管道。其在经营过程中会产生收购或出售的需求，如能将该部分管道资产进行产权登记，无疑会大大促进管道资产的合法流转。

3. 有利于保证管道建设合法合规

在管道建设过程中，由于管道建设涉及的手续较多，大类上就包括立项类、规划类、土地类、水土保持类、防洪类、地质安全类、压覆类（文物、矿产）、环保类、穿越类（公路、铁路、河流）、林业评价类等数十项审批。建设企业为了提高效率、节约成本，先开工、后报批的情形屡见不鲜，甚至有些企业在管道建成投产后，仍然有部分手续未能办结，导致整个管道资产的合法合规性出现瑕疵，造成隐患。如能对管道资产进行产权登记，则可以在最终登记阶段对管道建设的所有环节的合法合规性进行监督和控制，以保证管道建设整体的合法、合规。

（三）登记制度的初步设想

如对管道进行产权登记，则在法律层面上需考虑其权利属性，以确定登记方式及登记的效力。

从法理而言，动产是指能够移动而不损害其经济用途和经济价值的物，而不动产是指不能移动或移动会损害其经济效用和经济价值的物。天然气管道本身为不可移动物，另外，天然气管道从来不是孤立存在的，伴随管道建设的还有场站、阀室、伴行路等附属设施，均属于不动产。因此，对于天然气管道按照不动产进行登记更符合其特征。

综上所述，由于天然气管道资产的特殊性质，对其按照不动产进行管理更合适。目前，由于管道资产的产权登记制度缺失，对天然气管道的建设、运营、流转、管理均提出了很多问题，同时也使管道建设企业在融资、收购、纠纷解决等方面遇到了法律障碍。为了进一步推动我国天然气管道的建设，有必要在法律层面给予制度保证和制度支持。对管道资产按照不动产管理的方式进行基本情况登记、权属登记、变更登记、他项权利登记，将会对目前存在问题的解决提供可行的思路和途径。

第三章

中游——天然气购销、运输中的常见争议及解决

天然气购销及运输作为天然气产业链的中游环节，具有承上启下的作用。中游运输方式包括长输管网、省级运输管道、槽车和 LNG 运输船等。但无论采用何种运输方式，买卖双方通常都会事先签订天然气购销合同，以便明确双方权利义务。

即便如此，实践中关于天然气购销及运输的争议仍屡见不鲜。常见的争议主要包括：第一，天然气照付不议条款相关争议；第二，长期 LNG 合同的价格复议争议；第三，天然气质量争议；第四，天然气计量争议；第五，天然气偏差结算争议。

第一节　天然气照付不议条款相关争议及解决

照付不议条款的运用始于 20 世纪 70 年代，随后该条款迅速被各国广泛接受与采用，并发展成为能源销售领域通行的国际惯例。中国国家能源局在 2014 年颁布的关于印发《天然气购销合同（标准文本）》的通知第 7 条就明确规定了照付不议的适用，确认了照付不议的合法性。

天然气照付不议条款的核心要素是天然气买方付款义务的无条件和不可撤销性。除此之外，还具有长期性、最低数量限制、卖方照供不误义务的对

等性及内容全面性复杂性等特点。① 随着国际和国内天然气市场和经济形势的变化，照付不议合同也呈现新的发展趋势，主要表现为长期性与灵活性并存，更加关注协议的整体公平性。

照付不议作为购销合同中的重点条款，买卖双方在磋商时，应从商业和市场实践出发，对该条款的设计予以重点关注，以实现权利义务的公平设置，合理分担交易风险，进而充分发挥市场竞争机制，实现双方权益的最大化。

一、天然气照付不议合同的法律分析

（一）天然气照付不议合同的概念

照付不议合同在能源购销领域广泛应用，已成为通行的商业惯例。其在本质上是一种交易风险的分担机制。该机制产生之初是能源巨头为保证自身利益得以实现而对下游企业进行较为严格的限制。

由于卖方的垄断和优势地位，买方不得不接受这种制度安排。传统的照付不议合同核心是对买方的约束和限制。随着实践的发展，照付不议合同的内涵也在不断深化和发展，包括照付不议和照供不误两方面，即对买卖双方都有相应的条款加以约束，实现权利义务的平衡。

1. 照付不议

照付不议是指在每一合同年度内，天然气买方需根据双方签订的购销合同中约定的最低天然气购买量，持续不间断地从卖方购买天然气。即使买方实际天然气接收量没有达到最低购买量，买方仍须按最低购买量向卖方支付价款。其核心是买方无条件和不可撤销的付款义务。

2. 照供不误

照供不误是指在每一合同年度内，天然气卖方需保证根据双方签订购销合同中约定的数量、质量，持续不间断地向买方供给天然气。天然气卖方未履行照供义务，构成违约，应承担相应的违约责任。其核心在于卖方应连续

---

① 陈新松. 简介天然气行业十大特色法律问题 [J]. 上海煤气，2015（05）：42-44.

不中断地供应天然气。

（二）天然气照付不议合同的特点

随着我国天然气行业的发展，照付不议合同在天然气领域被广泛采用，因天然气行业的特殊性，照付不议合同具有如下特点。

1. 长期性

传统的天然气购销合同期限多在20年以上。主要原因是天然气销售方在天然气开发项目中投资巨大，如进行管线设施、运输设施等工程建设施工。因而卖方只有在保证天然气长期稳定销量的情况下，保证其有稳定的现金流量，收回已投入的运营和建设成本，偿还项目建设融资贷款，实现盈利。

对买方而言，其接收、下游分输也同样需要投入大量资金。若欲实现营利，买方也需要有稳定的气源供应，保证对下游用户供应的安全性及稳定性。签订长期性的天然气购销合同对买卖双方来说，都是相对较为节约交易成本、实现盈利的选择。

2. 最低数量限制

天然气照付不议合同中关于照付不议量的约定，构成对买方购买天然气数量的限制，即买方需按照协议中约定的数量购买天然气。若买方实际接收天然气的数量未达到合同约定，也需要按照约定的最低数量进行付款，少接收的气量可以留存或者补提。

3. 买方付款义务的无条件性和不可撤销性

在买方未达到照付不议合同中约定的照付不议量时，仍需按照最低购买量支付价款。该付款义务是无条件和不可撤销的。若买方未履行相应付款义务的，卖方有权根据照付不议合同请求买方支付相应价款，承担违约责任。

4. 卖方照供不误义务的对等性

与买方照付不议相对应的是卖方的照供不误义务。卖方应严格按照合同约定供应量供气，且应持续供气，保证供气设施的正常运行。即使出现供货紧张或价格上涨的情况，卖方也必须按照合同约定保质保量地向卖方提供能源产品，否则也应承担相应的违约责任。

在买方有额外用气需求时，卖方应尽最大努力保证买方的购气需求得到满足。需要说明的是，卖方的储量风险不作为其免责事由。

5. 内容的全面性和复杂性

因天然气行业的特殊性，天然气购销合同的具有很强的专业性和复杂性。一份天然气购销合同中，有关天然气气量的约定就可分为年合同量、月合同量、日合同量、最大日量、最小日量、日指定量、合理日指定量等多种气量。具体到照付不议条款，则涉及照付不议量、照付不议系数、照付不议量扣减量、净照付不议量等。每一具体条款都需要买卖双方在不断交涉的基础上达成一致。

（三）天然气照付不议合同的发展趋势

随着照付不议合同在我国天然气行业的应用和不断发展，传统照付不议合同已经有了新的变化和发展趋势，在司法实践中因照付不议合同引发的纠纷案件也呈上升趋势。

1. 长期性与灵活性

国内国际政策，气候、商业环境变化快，严格按照合同履行的风险和代价过高，也难以适应迅速变化的市场环境。因此，通常的办法是在签订长期框架性协议的基础上，缩短合同期限，同时赋予双方强制性协商续约义务；针对市场变化，事实上对合同作出调整、变更。双方可根据实际情况，兼顾长期性与灵活性，具体就季度或年度的照付不议量、价格等条款协商，根据总体市场环境进行相应的调整与变更。

2. 条款的公平性

天然气行业虽有其特殊性，但交易的达成离不开公平合理的条款设计。只有在实现合理风险分担的基础上，才能促成贸易的发展。照付不议合同在为买方设置照付不议义务的同时，也应以照供不误义务来对卖方进行合理约束。天然气管道建设运营、输气设施的运营维护投入的成本和交易的风险需要交易双方共同分担。

（四）天然气照付不议合同纠纷在实践中的责任认定

因照付不议合同发生的纠纷，在司法实践中表现为违约责任的认定与承担。例如，在中国铝业股份有限公司贵州分公司（以下简称贵州铝业）与贵州广汇天然气有限公司（以下简称贵州广汇公司）供用气合同纠纷中，[①] 因贵州铝业的实际用气量未达到双方约定的照付不议量且未在约定期限内补足提取量，贵州广汇公司诉至法院主张贵州铝业承担未足额提取的差额气量的相应收入损失。在本案中，最高院在认定照付不议的损失时，以贵州广汇公司应收而未收的合同价款×当年平均利润率的方法进行计算，判令贵州铝业承担损失赔偿责任。

在司法实践中，法院会综合合同的实际履行情况、商业成本、行业利润等多方面因素进行考虑，以妥善平衡双方的权利义务。

（五）天然气照付不议合同需关注的重要条款

天然气照付不议合同条款的设计有赖于买卖双方的谈判与沟通。如何在条款设计过程中既保证交易目的的实现，又保证双方权利义务的平衡是购销协议能否达成的关键。

在签订天然气购销协议过程中，应重点关注以下条款，同时根据市场情况灵活调整有关合同条款，尽量做到公平、合理。

1. 天然气的数量、质量

天然气计量涉及天然气数量的计算，涉及天然气买卖双方的权利义务。天然气交易过程中需要精准的计量器具、正确的安装、准确的测量，计量器具的品质和安装方式是否一致，对于天然气交易都有很大的影响。尤其对买方来说，即便是极其微小的误差也可能带来巨大的损失。因此，在签订天然气购销协议时，双方需对天然气的计量器具、标准、误差等作出详细约定，同时对出现误差时的违约责任及救济方式予以明确。

双方可在合同中约定一段试运转期，以及通过模拟经营期限，根据试运转期内双方的供应量和接收量的实际情况确定合理的合同量。通过一定的磨

---

① 见（2018）最高法民终 500 号。

合，了解双方实际履行能力，增加合同条款的可执行性。在试运转期结束后，双方可合理确定合同数量。

2. 照付不议量

照付不议量是买卖双方谈判的重点，是在合同量的基础上乘以一定的系数确定的，在实践中一般不超过90%。照付不议系数越高，对于卖方越有利，反之则有利于买方。净照付不议量是照付不议量减去累计抵扣数量，累计抵扣数量越多，净照付不议量就越少，对买方越有利。[1]

累计抵扣数量是指供气月内卖方因不可抗力、管道维检修或其他不可控原因未能供应的全部数量之和。不可抗力是不能预见，不能避免，不能克服的客观情况。在实践中，一般下列行为不被认为属于不可抗力范畴：

（1）因正常损耗、未适当维护设备或零部件存货不足而引起的设备故障或损坏；

（2）缺乏资金支付应付款项，除非发生影响有效支付的情况；

（3）影响合同外第三方的时间或情况，除非合同约定属于不可抗力；

（4）由于市场风险变化仅仅导致履约不经济的任何行为、时间或情况。[2]

买卖双方应充分协商后合理确定照付不议量，尽量实现双方权利义务的平等。

3. 照供不误

合同的基本原则是自愿、平等、公平、诚信，天然气购销协议同样也应符合基本原则，买卖双方权利义务的设置应当均衡。

在传统的照付不议合同中，由于卖方的相对垄断地位，对买方的照付不议义务的约定较为严格，但对卖方照供不误义务的约定较少。这种条款设计意味着卖方将更多的交易风险转移到了买方，明显有违公平原则。

因而在签订天然气购销协议中，买方需要与卖方就照供不误义务进行有效谈判与磋商。在合同中明确约定卖方须承担与照付不议同等程度的稳定持

① 黄振中，张晓粉. 浅论国际能源贸易中"照付不议"合同的特点与新趋势 [J]. 中外能源，2011，16（03）：1-6.

② 戴轶龙，蔡永彤. 燃气能源销售中"照付不议"合同若干问题研究 [J]. 能源研究与信息，2006（03）：169-173.

续供气义务，不得随意终止或变更合同；在卖方不能保质保量供应天然气时，约定由卖方承担相应违约责任的条款，以便发生违约行为时依据合同追究卖方的违约责任。在卖方发生短供的情况下，卖方须及时通知买方，并优先通过其他渠道为买方采购替代货物，以保证买方的提货利益；假如卖方拒绝履行代采义务，那么买方则可以要求提高赔偿金额来制衡卖方。

在卖方未履行照供不误义务时，买方可在合同约定对照付不议量进行相应折减（即用短供气量抵扣当年的照付不议量），或直接约定卖方向买方支付一个预先约定的固定比例的短供补偿金。

二、照付不议合同中补提条款的设计与应用

在大宗能源贸易的照付不议（take or pay）合同中，买卖双方约定，即使买方未接收产品或服务，也须按照合同约定支付款项（agreement between a buyer and a seller in which the buyer will still pay some amount even if the product or service is not provided）。与此相对应，卖方也应按照合同约定承担照运不误（ship or pay）的义务，不间断地向买方供应产品，否则也应承担相应的违约责任。

在这种特殊的合同中，由于约定有照付不议条款，买卖双方对于已经付款但尚未实际提取的天然气量的处理，对双方利益保护具有重要作用。

从卖方的角度分析，尽管卖方已经收取了照付不议款项，买方尚未提取该部分的天然气，但是，如给予买方无限制的补提权利，则会给卖方造成供应压力，甚至在供应能力有限的情况下，会导致供应不能的情况，给卖方整体供气安排造成影响。因此，对于合同中买方补提的限制，是卖方需要重点考虑的问题之一。

从买方的角度分析，尽管原则上应当允许买方提取已经付过款的天然气量，但由于买方销售、储存能力的限制，会出现买方长期无法提取导致丧失补提权利情形，使买方出现损失。

鉴于双方不同的利益诉求，导致双方在此问题上进行激烈博弈，因此，在照付不议合同中对补提条款进行合理设计和适用，对双方都是至关重要的。

（一）短提及补提

在实际交易过程中，买方按照照付不议量支付合同价款后，所提取的气量有可能会低于已实际付款的气量的情形。这样就造成买方出现"短提"，年净照付不议量减去该合同年实际提取的天然气数量为该合同年的短提量。

对于短提量，一般买卖双方都会同意，买方支付照付不议款后，可以在后续的合同年度中予以补提。对于补提量，一般买方无须另行支付价款，但需要支付不同年度的价格差价。

（二）对补提的数量限制

如果任由买方集中在一个合同年度将短提量全部补提，对卖方来说，必将造成供给上的压力，尤其在气源紧张、供给不足的情况下，很容易使卖方不能充足供气而造成违约。因此，卖方为了缓解供应压力，避免承担过重的合同责任，在合同中对于买方补提的数量均会作出明确的限制，而且将补提量排除在照运不误的范围之外。

一般而言，补提气与其他供应的常规气量之和不得超过最大日合同量，也不得超过最大年合同量。在合同条款中一般会约定：除卖方同意外，补提量加上当年已提取的天然气量之和不能超过适用于该合同年的最大年合同量，且每日的日确认量（含超供气）与补提量之和不能超过适用于该日的最大日合同量。

（三）对补提的期限限制

对于补提的期限，目前法律法规并没有统一的规定，一般是由合同双方根据交易具体情况进行协商约定。在实践中，在卖方供给充足的情况下，可以允许买方在合同有效期限内安排补提，甚至在合同期结束后，卖方也可以在一定期限内将买方未补提的天然气折价返还给买方。达成此种约定，买方在照付不议合同中承担的风险较小，对于买方非常有利。

通常情况下，卖方会坚持买方在出现短提之后的一定年限内予以补提，以免给卖方的供应计划造成干扰，增加成本。这个期限一般把握在6个月到3年，最长也不会超过5年；超过补提期限的短提气量，买方不得无偿提取。

（四）对补提时间段的限制

由于天然气供应存在峰谷调整，各时段卖方的供气压力不同，一般而言，卖方不会允许买方在需求高峰时段提取补提气。

合同条款一般设计为：

一旦买方就差值气量按照合同约定进行了付款，对于买方已付款但未提取的天然气为补提气，买方提取补提气应按照先入先出的原则，并在以下时间指定并提取补提气：①合同期内买方就差值气量按照合同约定进行了付款后的任一合同年任一供气月（采暖季除外，采暖季指每年 11 月 1 日至次年 3 月 31 日）中提取完最少月气量后的任何时间；②在合同期结束后 12 个月的时间内（采暖季除外）。卖方应按一位合理审慎的作业者的方式行事，在能够满足资源供应的情况下，尽其合理努力地将该等补提气交付给买方。但买方将无权在合同期结束后的 12 个月期间届满后指定或提取任何剩余数量的补提气。对于上述期满后尚未提取的补提气，卖方无义务退还买方对该部分未提取的补提气所支付的款项。

（五）对补提的价格调整

鉴于天然气价格的不稳定性，有可能在补提时出现价差，也就是说买方在补提时的天然气价格与短提发生时的天然气价格出现差额。在这种情况下，卖方一般会要求买方在补提时按照价格高者结算。

合同条款一般设计为：

买方按上述规定提取的补提气的结算价格，按发生差值气量时的结算价格（即发生差值气量供气月合同量内最高天然气价格的100%）与补提月合同量内最高天然气价格中的较高者执行，并反映在补提当月对应的结算中。

在有的照付不议合同中，买卖双方也可以直接商定在补提发生时，按照当期天然气价格乘以一个上涨系数来确定补提气的价格。条款可约定为：

在任一个合同（月度或季度或淡旺季）内，买方应首先提取该（月度或季度或淡旺季）的（月度或季度或淡旺季）合同量，然后按照买卖双方商定的补提计划和发生的先后顺序提取补提量，补提量原则上应在淡季提取。

对于买方在某一合同年产生的补提量，卖方应尽合理努力配合买方在该合同年结束后两年内完成补提。如果买方在两年内未能完成补提，卖方不再安排补提，对应的年照付不议款，卖方无须退还。

对于最后一个合同年发生的短提量，买方应尽合理努力在最后一个合同年的下一个年度内完成提取。如果买方未能在下一个年度内提完补提量，卖方不再安排补提，对应的年照付不议款，卖方无须退还。

补提量价格＝补提时当期合同内的天然气价格×105%。

（六）补提量的丧失

如果买方长期无法提取补提气量，卖方会要求在合同中确认，在满足合同约定条件或约定期间届满后，买方丧失补提的权利。

合同条款一般设计为：

本合同因买方违约提前终止后，买方即丧失截止终止日尚未提取的一切补提量。除上述原因外，在本合同期满或提前终止的情况下，卖方应保证不因卖方原因影响买方自本合同期满日后的 6 个月内或提前终止日后的 6 个月内提完在本合同终止时有效的补提量（但买方不得要求在采暖季进行补提），否则卖方应就未完成的上述有效的补提量进行气量的等量补偿。对于合同期满后由于买方原因尚未提取的补提余额，卖方无义务退还买方对该部分未提取的补提余额所支付的照付不议款。

照付不议合同中关于补提条款的设计关系买卖双方的切身利益，相关法律法规对此并无强制性规定，其中的各项条款，买卖双方均可以自由协商，因此，买卖双方可以根据自身实际情况及市场地位、谈判能力等条件审慎处理，以最大限度地保护自身利益。

三、照付不议合同在司法实践中的认定和存在的问题

随着天然气行业的发展以及照付不议条款架构设计的变化，照付不议合同在司法实践层面上出现的新趋势和裁判现状值得关注和思考。

根据目前实践中集中出现的问题，我们主要从照付不议条款性质认定的争

议、照付不议合同发展趋势和照付不议合同纠纷解决司法裁判三方面进行剖析。

（一）照付不议合同条款的性质之争

在现行法律框架下，对于照付不议合同条款应认定为属于第一性的合同义务条款，还是属于第二性的违约条款存在着较大争议，具体如下所示。

1. 照付不议条款属于合同义务条款

有部分观点认为，照付不议属于合同义务条款，原因在于，卖方在前期投入巨大资金，甚至有些设施是专门为买方定制，卖方的前期投入需要买方在合同期限内的付款来实现，所以买方的付款义务是绝对和不可撤销的。

在具体的交易中，照付不议合同是意思自治的产物。在照付不议的语境下，双方本着平等、自愿原则签订照付不议合同，双方关于照付不议合同条款的理解充分意思表示真实、责任承担对等。因此，根据意思自治原则，照付不议合同条款属于有效条款。

2. 照付不议条款属于违约责任条款

有部分观点认为，照付不议合同条款中的付款属于支付违约金。从条款内容上看，买方达到最低购买量应是合同义务，而未达到最低购买量是违约情形，按购买差量对应的货值支付货款是损失赔偿额计算方法，完全符合违约责任条款的要件。违约金应当以补偿为主、惩罚为辅，不得过分高于守约方的实际损失，守约方亦不能因违约获得额外收益。

《民法典》第五百八十五条规定："当事人可以约定一方违约时，应当根据违约情况向对方支付一定数额的违约金，也可以约定因违约产生的损失赔偿额的计算方法。约定的违约金低于造成的损失的，人民法院或者仲裁机构可以根据当事人的请求予以增加；约定的违约金过分高于造成的损失的，人民法院或者仲裁机构可以根据当事人的请求予以适当减少。"

《全国法院贯彻实施民法典工作会议纪要》规定："《民法典》第五百八十五条第二款规定的损失范围应当按照民法典第五百八十四条规定确定，包括合同履行后可以获得的利益，但不得超过违约一方订立合同时预见到或者应当预见到的因违约可能造成的损失。"

在上述法律法规的指引下，将照付不议合同条款认定为违约责任条款，意味着法院或仲裁庭更多将聚焦核查守约方的实际损失等因素，与照付不议合同条款项下违约方的应付款金额进行比较，而非直接适用照付不议条款的约定。

笔者认为，照付不议合同条款的性质可以根据案件具体情况区别认定。天然气、石油等投资成本大、回报周期长的行业，应当将照付不议合同条款认定为合同义务，是必须履行的义务。对于其他非巨额投资行业，若欲使用照付不议合同条款，可以在兼顾公平的衡量下，认定为违约责任条款。

（二）照付不议合同的适用趋势

1. 适用范围不断扩大

由于照付不议合同在一定程度上具有担保功能，这种合同形式已由最初主要应用在天然气领域，逐步向电力、石油等领域扩张。这是因为天然气、石油、电力等一些关系国计民生的能源产品大多是由国家垄断经营。在电厂建设、石油天然气管道销售和矿产资源开发中，一方面，项目融资的贷款人享有的有限追索权无法满足其降低市场风险的需求；另一方面部分企业出于财力有限等原因，也不愿意采用直接担保的方式。照付不议合同以未来收益为项目融资提供担保的方式恰好解决了这个问题。

2. 合同方式趋于灵活

国际政治形势、经济环境、气候变化等都是影响能源供应和消费的重要因素。坚持照付不议合同的完整性与一致性尽管可以部分减少市场风险，但是难以满足市场主体针对市场变化进行快速反应的需求，不利于企业盈利最大化的根本目标。因此，近年来许多能源企业在照付不议合同条款的设置中在数量、续约和时间等方面进行适当变通，更具灵活性。

（三）照付不议合同纠纷解决司法实践

笔者通过中国裁判文书网选取了6件有关照付不议内容合同纠纷的案例，并做了如表3-1所示的梳理。

表3-1　照付不议合同的纠分案例

序号	案件名称	原告诉求	判决结果	判决理由	备注
1	河北港盛能源有限公司与河北涵发生物科技有限公司买卖合同纠纷(2021)冀0404民初348号	被告需按合同约定保底用气量，支付气款差额	不支持	本案中，在港盛公司未取得燃气经营许可证，且未办理燃气设施审批手续的情况下，双方为了供气、用气从而签订的"天然气购销合同"违反了法律法规的强制性规定，该合同属无效合同。关于港盛公司要求支付按合同约定的保底用气量支付气款及设备闲置费的问题。虽涵发公司实际用气量未达到"天然气购销合同"约定的保底用气量，但因该合同无效，在计算损失时不能直接适用合同约定，且该损失对于港盛公司来说系供应天然气的利润损失，而该损失为可期待利益，其前提条件为合同有效且继续履行，在合同无效的情况下，支持可期待利益缺乏法律依据，涵发公司已付清其实际使用的天然气气款，故对港盛公司该项诉讼请求本院不予支持	未取得燃气经营许可证的"天然气购销合同"属于无效合同；并未直接认定照付不议条款，而是以保底用量条款代称
2	福建省晋江市火炬建材有限公司、江西实华燃气集团有限公司买卖合同纠纷(2020)赣民终998号	请求撤销原判，依法改判驳回被上诉人的诉讼请求或将案件发回重审	不支持并变更判决	协议中约定的照付不议条款，系双方真实意思表示，不损害国家、集体、他人合法权益，该条款有效。上诉人晋江建材公司关于此条款无效的主张也不能成立，本院不予支持。关于照付不议条款损失。本案的事实是由于当地政府的查封行为，导致晋江建材公司从2016年9月开始停止向实华燃气公司购买天然气，合同无法履行的原因并不是晋江建材公司故意违约，是由于政府查封扣押，客观上不能履行……在此情形下，如果要求晋江建材公司仍要按照合同约定向实华燃气公司承担照付不议条款义务会导致双方利益的严重失衡。因此，一审判决晋江建材公司按照合同约定从2015年7月起计算三年，并向实华燃气公司减半支付用气款不当，应予纠正	本案协议中约定的照付不议条款，系双方真实意思表示，不损害国家、集体、他人合法权益。该条款有效。本案中法院认为照付不议条款的损失要符合公平公正原则

续表

序号	案件名称	原告诉求	判决结果	判决理由	备注
3	普莱克斯（上海）工业气体有限公司与长兴凯鸿新型墙体材料有限公司买卖合同纠纷（2015）浦民二（商）初字第1963号	被告向原告支付价款和滞纳金及合同提前解除的违约金	支持	依法成立的合同，对当事人具有法律约束力，当事人应当按照约定履行自己的义务，不得擅自变更或者解除合同。虽然涉案合同约定，长兴凯鸿公司未达到最低购买/付款量，应按照每月最低购买/付款量乘以产品单价支付普莱克斯公司相应价款，但应当从公平原则出发，并综合考虑合同履行情况及普莱克斯公司成本、行业利润等因素，酌定长兴凯鸿公司应给付普莱克斯公司的价款金额，并偿付相应逾期付款滞纳金	法院在审理过程成中注重实质公平，遵行公平正义原则进行审判
4	菏泽富海能源发展有限公司诉中海油山东新能源有限公司买卖合同纠纷案（2016）鲁民终1647号	支付气款及逾期付款利息，并赔偿放散的焦炉煤气款的损失	支持支付气款及利息，但驳回了赔偿损失的请求（二审维持原）	原告单纯以照付不议合同模式要求被告承担放散的焦炉煤气款，依据不足。协议并没有约定原放散的焦炉煤气要由被告承担付款责任。因为双方是买卖合同关系，照付不议的前提是照供不误，即原告应将合同标的物交付后才能主张价款，在未交付的情况下，将自行放散的煤气要求被告承担付款义务，没有合同根据和法律依据	本案中认为照付不议的前提是照供不误
5	天威四川硅业有限责任公司诉成都华油博瑞燃气有限公司买卖合同纠纷（2013）高新民初字第755号	返还多付预付款并支付利息	支持	涉诉合同均系当事人真实意思表示，不违背法律强制性效力规定，双方一致形成法律行为约束当事人权利义务。案中被告反诉原告违约，主张天然气行业存在照付不议规则，但由于并未充分举证该规则的存在而不被采纳	被告主张天然气行业中存在照付不议规则，但由于未充分举证该规则的存在而不被采纳

序号	案件名称	原告诉求	判决结果	判决理由	备注
6	濮阳市强胜石油支撑剂有限公司诉濮阳中原三力化工设备有限公司租赁合同纠纷案二审（2012）濮中法民三终字第140号	撤销原判决	不支持并变更判决	双方当事人所签订的协议中内容不违反法律强制性规定，为有效合同，双方均应依约履行合同义务，否则应承担相应的法律责任。对协议书中的约定理解发生争议，应依合同法相关规定，按照协议词句、条款、目的、交易惯以及诚实信用原则，结合我市企业以及当事人实际用气状况作出公平合理的解释	双方按照付不议规则签订的用气合同被认定为有效

（四）存在的问题

通过对与照付不议合同有关的案件进行梳理，笔者发现了以下问题。

首先，照付不议合同是混合合同，包括天然气买卖和运输合同，但前列案例中（除案例1被认定合同无效外），均只适用买卖合同的规则来解决照付不议合同纠纷。

其次，与一般民事合同相比，照付不议合同兼具私法和公法双重属性。同时，它还具有经济、安全和环保等多种价值。但法院民事审判庭在审理与之相关的案件中，更多依照民事合同规则处理且也只是考量了它的经济价值。值得强调的是，如果在没有取得相关经营许可的前提下，法院则会做出"违反了法律法规的强制性规定，该合同属无效合同"的认定（见表3-1中的案例1）。

再次，这些案件中，有的法院直接承认照付不议规则（见表3-1中的案例2、案例3）。但有的法院认为适用照付不议规则前提是"照供不误"或者需要进行进一步举证（见表3-1中的案例4、案例5）。

最后，当照付不议条款明确约定了买方违约的相应后果、卖方按照约定机制要求买方履行支付义务时，法院主要考虑买方的违约责任是否过高于违约造成的卖方损失。法院可能参考的因素则包括双方对于照付不议义务的履约情况、相关设备是否专供、卖方的实际损失和预期利益（行业平均利润率、卖方实际利润率）等。法院认定相关争议的出发点和落脚点更多偏向于实现实质的公平，即注重核定卖方的实际损失。至于是否支持照付不议下的付款安排，则具体视案件中合同约定计算结果是否匹配法院认定的实际损失而自然产生的结果，从而贯彻公平原则（见表3-1中的案例2、案例3、案例6）。

综上可知，照付不议合同条款性质存在着合同义务条款和违约责任条款的分野，同时在市场剧烈变化的推动下，照付不议合同适用范围也逐渐扩大，条款内容也更加灵活。在我国司法实践中，法院对照付不议合同的认定出现了普遍适用买卖合同的规则，注重其经济价值的认定的取向；对于是否直接确认合同双方约定的照付不议条款的问题，司法实践尚未统一；对于合同履行过程中违约方责任的判定，法院则更多从公平原则出发，综合考量，平衡利益，进行以实现实质公平的司法裁判。

第二节　长期 LNG 合同的价格复议机制

LNG 作为一种更清洁的燃料，国际交易市场（尤其是亚洲市场）增长迅速。随着市场参与者不断增多，LNG 买卖合同纠纷频发，其中与价格相关的纠纷不在少数。[①]

国际市场 LNG 买卖合同的期限一般较长，部分合同的期限甚至长达 20 年。作为通行的国际惯例，照付不议条款会被写入合同。对于这样一份金额大、期限长且需要照付不议的买卖合同，价格显然是双方关注的重点。通常，LNG 长期买卖合同会参考特定的市场因素，约定一个用于计算价格的公式。但一个适用于整个合同有效期的价格公式，对买卖双方都存在一定的风险。即使价格公式与某一价格指数挂钩，市场结构的变化仍可能导致合同谈判时的基础产生根本性变化，对价格的竞争性产生重要影响。

就近期 LNG 市场情况来看，2022 年全球对长期 LNG 供应的需求急剧增

---

① 信德海事. LNG 航运领域的纠纷将急剧增加［EB/OL］. http://www.eworldship.com/html/ 2020/gas_ carrier_ market_ 0226/157148.html.

加，加之俄乌冲突背景下西方各国都在尽力减少从俄罗斯进口 LNG，根据《油气杂志》(*Oil & Gas Journal*) 的报告，目前 10 年期液化天然气的合同比 2021 年同期涨价约 75%；且由于欧洲对液化天然气的需求有增无减，预计供应紧张将持续存在。[①]

因 2022 年 9 月 26 日，北溪管道（俄罗斯为向德国输送天然气而建，途经欧洲多个国家）被炸，LNG 船运输费用上涨 20%，欧洲天然气价格暴涨，达到上一年同期的两倍。[②] 在这种市场价格急剧上涨的背景下，根据合同中约定的价格计算公式得出的价格，可能已经不能与市场相适应而无法平衡合同双方的利益。

因此，有必要在长期 LNG 合同中另外约定价格复议条款，允许合同一方或双方启动价格公式复议机制，以响应不可预见的市场变化，避免合同一方受制于不合时宜的合同价格。

一、价格复议的启动条件

一些 LNG 买卖合同直接约定每隔一段时间后，合同任意一方可以提出价格复议请求。例如：Qatar Gas 公司与 PSO 公司之间的 LNG 买卖合同约定，合同一方在不早于某一特定时间向另一方发出通知，从而启动价格复议谈判。[③] 此种固定期限的启动条件优点在于，能够较容易地判断合同一方是否有权提出价格复议的主张；缺点在于，不能对影响合同价格的市场变化作出及时反应。因而，也有一些 LNG 买卖合同约定：在相关市场发生重大变化时，一方享有提出回顾价格主张的权利。

---

① 金十数据. 天然气买家争相签订长期供气合同，供应商"乘火打劫"[EB/OL]. https://baijia-hao.baidu.com/s?id=1736848937566944759&wfr=spider&for=pc.

② 何铭亮."北溪"被炸，缺气又缺船！欧洲天然气价格创新高，LNG 船运费暴涨 20% [EB/OL]. https://baijiahao.baidu.com/s?id=1746392540285681045&wfr=spider&for=pc.

③ Gas Matters Today Group. PSO signs first Long-term SPA with Qatargas [J]. Gas Matters Today, 2016 (2)：6.

(一)"相关市场"的界定

价格复议启动时，通常需要在合同中对"相关市场"进行明确界定，一般是指买方的终端用户市场或天然气生产地市场。合同双方有可能就市场的地理范围和本质产生争议：是整个市场还是市场的某些部分，仅考虑工业用户或民用用户还是两者兼顾，是否考虑竞争燃料等。因此，商定条款时应当注意约定相对精确的市场范围。

(二)判断"相关市场"已发生重大变化的标准

要判断市场变化是否已发生以及"相关市场"的变化是否足以支持价格调整，通常要将正在执行的合同价格与当前的市场情况进行对比。为了确保市场变化的客观性，存在重大变化的当前市场应当持续一定的期间，比较准确的方式是取该段期间数据的平均值作为对比参数。这就要求合同中要明确约定采用数据的起止日期，否则很容易产生争议。

1. 采用客观标准评估市场变化

评估可以采用客观标准，如约定当价格变动突破一定的百分比或者突破上限时即视为发生重大变化。在埃索（英国）勘探生产公司诉供电委员会案中，双方即约定在合同价格低于对比参数85%时卖方可以提出价格复议。①

2. 采用主观标准评估市场变化

评估也可以采用主观标准，仅笼统规定市场发生重大变化。至于何为重大变化，需要主观综合判断，通常会考虑相关指数（零售价格指数、通货膨胀等），油气价格或实际成本（管理费用、运输费用等）等因素。

两种评估标准均有优劣，前者缺乏灵活性，而后者合同双方容易对"重大变化"产生争议，且最终的决定权将可能交到仲裁庭手中。

---

① 程大庆. 国际 LNG 买卖合同价格复议与仲裁 [J]. 当代石油石化, 2020, 28 (06)：21-26.

二、价格修正的范围和方式

如果价格复议的启动条件已满足，下一步要解决的问题就是如何对价格公式进行修正。为避免争议，有必要在价格复议条款中对价格修正的范围和方式作出合理限定。作为复议过程中修正价格的基准，一旦协商不成提交仲裁，该约定也将作为仲裁庭行使管辖权的依据和边界。

修正的范围可以是整个价格条款，也可限定于价格条款中的价格公式；修正方式可以是完全推翻现有公式，也可限定为改变价格公式的斜率、常数、S曲线或其他某一组成部分；可以明确锁定油价挂钩机制①，也可以为将来引用交易中心价格指数留下空间。另外，双方还可以基于对价格修改可能带来的财务影响预期，对价格修正的幅度进行定量限制，如规定调整数值的上下限或比例。在确定价格修正的范围和方式时，还应注意确定性和灵活性之间的平衡，过度限制可能会导致价格修正难以真实反映市场的变化。

三、价格复议的程序

（一）通知

若通知的内容存在问题，可能导致通知接收方对其充分程度和有效性提出质疑，从而拒绝进入实质性的价格复议谈判。如埃索（英国）勘探生产公司诉供电委员会一案中，埃索公司根据 LNG 合同约定的价格复议条款发出了通知。但供电委员会认为该通知无效，因为通知采用了错误的参数，因此不存在可以提交仲裁庭裁决的争议。法院支持了供电委员会的观点，最终判决

---

① 与已转为直接采用天然气交易中心（NBP 或 TTF）价格计价方式的传统天然气欧洲市场不同，亚洲市场的大多数 LNG 长约价格仍采用与原油价格指数挂钩的方式。为了将以桶计价的原油价格换算成以百万英热单位（mmbtu）计价的 LNG 价格，一般通过约定的斜率进行换算。为减少油价过高或过低带来的负面影响，一些合同还会在价格公式中约定上至或下至价格（S 曲线），超过范围将适用不同的斜率。另外，一些合同还根据具体情况在公式中增减常数。

仲裁庭无管辖权。①

因此，为避免争议，有必要在签署合同时对价格复议通知从内容和形式上作出明确约定，如通知上应当载明启动价格复议的依据、价格修改提议及依据、发出通知的时间等。

（二） 协商

价格复议条款通常会规定双方在一定时间内通过协商解决价格问题，如在规定期限内双方不能达成一致，方可寻求第三方（如仲裁等）解决。因此协商期限的长短十分关键，既要考虑到通知接收方可能需要做大量的工作，以确保其为谈判做好准备，同时要考虑通知发出方希望尽快解决价格问题的需求，因为过度拖延将会影响其财务状况。

（三） 协商不成的后果

并非所有的价格复议都能通过协商得以解决，因此有必要就双方在规定期间内协商不成情况下的后果作出安排。通常有以下4种选择。

1. 合同价格保持不变，双方将继续执行合同现行价格

在此情况下，由于对协商不成的后果有确定的预期，接到价格复议通知的合同方可能无动力就价格修改与请求方达成一致，从而导致价格复议条款的实际作用大打折扣。

2. 任何一方均有权解除合同

如 Qatar Gas 和 PSO 之间的 LNG 买卖合同第 15.2.4 条就规定了终止条款。虽然终止的具体程序被隐藏，但通常终止条款会赋予合同一方在双方未能在规定的时间内就价格调整达成一致时，正式通知对方后终止合同的权利。根据价格复议启动时的市场情况，终止合同的选项可能会对合同某一方有利，从而成为其在谈判时的筹码。

3. 专家裁定

专家裁定的优点在于，专家通常比由律师组成的仲裁庭更了解天然气市

---

① 程大庆. 国际 LNG 买卖合同价格复议与仲裁 [J]. 当代石油石化, 2020, 28 (06)：21-26.

场；缺点在于，专家可能需要律师的帮助来解决合同条款或程序的问题。此外，如果需要强制执行专家的裁定或者合同方对裁定有异议又另行提起仲裁，则此过程将更加烦琐，将会导致争议最终解决的拖延。

4. 提交仲裁

仲裁是国际商事合同的主要争端解决机制。基于仲裁程序的灵活性和过程及结果的保密性，考虑天然气价格复议中定价安排和市场信息的敏感性，仲裁成为解决天然气价格争议的首选方法。从欧洲市场的历史经验来看，鲜见直接将争议提交法院诉讼的案例。这也是市场上很少能看到有关价格争议案例具体细节的原因。

四、中国企业应对进口 LNG 价格风险的建议

（一）已签署合同

对于已签署的合同，若包含价格复议条款，则建议中国企业从价格复议机制条款的启动因素、协商程序及时间、争议解决机制等方面，梳理已签署的合同条款。

首先，审核市场价格现状是否满足价格复议的启动条件；其次，按照合同价格复议条款的约定，审核通知内容和形式是否符合合同约定；最后，在协商过程中，结合重新谈判时的市场环境与类似合同约定进行协商。若协商期限届满后仍协商不成，则可采取仲裁方式解决纠纷。

（二）尚未签署合同

若双方处于磋商阶段、尚未签订合同，针对国际市场 LNG 价格巨幅波动的情况，建议中国企业在起草、修改价格复议条款时，明确约定启动条件、通知的内容和形式、协商的期限和具体程序、协商不成后的争议解决方式，尽可能保护中国企业的利益。

综上所述，为应对瞬息万变的国际局势导致的 LNG 市场价格巨幅波动，在长期 LNG 合同中约定价格复议机制十分必要。价格复议条款应当明确启动

条件、通知的内容和形式、协商的期限和具体程序、协商不成后的争议解决方式，在出现市场价格巨幅波动时，及时启动价格复议程序，尽可能平衡合同双方利益，进而使得双方能够继续履行合同。

第三节　天然气购销合同中的质量争议及解决途径

在我国境内普遍采用体积计量方式对天然气价款进行结算的情况下，天然气的质量是否符合标准就显得尤为关键，如果"不同质却同价"，无疑会使得购销双方利益失衡，实践中也存在不少关于天然气质量是否合格的争议和纠纷。

一、质量争议产生的原因

天然气是以甲烷为主，含有乙烷、丙烷等物质的烃类混合气体，同时，天然气中还含有二氧化碳、氮气等不可燃烧物质，以及硫化氢和其他有机硫化物等有毒有害物质。烃类燃烧提供的发热量是天然气的主要商品价值。[①]

天然气的组分及各组分的比例是判断天然气质量的关键指标。

为了尽可能避免硫化物对环境与人体的危害以及对天然气输配系统的腐蚀，天然气组分中硫化物的含量应当尽可能地降低并符合国家标准。对天然气购销合同同的双方当事人来说，除了对有毒有害物质的控制，另一个关键问题就是天然气的发热量。

然而，不同气源的天然气热值差异较大，国内主要气田自产气和各进口气源高位发热值范围多数在 $36 \sim 38MJ/m^3$，进口 LNG 热值相对较高，部分热值高达 $44.92MJ/m^3$。吉林油田天然气热值相对较低，热值仅为 $33.23MJ/m^3$，最高值比最低值高 $11.69MJ/m^3$，相差约 35%。[②] 但目前国内普遍使用的体积计量方式并不能体现不同气源单位体积热值的差异。这也是购销双方需要对天然气的质量标准进行明确约定的原因。

[①] 邱豪. 中美天然气质量标准要求及实施比对 [J]. 中国标准化, 2022 (15)：180-184, 204.

[②] 王保登，王保群. 天然气质量指标有哪些？[J]. 石油知识, 2017 (3)：36-37.

除了发热量这一标准，热值的稳定性也相当重要。原因在于，天然气最终要流向终端消费市场，而部分行业（如玻璃、陶瓷行业等）的天然气用户对天然气热值稳定性要求较高，如果天然气热值突升突降，将会影响产品质量。[①]

但实践中还存在这样的情况：尽管不同气源的天然气都符合国家天然气气质标准（供气方提供了合格天然气），但是在运输过程中可能会发生几种气源在管网中混合输配的情况，由于不同气源的热值会略有差异（同种气源热值也可能有所波动），最终，几种气源混合后导致购气方实际接收到的天然气与约定标准不符（通常表现为热值上有所变化）。此种情形下，双方也可能会对天然气的质量产生争议。

二、我国现行天然气质量标准

我国现行的天然气质量标准主要包括以下两类。

（一）强制性国家标准

《天然气（GB 17820—2018）》（2019年6月1日实施），由国家市场监督管理总局、中国国家标准化管理委员会发布，归口于国家能源局。该标准适用于经过处理的、通过管道输送的商品天然气，主要规定了天然气产品质量要求、试验方法和检验规则，对天然气中高位发热量、总硫、硫化氢、二氧化碳等指标进行了量化确认。

（二）推荐性国家标准

《液化天然气的一般特性（GB/T 19204—2020）》（2021年1月1日实施）、《液化天然气（GB/T 38753—2020）》（2020年11月1日实施）等，由国家市场监督管理总局、中国国家标准化管理委员会发布，归口于国家标准化管理委员会。

《液化天然气的一般特性》可做液化天然气领域其他标准的参考，也可供

---

① 王保登，王保群. 天然气质量指标有哪些？[J]. 石油知识, 2017 (3): 36-37.

设计和操作液化天然气设施的人员参考。该标准规定了液化天然气的一般特性、健康与安全、建造材料。《液化天然气》适用于商品液化天然气，规定了液化天然气的质量、试验方法、检验规则及储存与装运的要求。

三、国内天然气购销合同中的质量条款

国内天然气购销合同通常都具备天然气质量相关条款，主要对天然气质量标准、天然气质量异议的提出及解决、天然气质量不合格时的违约责任等进行约定。

（一）质量标准

国内天然气购销合同中，买卖双方通常会采纳《天然气（GB 17820—2018）》这一强行性国家标准作为合同项下天然气的质量标准，大部分合同中还会将质量标准进一步明确为"Ⅱ类天然气"（或者Ⅰ类天然气）[1]。尽管 GB 17820《天然气》中载明，该标准适用于经过处理的、通过管道输送的商品天然气，但实践中，不少非管输天然气购销合同中也约定适用该质量标准。[2]

除了约定天然气质量应当符合《天然气（GB 17820—2018）》国家标准外，部分液化天然气购销合同将推荐性国家标准也纳入了合同项下天然气质量的评价标准，约定天然气质量应当符合《液化天然气的一般特性（GB/T 19204—2020）》、《液化天然气（GB/T 38753—2020）》的规定。

（二）质量异议

国内天然气购销合同中通常会有关于质量异议的提出及解决方式的约定，如："买方有权自费抽查交货时产品的质量和数量，如发现产品不符合本合同

---

[1] （2020）豫 09 民终 2714 号："《液化天然气（LNG）供气合同》第五条明确约定，润诚化工公司向呈晟商贸公司供气质量标准应当符合以下标准：'①天然气质量符合中华人民共和国国家标准《天然气（GB 17820—2018）》中规定的Ⅱ类天然气；②液化天然气组分由气源地 LNG 工厂出具组分报告……'"

[2] 见（2017）粤 0115 民初 2331 号、（2020）豫 09 民终 2714 号。

的质量或数量时，应通知原告到场，双方共同取样化验或检查复核计量，如双方意见不一致时可委托双方同意的第三方单位化验或计量，直到相关部门作出最终结果，因此产生的费用由过错方承担；未有原告在场的任何对原告供应的液化天然气质量或数量的评定，均不对原告产生法律拘束力，也不构成索赔的依据。"① "双方对乙方所供轻烃燃气质量意见不一致时，双方均有权委托相关部门或机构检验。"②

（三）违约责任

在部分天然气购销合同中，双方就天然气质量不合格的后果约定了违约金："如不符合质量标准，乙方向甲方支付违约金 90 000 元。"③ 还有部分合同约定赔偿损失："一方违约后，另一方应采取适当措施防止损失的扩大，没有采取适当措施使损失扩大的，不得就扩大的损失要求索赔。"④ "任何一方如未能按照合同所约定内容履行自身承担的义务，给另一方造成直接经济损失的，违约一方应对该直接经济损失进行全额赔偿。任何一方均不对另一方的间接损失（包括但不限于利润损失、营业损失、业务中断或合同损失）或由于另一方自身过错所造成的损失负责。"⑤

四、天然气质量争议相关司法判例

（一）广东海曜新能源投资有限公司与广东新铭能源科技有限公司的买卖合同纠纷⑥

1. 案件事实

2014 年 11 月 1 日，双方签订"液化天然气（LNG）购销合同"，约定被

---

① 见（2017）粤 0115 民初 2331 号。
② 见（2017）苏 0582 民初 9485 号。
③ 见（2017）苏 0582 民初 9485 号。
④ 见（2017）粤 0115 民初 2331 号。
⑤ 见（2020）豫 09 民终 2714 号。
⑥ 见（2017）粤 0115 民初 2331 号。

告向原告购买液化天然气。2015年4月，原告向南京广电公司购买了4车气源地为新疆淖毛湖的液化天然气，并指示南京广电公司将这4车液化天然气送往被告指定的气站。其中，1车液化天然气（车牌号陕E×××××）送往湖南郴州，卸车时间为2015年4月16日，另外3车液化天然气（车牌号陕E×××××、陕E×××××、陕E×××××）送往广东佛山，卸车时间分别为2015年4月22日、24日、29日。

被告在卸车现场用仪器设备对液化天然气中甲烷浓度进行检测。其中，2015年4月25日9时12分对上述车牌陕E×××××送货液化天然气检测得甲烷浓度为89.2%，2015年4月29日17时08分对上述车牌陕E×××××送货液化天然气检测得甲烷浓度为85.3%。卸车现场检测有原告公司工作人员在场，原告对检测数值没有异议。

后续被告就天然气质量问题与原告进行多轮函件沟通，但双方未能达成一致，原告诉至法院，请求判令被告向原告支付液化天然气（LNG）货款390 638.20元。

诉讼中，被告称：对2015年4月22日送货的液化天然气在卸车时没有抽查，在供应给用户之后出现了打火困难等问题，就自行检测，发现甲烷浓度过低，所以在4月25日、4月29日卸货时现场检测甲烷浓度；陕E×××××、陕E×××××、陕E×××××3车液化天然气在2015年11月下旬在被告的下游企业储存点直接排空。

2. 法院观点及裁判结果

本案的争议焦点为：①案涉液化天然气是否存在质量问题；②被告是否有权要求减免货款。

首先是关于质量问题。"液化天然气（LNG）购销合同"约定被告有权自费抽查交货时产品的质量和数量，如发现产品不符合合同约定的质量或数量时，应通知原告到场，双方共同取样化验或检查复核计量；如双方意见不一致时可委托双方同意的第三方单位化验或计量，直到相关部门作出最终结果。被告在卸车现场对陕E×××××、陕E×××××送货的液化天然气中甲烷浓度进行了检测，所得甲烷浓度值均显明低于双方确认国标要求的95%以及双方确认口头约定的98%标准。原告公司人员在卸车现场，对检测数值没有异议，且在之后双方就质量问题往来函中也没有提出异议。因此，法院认为，被告上述现场检测符合合同约定，该检测依约对双方具有法律约束力。据此可认定陕Ｅ×××××、陕Ｅ×××××送货液化天然气（甲烷浓度值）不符合双方约定的质量要求。被告有关质量问题的抗辩理由成立，法院予以采纳。原告主张应由第三方进行检测，缺乏合同依据，法院不予支持。因两车液化天然气存在质量问题，导致被告使用目的无法实现，原告构成违约，应承担相应的违约责任。原告要求被告支付货款，依据不足，法院不予支持。

其次是要求减负货款问题。对于陕Ｅ×××××送货的液化天然气，因未进行检测，且已由被告（下游企业）实际使用，被告主张该车液化天然气存在质量问题，没有证据支持，法院不予采信。对于陕Ｅ×××××送货的液化天然气，被告称进行了自行检测，但诉讼中未提供检测结果，且该检测未通知原告人员到场，原告对该检测不予认可。根据"液化天然气（LNG）购销合同"的约定，未有原告在场的任何对原告供应的液化天然气质量或数量的评定，均不对原告产生法律拘束力，也不构成索赔的依据。因此，该检测对原告不具有法律约束力。被告主张该车天然气存在质量问题，证据不足，法院不予采信。因此，被告主张陕Ｅ×××××、陕Ｅ×××××两车液化天然气存在质量问题，并据此要求减免货款，缺乏依据，法院不予支持。

综上所述，被告应向原告支付陕Ｅ×××××、陕Ｅ×××××两车液化天然气货款合计 193 500.60 元。（被告无须向原告支付另外两车质量不合格的液化天然气的货款）

判决如下：

①被告广东新铭能源科技有限公司于本判决发生法律效力之日起 10 日内，向原告广东海曜新能源投资有限公司付清货款 193 500.60 元。②驳回原告广东海曜新能源投资有限公司的其他诉讼请求。

3. 裁判要旨

被告在卸车现场对陕Ｅ×××××、陕Ｅ×××××送货的液化天然气中甲烷浓度进行了检测，所得甲烷浓度值均显明低于双方确认国标要求的 95% 以及双方确认口头约定的 98% 标准。原告公司人员在卸车现场，对检测数值没有异议，且在之后双方就质量问题往来函中亦没有提出异议。因此，该检测依约对双方具有法律约束力。据此可认定相应液化天然气（甲烷浓度值）不符合双方约定的质量要求。原告构成违约，应承担相应的违约责任。原告要求被告支付货款，依据不足，法院不予支持。

（二）陕西呈晟商贸有限公司与濮阳市润诚化工有限公司的买卖合同纠纷①

1. 案件事实

2019 年 11 月 20 日，双方签订"液化天然气（LNG）供气合同"，约定：润诚化工公司从 2019 年 11 月 20 日至 2021 年 11 月 19 日止向呈晟商贸公司供气。天然气质量符合中华人民共和国国家标准《天然气（GB 17820—2018）》中所规定的 Ⅱ 类天然气。呈晟商贸公司应按照双方签字确认的"过磅单"，按照本合同规定的时间及时与润诚化工公司进行结算。

2. 法院观点及裁判结果

法院认为，本案系买卖合同纠纷，当事人二审争议焦点为案涉天然气是否符合合同约定标准，一审判决呈晟商贸公司支付润诚化工公司货款 464 378.2 元是否有事实和法律依据。

在本案中，润诚化工公司依据双方签订的"液化天然气（LNG）供气合同"、对账单、转款记录等证据，向呈晟商贸公司主张欠付货款，但呈晟商贸公司二审提交了山西压缩天然气集团运城有限公司盐湖区液化分公司出具的证明等证据，证明润诚化工公司提供的过磅单造假。润诚化工公司当庭认可供货天然气实际气源地并非过磅单显示的气源地。润诚化工公司也未能提供天然气来源证明，无法证实其提供的天然气的气源地、组分、质量、价值等事实。因过磅单存在重大瑕疵，呈晟商贸公司依据过磅单而对天然气进行签收，不能作为认定天然气质量合格的依据。双方依据过磅单而作出的对账单，不能单独作为认定双方结算的依据。

综合本案事实，对于润诚化工公司已提供的天然气是否符合合同约定质量标准的事实出于真伪不明，根据《最高人民法院关于适用〈中华人民共和

---

① 见（2020）豫 09 民终 2714 号。

国民事诉讼法〉的解释》第一百零八条第二款规定，应当认定天然气不符合合同约定质量标准，由润诚化工公司承担举证不能的不利后果，故其主张支付剩余货款的诉讼请求不予支持。

3. 裁判要旨

润诚化工公司当庭认可供货天然气实际气源地并非过磅单显示的气源地。润诚化工公司也未能提供天然气来源证明，无法证实其提供的天然气的气源地、组分、质量、价值等事实。因过磅单存在重大瑕疵，呈晟商贸公司依据过磅单而对天然气进行签收，不能作为认定天然气质量合格的依据。润诚化工公司应承担举证不能的不利后果，故其主张支付剩余货款的诉讼请求不予支持。

（三）张家港保税区神能国际贸易有限公司与张家港市江南染整有限公司的买卖合同纠纷①

1. 案件事实

2016 年 6 月 7 日，江南公司（甲方、买方、用气人）与神能公司（乙方、卖方、供气人）签订"轻烃燃气供用气合同"，约定：乙方已在甲方厂区范围内选择合适、安全、环保、消防、方便生产的标准区域用于设计、安装、安置其提供的轻烃燃气发生装置及原料储存罐等相应设施（以下简称燃气设备）（注：已经完工运行 9 个多月）。质量标准：戊烷含量不低于 99%，双方对乙方所供轻烃燃气质量意见不一致时，双方均有权委托相关部门或机构检验；如不符合质量标准，乙方向甲方支付违约金 90 000 元。

合同签订后，神能公司分别于 2017 年 1 月 20 日、2017 年 2 月 5 日向江南公司供应轻烃燃气，货款合计 169 861 元，并开具了相应的增值税专用发票。2017 年 1 月，王伟峰代表神能公司签字确认因产品质量问题，导致高派公司于 2017 年 1 月 20 日中班、夜班，2017 年 1 月 21 日早班，2017 年 1 月 22 日早班停产。2017 年 4 月 23 日，江南公司向神能公司出具"情况说明"，主要内容为："由于你公司设备、油品问题造成戊烷进入发气罐及后面的罐体、机台管道内，造成机台点不着火停产 6 天，目前你公司已把残留戊烷拉回你

① 见（2017）苏 0582 民初 9485 号。

公司，共计贰仟玖佰千克（2 900kg）。"王伟峰代表神能公司在"情况说明"中签字确认。

2. 法院观点及裁判结果

对于轻烃燃气质量，双方虽然在合同中约定"双方对乙方所供轻烃燃气质量意见不一致时，双方均有权委托相关部门或机构检验"，但由于储罐已经拆除，现场已不存在双方认可的可供检验的轻烃燃气样品，双方均未就燃气质量提供直接证据佐证。但从停工证明、"情况说明"看，王伟峰签字确认因质量问题导致高派公司、江南公司停工，并由此产生退货，且神能公司从未对停工证明、"情况说明"的内容提出异议的情况看，江南公司关于轻烃燃气存在质量问题的举证已达高度盖然性的证明标准，法院依法予以采信。

"情况说明"中注明退货2 900千克，按照单价5 900元/吨，折合货款17 110元。该款应从货款总额中扣除，江南公司实际还应支付货款152 751元。江南公司主张神能公司支付违约金9万元，符合双方合同约定，神能公司也未举证证明江南公司主张的违约金小于其实际损失，对原告该主张本院依法予以支持。江南公司关于停工损失10万元的主张，依据不足，且前述9万元违约金已具有赔偿损失的性质，故对江南公司该主张，法院不予支持。

3. 裁判要旨

由于储罐已经拆除，现场已不存在双方认可的可供检验的轻烃燃气样品，双方均未就燃气质量提供直接证据佐证。但从停工证明、"情况说明"看，王伟峰签字确认因质量问题导致高派公司、江南公司停工，并由此产生退货，且神能公司从未对停工证明、"情况说明"的内容提出异议的情况看，江南公司关于轻烃燃气存在质量问题的举证已达高度盖然性的证明标准，法院依法予以采信。江南公司主张神能公司支付违约金9万元，符合双方合同约定，神能公司也未举证证明江南公司主张的违约金小于其实际损失，对原告该主张本院依法予以支持。江南公司关于停工损失10万元的主张，依据不足，且前述9万元违约金已具有赔偿损失的性质，故对江南公司该主张，法院不予支持。

（四）广东海曜新能源投资有限公司与南京广电文化产业投资有限责任公司买卖合同的纠纷①

法院认为，广东海曜公司主张南京广电文化公司提供的液化天然气存在质量问题，广东海曜公司在本案中未就质量问题提出反诉，广东海曜公司应另行解决质量问题，法院不予审查。

（五）齐齐哈尔市昂昂溪区爱民液化气供应站与齐齐哈尔市凌峰燃气有限公司买卖合同的纠纷②

法院认为，当事人对自己提出的诉讼请求所依据的事实有责任提供证据加以证明。没有证据或者证据不足以证明当事人的事实主张的，由负有举证责任的当事人承担不利后果。爱民液化气站提出凌峰燃气公司出售的液化气质量不合格的上诉理由，并未提供充分的证据加以证明。而且，爱民液化气站在本院庭审时提出在 2015 年就已发现凌峰燃气公司向其销售的燃气存在质量问题，但其并未解除合同，直至 2016 年仍在凌峰燃气公司购买燃气。由此可见，其客观行为与诉讼主张存在矛盾。综上所述，爱民液化气站的上诉请求不能成立，应予驳回。

（六）河南天泰天然气有限公司与河南金驹实业股份有限公司买卖合同的纠纷③

法院认为，根据合同约定"压缩天然气气质取样点定在天泰公司荥阳加气母站供口法兰前汇管后取样口，金驹公司对气质化验报告有疑问，双方应共同组织请有化验资质的第三方化验，并出具化验报告"。金驹公司自送样进行检测，样品来源并不清楚，也是单方行为，金驹公司提供的证据不能证明天泰公司所供应的天然气不符合合同约定。

---

① 见（2017）粤 01 民终 9575 号。类案：（2014）穗中法民二终字第 126 号。
② 见（2018）黑 02 民终 699 号。类案：（2019）冀 0406 民初 1055 号、（2018）粤 0605 民初 13805 号、（2018）川 0923 民初 2870 号。
③ 见（2017）豫 0181 民初 2460 号。

五、天然气质量问题法律风险防范

（一）在合同中约定质量标准、质量异议及违约后果

从上述司法判例可以看出，买卖双方在天然气购销合同中通常会约定质量标准、质量异议的提出及解决方式，而且法院在审理案件时，也会以合同约定的质量标准、质量异议方式对天然气质量是否合格进行认定。如果买方未能按照合同约定提出质量异议，法院很可能会认定买方提供的证据不足，不能由此认定天然气质量存在问题，进而不支持买方的诉讼请求。

此外，合同中还应当对天然气质量不合格的违约后果进行明确约定。例如，按照天然气气款的一定比例承担违约责任。如果仅约定对天然气质量不合格所造成的损失承担赔偿责任，则还需要对损失范围、数额、天然气质量不合格与损失之间的因果关系等举证证明，否则法院将不予支持。但如果约定了特定数额的违约金，就无须再承担前述证明责任，法院通常会依据合同约定的数额支持买方的诉讼请求。

（二）对质量有异议时，应及时提出并保留证据

从上述司法判例可以看出，买方如果对天然气质量存在异议，应当及时提出并形成书面记录，否则，法院将会以证据不足为由，不认可当事人提出的天然气质量不合格的主张。同时，如果合同中约定了发生质量异议后的检测方式，则应当按照合同约定进行；如果合同没有约定，则应当以双方均同意的方式对气质进行检测。法院一般不会认定当事人单方出具的鉴定结论的效力，除非对方当事人也认可。因此，在发生质量争议时，双方均应注意及时取证，保留相关证据。

（三）及时提出关于质量争议的反诉

从上述司法判例可以看出，买方主张天然气质量不合格，应当在诉讼程序中及时以反诉的形式提出。如果仅主张天然气质量不合格，但却没有提出反诉，法院将不会予以处理，除非是买卖双方直接以质量争议问题提出的诉讼。

第四节　天然气购销合同中的计量争议及解决途径

目前，我国天然气行业强力发展，全国天然气骨干管网已基本形成，部分区域性天然气管网逐步完善，非常规天然气管道蓬勃发展，"西气东输、北气南下、海气登陆、就近外供"的供气格局已经形成。

我国天然气消费量巨大，平均每天有超过 5 亿立方米天然气，通过国家天然气骨干管网输往全国各地，已形成国产常规气、非常规气（页岩气、致密砂岩气、煤层气等）、进口液化天然气、进口管道气等多元化的供销格局。在这种情况下，天然气的储运计量就变得十分重要。[①]

在天然气生产、运输和销售过程中，如果存在计量误差，必然会对燃气企业和用户的切身利益造成影响，继而产生争议及纠纷。我们将对天然气企业日常经营中可能存在的计量争议解决及风险防范进行分析。

一、我国天然气计量的方式

在国际上，天然气计量包括体积计量、质量计量和能量计量 3 种形式。国际天然气贸易或欧美、日、韩等工业发达国家广泛采用能量计量，而我国及周边俄罗斯、中亚地区天然气资源国家仍以体积计量为主。但体积计量的计量方式无法体现天然气的真实价值，"不同质却同价"在现实操作中带来了一系列问题，同时受到温度、压力、流速等诸多因素的影响，都会造成计量的偏差。

实际上，天然气计量采用能量计量比体积计量更加合理。该计量方式更有利于准确计量、体现公平、减少结算纠纷。能量计量也称热值计量，是在体积计量的基础上，再测量天然气发热量，用天然气单位体积的热量乘以天

[①]　上海石油天然气交易中心. 天然气贸易计量，何以精准？[EB/OL]. https://mp.weixin.qq.com/s/KBGZtvail6w89Wl1xlla1g.

然气体积，以获得流经封闭管道横截面的天然气总能量。[1]

二、天然气购销合同中应如何约定计量条款？

根据行业惯例，上游天然气销售方与天然气购买方针对计量问题，一般会约定在双方交接处安装符合标准的计量设备，最终成交数额以上游的交接计量数据为准。计量系统由卖方安装在交付点上游，在首次交付日前，卖方应当提交关于计量设备的检定报告，确认计量系统符合国家相关标准和合同的要求。在交付期内，为确认计量系统符合国家相关标准和合同要求，国家法定的计量检定专业机构应每隔一定年限对计量系统进行一次检定。如果买方对计量系统的准确度有异议，可要求国家法定的计量检定专业机构进行补充检定。买方也有权在交付点下游自费安装、操作和维护计量核查设备。卖方有权见证核查计量系统的检定。如果双方计量结果存在较大差距，应同时进行检定，以发现缺陷计量设备，并调整计量结果。

在实践中，计量统计的时间点对于双方的计量读数差异性有着重要影响，所以在签订天然气购销合同时，不仅应对天然气销售价格、购气量、结算周期、交接点、燃气种类等进行约定，还需明确双方统计的时间点及计算公式。如双方同时签订了照付不议合同，对合作内容综合考量后，可在天然气购销合同里补充违约或救济等条款。另外，在管道运输中，计量器械更换与质量同样影响计量结果的精准性及计量读数。在此种情况下，双方除了约定计量器械的选择与维护外，还要在合同中明确约定计量差异的解决方式及费用承担。

三、实务案例

天津某燃气公司与某某公司（以下简称甲公司）供用气合同纠纷

天津某燃气公司与甲公司签订了"城市供用气合同"及"城市供用气合

---

[1] 理研计算器 RKKC. 敲黑板：天然气计量的知识，你都 get 到了吗？[EB/OL]. https://mp.weixin.qq.com/s/LfiuUvNWSzh049kap07xUg.

同补充协议"，约定天津某燃气公司通过管道为甲公司提供天然气，贸易结算计量表及管线设施供气单位投资建设产权属供气单位。用气单价 2.67 元/立方米，用气量 2 268 000 立方米/月，75 600 立方米/日，用气调峰依据用气大管网整体调动调整。甲公司按市供热办提供的供热面积核定的用气量 11 812 248 立方米提前购足气量，以保证采暖期不间断供气。合同期限为两年，自 2014 年 10 月 28 日至 2016 年 10 月 27 日止。合同到期后，若双方任何一方对原合同条款内容未提出异议，待期满后，本合同将自动延续一个合同期（两年）。同时约定当贸易结算表所有读数不能正常显示用气量或换验表采用直管段供气时，则由供用双方根据季节变化，共同参照上个月气量和上一年同期用气量协商议定结算气量。合同特别声明，约定本合同签订时，用气方已知晓本合同项下天然气管网供气能力及管网安全性能等方面的局限性，也已知悉并能够预料本合同项下，天然气之上游供应商可能会采取减少供气等措施，因此而导致供气方无法按照已核定的包括用气方在内的所有天然气终端用户的计划内天然气用气量，或计划外天然气用气量交付天然气时，用气方无条件同意供气方酌情采取减少或中断天然气交付量的措施，即用气方自愿并无条件参与供气方所实施的城市天然气供应的调峰活动。

2016 年 12 月 13 日、12 月 23 日天津某燃气公司因其所有的编号 1409019 号、1409011 号出现过气不走字的状况，即已经使用燃气，但计量表对使用的燃气不进行计量。在分别对相关计量表进行修复并装回后，对故障期间的计量读数依照合同约定：共同参照上月气量和上一年同期用气量协商协议结算气量之规定，核算两次故障期间共产生气量 24 158 立方米，折合气费 64 501.86 元。甲公司认为，表不走字的原因是气源发生了一些变化，即杂质过多，且燃气公司未按约定使用过滤装置。这是燃气公司的责任。气量核算是 24 000 多立方米，两次停气不可能产生这么大的量。按核算，上一年一共供热 150 天，平均一天气量也就是 2.9 元/立方米，两次都是单台坏的，不可能产生这么大的费用。双方的争议焦点为计量表产生故障后，应当如何计算用气量？

法院认为：某燃气公司应提交证据证明甲公司的实际用气量，以确定因故障导致结算表读数不能正常显示用气量时未计算的用气量。某燃气公司提交的测算表等证据均是自行制作的表格，甲公司对上述证据不认可，且某燃气公司提交的表格数据也存在错误数据，上述证据不能作为确定未计算用气量的依据。此外，双方合同中约定的日供气量与原告提交的其认可的正常实际用气量差距较大，因此也不能作为认定贸易结算表读数不能正常显示用气量时对补偿量的计算依据。原某燃气公司、甲公司的实际结算方式为预付方式，虽每月进行结算，但提供给甲公司的票据为预付票据，也不能用于确定甲公司的月平均用气量。因此，对于某燃气公司要求甲公司支付燃气费 64 501.86元的诉讼请求，法院不予支持。[①]

四、天然气计量问题法律风险防范

（一）选择正确规范的天然气计量仪表，在合同中明确约定计量相关条款

在天然气计量的过程中，最容易出现问题的就是天然气计量仪表。所以在选择天然气计量仪表过程中一定要选择规范的计量仪表。双方在签订合同时，可明确约定计量仪表的种类、标准等；在计量仪表出现故障时，约定双方的维修义务、维修费用的承担；约定在因故障产生计量差异时的计量标准、核算标准、责任承担等。

（二）在发生计量故障导致的纠纷时，双方应及时补救及取证

近年来，因计量表不能正常显示其读数所引发的计量纠纷十分普遍。这就提醒天然气企业，在计量器械发生故障时，计量数据的取值依据非常重要。在实践中，大部分的取值依据主要为合同约定及地方性法律法规的相关规定。

以工业用户为例，工业用户一般在安装第一计量表以外，还会安装第二计量表作为备用表。燃气计量表在不能正常显示读数期间，天然气企业应在尽短时间内启用第二计量表，并有权以第二计量表的小时或日平均数计算相

---

① 曹演萍. 浅析天然气企业在天然气计量中的法律风险与防范. [EB/OL]. https://www.sohu.com/a/338666029_ 100138309.

应期间的计算综合用气量。计量表一旦不能使用，供气方启用第二计量表之前的一个真空时间段内的用气量计算公式就很重要，一般按前 15 天正常平均日用气量计算。同时，天然气公司同时还要做好取证工作，为最终核算提供事实依据。其中，包括天然气结算单、用气量数据表、往来文件材料、沟通记录等。

（三）加强天然气计量管理，合同明确管理义务

天然气计量管理包括对于天然气的压力、温度、密度等可能影响天然气计量的因素。双方在合同中可明确约定天然气计量管理的义务，以便在出现了因外部因素导致计量差异的情况时，双方可对于计量标准、核算标准、责任承担等进行协商。

另外，天然气企业也需尽快建立起科学系统的计量体系，以帮助天然气企业进行天然气计量管理，进而推动天然气计量工作开展，减少计量差异产生的纠纷。

第五节　天然气购销合同中的偏差结算及争议解决

随着天然气行业的发展，天然气购销合同中的重点条款设计与架构也在实践中不断发展和完善。针对买卖双方计划购销的天然气数量与实际供应/提取的数量不一致的情形，目前较为常见的解决途径为在购销双方合同中约定偏差结算条款。

一、"偏差结算"的含义

现行法律规范并无关于天然气偏差结算含义的明确规定，司法实践中也并无统一定义，但在实践中，国内天然气购销合同经常使用"偏差结算"作为章节标题，对买方短提、卖方短供的情形及后果进行约定。

针对短提、短供，在国际天然气市场中，买卖双方通常会在合同中约定照付不议条款。

照付不议机制随着中国买家的国际天然气采购而被引入国内，但是目前国内的相关商业实践不充分，市场惯例尚未形成。① 尤其是在终端市场方面，天然气广泛用于终端用户的日常生活、工业生产等各方面，消耗的不确定性使得无法对长期使用量进行精准预测。② 这也促使国内天然气企业在签订合同（尤其是年度购销合同）时，并非完全照搬照付不议条款，而是整体朝着灵活的方向转变。例如，约定买方短提的后果是仅需承担短提部分对应气款30%的违约金，而非支付短提部分对应的全部气款。

下文将主要针对国内天然气购销合同中的偏差结算条款及相关实践进行探讨，长期天然气买卖合同（尤其是国际天然气买卖的长期合同）所涉及的典型照付不议条款，不属于下文所讨论的范围。照付不议条款相关法律问题分析请参见本章第一节内容。

二、国内天然气购销合同偏差结算条款

（一）短提/短供气量

国内天然气购销合同中，以年度合同较为常见，因此合同中通常以月为基数对短提气量进行约定。一般情况下，买卖双方会先在合同中约定月合同量，在此基础上，按照一定的方式进行计算最小月气量，通常为月合同量乘以特定系数。最小月气量一般会扣除因不可抗力而造成的无法供应或接收的气量。

最小月气量减去买方当月实际提取的气量所得的差值，即为短提气量；最小月气量减去卖方当月实际供应的气量所得的差值，即为短供气量。

---

① 南方能源观察. 天然气长期协议中的照付不议机制：国际经验与中国实践（一）[EB/OL]. https://mp.weixin.qq.com/s/QrSTnM84CAdccRr3UeBouQ.

② 李树峰，王成龙，徐小峰，陈蕊. 国际天然气市场"照付不议"条款变化趋势及中国企业应对建议 [J]. 国际石油经济, 2019, 27 (11): 57-63.

（二）短提／短供违约责任

如果发生短提／短供的情况，且在约定补提／补供期限结束时仍存在短提／短供气量，则需要承担短提／短供违约责任。通常合同中会约定若买方未能提取供气月的最小月气量，应就最小月气量与实际提取气量之间的差额部分按综合价格的一定百分比进行偏差结算（该百分比系数通常为30%）。[1]

（三）补提／补供规则

短提／短供发生后，买卖双方可根据合同约定进行补提／补供，但补提／补供存在一定的限制。通常会在合同中约定：无论是否与合同其他条款相违背，若买方在一年期内的任一月实际提取的天然气量小于该月的最小月气量，则买方在此后12个月内补足提取量；若卖方在一年期内的任一月实际供给的天然气量小于该月的最小月气量，则卖方会根据买方实际需要在合同期内补足提取量[2]。

三、偏差结算争议解决的司法判例

（一）中国石油天然气股份有限公司天然气销售内蒙古分公司与内蒙古新圣天然气管道有限公司的买卖合同纠纷

双方签订了"2020—2021年天然气购销合同"。该合同第15条约定，如果新圣公司未能提取最小月气量，则必须支付最小月气量与实际提取量差额部分的价款。该部分价款按照该供气月约定的综合价格的30%计价。

双方争议的焦点是天然气提气量差值部分是否应按合同约定支付。

---

[1] 据（2021）新0104民初15145号："若被告未能提取供气月的最小月气量，应就最小月气量与实际提取气量之间的差额部分按综合价格的30%进行偏差结算。"据（2022）新23民终1851号："《供用天然气合同》第一条第3款约定：若乙方月度用气量低于合同月度计划气量的97%，乙方应将月度实际用量与合同月度计划气量的差额部分按照合同气价的30%支付于甲方。"

[2] 见（2018）最高法民终500号、（2016）黔民初119号。

新圣公司主张新冠疫情导致短提是不可抗力。但法院认为，合同签订时间为2020年4月29日，此时已出现新冠疫情数月，双方签约时对该客观情况应该了解，对疫情影响力的预判不足不属于受疫情或者疫情防控措施直接影响发生的民事纠纷，不能适用不可抗力免责。合同第15条关于提气量与最小用气量差值计付价款的约定本身就是违约责任承担的方式，因此应按合同约定支付未足额提取天然气气量的差值部分价款。

（二）新疆东方环宇燃气股份有限公司与昌吉热力有限责任公司供用气的合同纠纷

双方签订了"供用天然气合同"。该合同第一条第3款约定，若昌吉热力公司月度用气量低于合同月度计划气量的97%，应将月度实际用量与合同月度计划气量的差额部分，按照合同气价的30%支付于东方环宇公司。

2022年1月，昌吉热力公司实际使用天然气477 760立方米，合同约定用气量是350万立方米，东方环宇公司主张昌吉热力公司支付未达到合同约定的差额损失，即1 813 344元。

法院未对此进行特别说理，但支持了东方环宇公司的主张。

（三）南华昆能天然气有限公司与南华雲玻新型建材有限责任公司供用气合同的纠纷

双方签订了"气价临时调整补充协议"，约定南华雲玻公司每日用气量达46 000立方米，则以最优惠价2.71元/立方米计价，南华雲玻公司在2021年11月1日至11月31日用气量应达到138万立方米，否则按上游中石油云南销售分公司气量偏差标准进行结算。2021年11月，南华雲玻公司实际用量仅1 189 909立方米。

南华雲玻公司是否应当向昆能公司支付用气偏差结算费126 106.36元是本案的争议焦点之一。

法院认为，南华雲玻公司实际用量仅为1 189 909立方米是事实，但昆能公司所主张的气量偏差费126 106.36元，是昆能公司单方主张，双方并未进行结算确认，所以昆能公司请求南华雲玻公司支付2021年11月1日至11月

31 日的气量偏差费 126 106. 36 元的请求，法院不予支持。

四、天然气偏差结算的法律风险应如何防范

从上述司法判例可以看出，对于买卖双方在天然气购销合同中约定的偏差结算条款，法院均认定有效。对于当事人主张的偏差结算费用，法院通常会依据双方约定的偏差结算违约责任范围进行认定，未对违约金的计算方式、数额等进行调整。

此外，不可抗力作为偏差结算的免责事由，法院在认定时也较为谨慎，整体上更倾向于维护交易双方为稳定供用气、平衡风险而在签订协议所设计的偏差结算条款的稳定性。

但也应当注意到，还有法院未支持卖方依据偏差结算条款主张的气量偏差费。理由为：气量偏差费的数额是卖方单方主张，实际上并未经过双方的结算和确认。

因此，为防范天然气偏差结算的法律风险，买卖双方可以在合同中详细约定短提、短供的情形，补提、补供的规则，以及合同期满但仍有短提气量或短供气量时应承担的违约责任，从交易之初尽可能降低发生纠纷的可能性。此外，在合同期内发生短提、短供以及补提、补供情形时，双方均需做好结算确认工作，避免法院因无法确认当事人所主张数额的真实性而不予支持。

第四章

下游——天然气终端销售的
特许经营及反垄断

　　天然气产业链的下游环节主要为天然气的分销及使用，部分天然气以城镇管输气的形式出售给居民用户日常使用，还有一部分以大用户直接供应等方式出售给企业或者电厂。

　　从事天然气终端销售的主体大多为燃气公司。目前，我国体量较大的燃气分销公司主要有百川能源、深圳燃气、大众公用、华润燃气、中国燃气等。天然气下游环节应当重点关注的主要问题有：第一，燃气特许经营制度；第二，天然气反垄断问题；第三，天然气管道运行管理中的法律责任。

第一节　燃气特许经营制度

　　燃气特许经营制度，属于市政公用事业特许经营制度中的一类，是指行政机关采用竞争方式依法授权特定法人或者其他组织，通过协议明确双方权利义务和风险分担，约定特许经营者在一定期限和范围内投资建设运营燃气基础设施和燃气公用事业的制度。

　　燃气特许经营制度在我国实施了近 20 年，有效推动了全国各地燃气公用事业的投资和发展，在实践中取得了巨大的成效。但因燃气特许经营协议存在着主体地位悬殊、内容复杂等特点，实践中关于燃气特许经营权的纠纷多发且比较复杂。

燃气特许经营权如何取得、燃气特许经营范围如何界定、在燃气特许经营权受到侵害时如何维权等，是相关从业者应当关注的问题。

一、燃气特许经营权的法律保护

燃气行业在我国实行特许经营制度，经营者与行政机关签订的燃气特许经营协议为行政协议，具有行政优益权，行政机关享有监督管理权和一定条件下的解除权。鉴于目前我国能源法律制度尚不完善，经营者的特许经营权可能会受到各方面的侵害，如何在法律上有效保护特许经营权是燃气特许经营者面临的重要问题。

燃气特许经营权的法律保护应贯穿燃气特许经营全过程，从事前、事中、事后进行全面保护。

事前保护，燃气特许经营者在特许经营协议签订之时，与政府进行充分协商，注意协议条款设计，做到内容具体明确，违约责任及补偿标准公平合理。

事中保护，燃气特许经营者在从事特许经营过程中，加大宣传和保护力度，让有关市场主体和政府部门知晓其享有燃气特许经营权。

事后保护，在燃气特许经营权受到侵害后，综合运用私力救济与公力救济方式，必要时以提起行政诉讼或民事诉讼方式维权，以最大限度降低损失，保护自身合法权益。

（一）燃气特许经营权

燃气经营，指燃气经营企业投资建设运营燃气基础设施，为社会公众提供燃气公共产品或者燃气公共服务。

燃气特许经营，是指行政机关采用竞争方式依法授权特定法人或者其他组织，通过协议明确双方权利义务和风险分担，约定特许经营者在一定期限和范围内投资建设运营燃气基础设施和燃气公用事业。

燃气特许经营权，是指行政机关作为政府监护人，将本应由自己提供或保障的燃气公用事业授权给私法上的法人来投资和经营，由其按照国家规定的服务标准、资费标准向用户提供普遍的、连续的服务，并确保其获得合理投资回报的一种经营资格。[①] 在特许经营期限内，燃气特许经营企业在协议约定区域享有独家的运营、维护燃气设施、供应燃气、提供抢修抢险业务并收取费用的权利。燃气特许经营权的内容主要包括建设权、经营权、收益权。建设权包括投资新建燃气管网与储配气设施；经营权包括签订燃气供应协议，向用户供应燃气或提供燃气器具或维修服务；收益权指向用户或其他服务对象收取费用，取得投资收益。[②]

燃气特许经营权具有以下几点特征。

1. 排他性

燃气经营企业享有在特定区域范围内的燃气经营权，具有排除其他未经授权的主体在该区域从事燃气经营的效力；其他主体在燃气特许经营者享有特许经营权的区域内从事燃气业务构成对特许经营权的侵害，应当承担相应的责任。

2. 公共事业性

燃气经营企业不同于一般的商业主体。作为一般市场主体，其从事燃气业务的目标在于获取投资经营收益；但作为燃气服务的提供者，则肩负着更多的公共服务职能与社会责任，负有为特许经营区域内的燃气用户提供持续稳定燃气服务的义务，从而维护社会公共利益，配合行政管理目标的实现。

3. 政府监管性

虽然燃气特许经营权是通过特许经营协议方式取得的，但燃气行业属于公共事业，也就决定了其必然面临严格的政府监管。地方政府在授予燃气特许经营权时，同时对燃气气源、燃气种类、燃气供应方式和规模、燃气设施布局和建设时序、燃气设施建设用地、燃气设施保护范围、燃气供应保障措施和安全保障措施等内容，通过燃气特许经营权协议对经营者予以约束，并

[①] 肖泽晟. 公共资源特许利益的限制与保护——以燃气公用事业特许经营权为例 [J]. 行政法学研究, 2018 (2).

[②] 李公科. 燃气特许经营权法律与实务问题解读 [J]. 现代商贸工业, 2016 (31).

对其经营行为持续进行监管。① 在一定情况下，政府甚至可以依据法律法规对燃气项目进行接管。

（二）侵害燃气特许经营权的类型化分析

笔者通过检索相关案例及结合实务经验，发现燃气特许经营权受到侵害，既可能来自政府，也可能来自其他竞争对手，是在各方主体共同作用下形成的。下文笔者将对侵害燃气特许经营权的行为进行类型化分析，并进一步探讨燃气特许经营权纠纷产生的原因。

1. 侵害燃气特许经营权的类型

笔者通过检索与燃气特许经营权相关的案例，发现侵害特许经营权的纠纷大体上可划分为两种类型：一是政府行政作为或不作为方式侵害特许经营权，二是竞争对手为争抢市场而通过各种途径侵害特许经营权。

（1）政府侵害燃气特许经营权。因特许经营权引发的纠纷中，政府侵害燃气企业特许经营权主要表现为政府的作为或不作为。

①政府以作为方式侵害特许经营权。其表现为，以各种理由取消或收回特许经营权，未告知特许经营者享有相应的陈述、申辩权利，未履行法定程序，具有表现如下：

一是以行政区划变更为由取消特许经营权。原取得特许经营权的行政区域与其他行政区域合并，合并后的新区域政府不认可原协议内容；或是强行割裂原有行政区域，造成民用用户和工商业用户分离的情况。

二是以签订主体不适格为由取消特许经营权。在特许经营协议履行过程中，签订特许经营协议的政府上级单位以下一级政府无资格签订特许经营协议为由，不认可其签订的协议。

三是通过整合行政区域，重新招标，另行授权其他市场主体进行经营。上级政府将某较大区域特许经营权拍卖或招投标给另一企业，政府领导层面决定整合该区域（包括已经授予特许经营的区域）内燃气经营市场。

四是政府在签订特许经营协议后，不批准燃气特许经营企业开发建设新

---

① 李公科. 燃气特许经营权法律与实务问题解读 [J]. 现代商贸工业，2016 (31).

项目，但同意其他经营者在特许经营范围内开发相关项目。

五是政府利用监管的行政职权，夸大特许经营者在经营活动的不利因素或事故造成的不利影响，干扰正常的特许经营权经营。

②政府不作为行为侵害燃气特许经营权。特许经营范围内的第三人实施侵害行为，政府不积极履行相应的监管职责。甚至在燃气特许经营企业请求政府采取措施制止违法行为时，政府也未积极采取措施，放任第三方侵权行为，使得燃气特许经营者利益受损。

（2）竞争对手侵害燃气特许经营权。特许经营权具有的独占性和排他性使得燃气经营企业竞相角逐，为了获得更多的市场利益，自然会引发激烈的竞争纠纷。有的燃气企业为争抢市场利益，无视燃气特许经营者已经取得的特许经营权，实施侵害特许经营权的行为。竞争对手侵害燃气特许经营权，主要有以下几种类型。

①竞争对手利用各种途径寻找燃气特许经营者在燃气经营过程中存在的问题或不足，向有关政府部门进行举报。政府据此对特许经营者处以行政处罚，进而限制其进一步发展或削弱其特许经营权，直至其经营陷入困境，达到取消其特许经营权的目的。

②竞争对手寻找机会采取实际占有、渗透的方式侵害特许经营权。

③竞争对手利用自身在行政资源上优势，通过多方关系，给特许经营者新建燃气项目的建设审批增加阻力，阻碍特许经营者新建燃气项目，营造特许经营者运营建设能力不足的假象。

④竞争对手通过参与当地政府制定加气站规划的编制和审批工作的方式，大幅抬高市场的准入门槛，使得先进入公司难以介入该区域。

2. 侵害燃气特许经营权纠纷的特征

因侵害燃气特许经营权引发的纠纷，牵涉多方主体，政府、特许经营者、第三方竞争者，燃气用户等，形成的法律关系较为复杂，具有如下特征。

（1）事实关系复杂

在燃气特许经营权引发的纠纷中，通常会涉及各类批复、建设等文件，尤其是政府文件，经常会出现不同部门、不同地区政府文件相互冲突甚至无效的情况，使得特许经营权纠纷的事实认定困难，增加了相关纠纷的解决难度。例如，有的竞争对手也是依据下达的文件进行燃气项目建设，但特许经营者也是根据相关特许经营协议和其他政府相关文件而享有燃气特许经营权，在认定是否构成侵权时，则需要对不同政府文件的效力进行审查认定，进而就是否构成侵权作出进一步认定。

（2）法律关系复杂。因特许经营协议具有行政授权性和民事权利双重属性，因此引发的纠纷会涉及合同关系、侵权关系、行政关系等多种相互交叉的法律关系，形成了错综复杂的局面。如何厘清相关法律关系，平衡不同主体之间错综复杂的利益关系，对纠纷解决至关重要。

3. 燃气特许经营权受到侵害的原因分析

燃气特许经营权受到侵害是在激烈的天然气市场竞争背景下，各方都在尽力追求自身利益的最大化，因而引发冲突与矛盾。

（1）政府契约意识不足。特许经营协议属于行政协议。政府在协议签订及履行过程中均居于主导地位。对政府而言，其违反特许经营协议的违约成本低，不会承担过重的违约责任。因而在履行特许经营协议过程中，地方政府会出现滥用行政权力，不当取消或限制燃气经营者特许经营权的情形。在燃气特许经营企业的气源供应能力不足，或者无力开发或拓展新区域的情况下，地方政府基于自身发展利益的考虑，在原燃气特许经营者仍享有特许经营权的情况下，另行引入第三方进入特许经营区域，造成了对原有燃气特许经营权的侵害。

（2）燃气行业市场竞争激烈。随着燃气行业的快速发展，燃气市场规模逐渐扩大，市场利益增加，燃气特许经营者享有的排他性特许经营权与逐步扩大的需求之间的矛盾日益扩大，市场主体为分取市场利益，自然会引发激烈的竞争与纠纷。众多燃气企业都纷纷采取各种方式争夺市场。

（3）燃气特许经营者自身原因。

①燃气特许经营者宣传意识不足。部分燃气特许经营者认为自己已经与政府签订了特许经营协议，取得了特许经营权，那么地方政府也会积极予以配合，协助特许经营者进行燃气运营或建设等，从而疏于对燃气特许经营权的宣传，进而导致有的政府部门、燃气用户甚至不知道该特许经营者享有该区域的燃气特许经营权，使得第三方有可乘之机。

②燃气特许经营者权利保护意识不足。在很多燃气特许经营权受到侵害的纠纷中，有些侵权人甚至已经完成了燃气管道的敷设，而特许经营者甚至还未发现自身权利受到侵害，以为既然已经享有特许经营权，便高枕无忧，未及时积极主动地与当地政府进行沟通协调，处理特许经营权侵权事宜。实践案例中，竞争对手在完成有关燃气项目建设后，特许经营者再采取措施维权成本较高，而法院往往基于公共利益的考量，已经建设完成的燃气项目往往不会被拆除。

（三）燃气特许经营权的法律保护

燃气特许经营权要通过多种方式进行保护，笔者认为燃气特许经营权保护主要有以下途径。

一是在签订燃气特许经营协议时，关注重点条款，根据公平原则，在协议中明确约定违约责任和救济方式。

特许经营权虽为行政协议，但有关违约责任的约定更大程度上属于民事责任。在特许经营协议中的约定属于双方真实意思表示的情况下，在日后发生纠纷时能够作为主张权利的依据，得到法院的支持。

二是燃气特许经营者提高宣传意识和权利保护意识。

三是在特许经营权受到侵害时，综合各种救济方式维权。

若为政府行为侵害特许经营权，可通过行政复议、行政诉讼的方式进行救济；若是第三人侵害特许经营权，则可以通过提起民事诉讼的方式，请求第三人承担相应的侵权责任。

1. 燃气特许经营者签署特许经营协议时的注意事项

特许经营协议是规范政府和特许经营者权利义务的依据。特许经营者在签署协议之时，应提高自身风险意识和权利保护意识，在与政府谈判协商过程中对重要事项进行审慎核查，以免因条款的不确定性引发争议。

（1）核实燃气特许经营协议签订主体。燃气特许经营者应关注签订主体是否有相应的签署协议的行政权，是否具有授予燃气特许经营权的资格。目前，各地方政府对燃气特许经营有地方性法律法规予以适用。在协议签订之时，特许经营者要严格按照地方性法律法规规定的程序和方法签订协议，核实签订协议主体是否具有相应的权限，避免因主体不适格或程序上的瑕疵而对燃气特许经营权产生不利影响。

（2）关注燃气特许经营地域范围。燃气特许经营协议中的特许经营区域的范围应该明确、具体，避免因协议约定的不确定、不具体而引发争议。建议明确约定特许经营区域的四至，也可以将区划图作为协议附件，在协议中明确约定地域范围的"恒定"，不因行政区划的变更而影响特许经营权。

（3）对燃气特许经营协议中的权利义务明确约定。明确燃气特许经营协议中的权利内容，对政府和特许经营者分别享有哪些权利事项进行明确而具体的约定。明确约定燃气特许经营者享有新项目的建设权，防止政府特许经营范围内的新燃气项目授予其他燃气企业。

（4）关注燃气特许经营协议中的违约条款。燃气特许经营者应关注违约条款，虽然特许经营协议为行政协议，但对于违约责任的条款更多具有民事责任性质。燃气特许经营者可以在签署时与政府就违约责任问题进行充分沟通。尤其应对政府取消燃气特许经营权的救济进行详细约定，如合理通知义务、补偿标准、计算方式等。在司法实践中，通常法院作出的判决是确认行政行为违法，但基于保护社会公共利益的需求不予撤销，责令政府部门采取相应的补救措施。因而在签订协议之时对有关补偿事项进行明确约定，有利于最大限度地保护特许经营者的权益。

2. 燃气特许经营者增强宣传和权利保护意识

燃气特许经营者在签署特许经营协议，完成法定程序取得特许经营权后，首先，要加大对燃气特许经营权的宣传力度，使得政府和用户知晓其所享有的特许经营权，保存与特许经营权相关的一系列政府文件和宣传文件等，在纠纷发生时能够举证证明其享有合法的燃气特许经营权。

其次，燃气特许经营者需要增强自身维权意识，重视特许经营权的运营与维护，加强在特许经营范围内的巡查和监督力度，一旦发现侵权行为，及时与政府部门及侵权者进行沟通，在政府不作为时，积极采取行政复议、诉讼等方式积极维权。

3. 燃气特许经营权受到侵害后的权利救济

在燃气特许经营权受到侵害后，特许经营权应综合采取多种方式进行救济以最大限度维护自身权益。

首先是通过私力方式进行救济。在侵权事实发生后，燃气特许经营者可以通过沟通协商或者在第三方主持调解的方式达成和解或调解协议。和解、调解方式相对公力救济而言，时间成本和经济成本较低，既利于继续开展未来合作，也利于纠纷的解决，对社会公共利益造成的影响较小。但是，在取得司法确认之前，和解调解达成的协议不具有强制执行力。

在私力救济无法解决时，燃气特许经营者可通过公力方式进行救济。在选择救济方式时，应根据现有法律制度和不同纠纷类型采取不同的救济方式。

（1）提起行政诉讼。根据《中华人民共和国行政诉讼法》第十二条第（十一）款①的规定，因特许经营协议引发的争议属于行政诉讼的受案范围，为有关燃气特许经营权争议的解决提供了制度保障。即在行政机关不依法履行、未按照约定履行或者违法变更、解除燃气特许协议时，特许经营者可以依法提起行政诉讼。

（2）提起行政复议。对于政府部门违反特许经营协议引发的争议，燃气特许经营者可以通过行政复议方式，请求有关政府或上级部门对错误行为予以纠正。

（3）提起民事侵权赔偿之诉。因协议中的内容以及协议履行过程中所发生的涉及项目建设、运营、移交过程中产生的不属于行政管理领域的纠纷，应属于平等主体之间发生的合同纠纷和其他财产权益纠纷，燃气特许经营者可以提起民事侵权赔偿之诉，请求法院解决燃气企业之间纠纷。提起侵权之诉时，燃气特许经营者应注意搜集相关侵权证据，使自己的主张能够得到法院的支持。

二、燃气经营许可制度与特许经营制度有何区别

已取得燃气特许经营权的情况下，是否无须燃气经营许可即可从事燃气

---

① 《中华人民共和国行政诉讼法》第十二条："人民法院受理公民、法人或者其他组织提起的下列诉讼：……（十一）认为行政机关不依法履行、未按照约定履行或者违法变更、解除政府特许经营协议、土地房屋征收补偿协议等协议的；……"

经营业务？燃气经营许可制度与特许经营制度到底有何区别？针对上述问题，我们将从不同角度对燃气经营许可制度和特许经营制度进行对比，并通过对相关司法实践情况的梳理和分析，明确二者的差异。

（一）燃气经营许可与燃气特许经营

1. 含义

燃气经营许可制度，是指行政机关为加强燃气行业管理，依法授予特定法人或者其他组织进入燃气市场开展经营活动的制度。

燃气特许经营制度，是指行政机关采用竞争方式依法授权特定法人或者其他组织，通过协议明确双方权利义务和风险分担，约定特许经营者在一定期限和范围内，投资建设运营燃气基础设施和燃气公用事业的制度。

2. 适用法律

燃气经营许可制度，是对燃气经营许可制度进行规制的相关法律规范。主要包括国务院制定的《城镇燃气管理条例》、住房和城乡建设部制定的《燃气经营许可管理办法》，以及各省人大常委会制定的燃气管理条例等。

燃气特许经营制度，是对燃气特许经营制度进行规制的相关法律规范。主要包括住房和城乡建设部制定的《市政公用事业特许经营管理办法》，国家发展和改革委员会、财政部、住房和城乡建设部、交通运输部、水利部、中国人民银行制定的《基础设施和公用事业特许经营管理办法》，以及省级政府制定的地方燃气特许经营管理条例和办法，等等。

3. 制度功能

燃气经营许可制度的功能主要是配置资源和控制危险。配置资源主要表现在管道燃气经营许可方面。该许可属于《中华人民共和国行政许可法》第十二条第（二）款所规定的"有限自然资源开发利用、公共资源配置以及直接关系公共利益的特定行业的市场准入等，需要赋予特定权利的事项"。控制危险主要表现在瓶装燃气经营许可方面。该许可属于《中华人民共和国行政许可法》第十二条第（四）款所规定的"直接关系公共安全、人身健康、生命财产安全的重要设备、设施、产品、物品，需要按照技术标准、技术规范，通过检验、检测、检疫等方式进行审定的事项。"①

燃气特许经营制度的主要功能是通过市场竞争机制选择管道燃气的投资者、建设者、运营者及经营者，更强调经济调节和市场监管。②

4. 权利的取得

相关法律规范对燃气经营许可的取得标准作出了明确规定，只要企业符合法定标准，就可以认为其符合行政审批的条件，通过审批后即可获得从事燃气经营业务的资格。其结果具有确定性，而且企业之间不存在竞争。此外，燃气经营许可的取得也不需要与政府另行签订规范双方权利义务的合同。

燃气特许经营权的取得，具有市场竞争属性，通常企业须通过参与城市燃气行政主管部门组织的招投标活动，与其他企业进行公开公平竞争，从而通过公开招标的形式，择优确定特许经营权人。能否取得燃气特许经营权，主要取决于在与其他企业的竞标中是否占据优势，因此具有过程上的竞争性以及结果上的不确定性。中标后，企业即获得了签订特许经营协议的资格。协议签订后，企业方能按照协议确定的期间获得特许经营权，而政府作为协议的一方除了按照国家相关法律规范履行监管职责之外，还要承担协议中约定的义务。

5. 权利的存续

与取得条件相同，燃气经营许可的存续依赖于燃气企业的资质是否持续符合法定标准。如果燃气企业在后续经营过程中已经不符合许可的标准，则根据《燃气经营许可管理办法》的规定，发证机关可以撤销燃气经营许可证。此外，根据住房和城乡建设部《关于印发〈燃气经营许可证〉格式的通知》第三条，燃气经营许可的期限由省级燃气管理部门确定。实践中，燃气经营许可证的有效期通常为 5 年。

根据《市政公用事业特许经营管理办法》第十二条、《基础设施和公用事业特许经营管理办法》第六条，特许经营期限应当根据行业特点、规模、经营方式、所提供公共产品或服务需求、项目生命周期、投资回收期等综合因

---

① 宏利伟. 燃气经营许可制度与特许经营制度的法律思考 [J]. 商务时报, 2011 (38).
② 同上。

素确定，最长不得超过 30 年。此外，根据原建设部《关于加快市政公用行业市场化进程的意见》第四条第二款，特许经营权期满前（一般不少于一年），特许经营企业可按照规定申请延长特许权期限，经主管部门按规定的程序组织审议并报城市政府批准后，可以延长特许经营权期限。

6. 权利的转让

燃气经营许可权属于行政许可，在设立之初即具有公共资源配置或者市场准入的目的和特性，与其他行政许可相类似，燃气经营许可禁止转让。

燃气特许经营权，是否属于行政许可存在争议，但根据《市政公用事业特许经营管理办法》第十八条，燃气特许经营权不得擅自转让，否则主管部门应当依法终止特许经营协议，取消其特许经营权，并可以实施临时接管。

7. 违规后果

针对燃气经营许可，如果企业未取得燃气经营许可证从事燃气经营活动、不按照燃气经营许可证的规定从事燃气经营活动或者存在其他违规行为，则可能会被燃气管理部门责令停止违法行为，处以罚款；有违法所得的，没收违法所得；情节严重的，吊销燃气经营许可证；构成犯罪的，依法追究刑事责任。

获得特许经营权的企业在特许经营期间有下列行为之一的，主管部门应当依法终止特许经营协议，取消其特许经营权，并可以实施临时接管：①擅自转让、出租特许经营权的；②擅自将所经营的财产进行处置或者抵押的；③因管理不善，发生重大质量、生产安全事故的；④擅自停业、歇业，严重影响到社会公共利益和安全的；⑤法律、法规禁止的其他行为。此外，实施机构和特许经营者任何一方不履行特许经营协议约定义务或者履行义务不符合约定要求的，应当根据协议继续履行、采取补救措施或者赔偿损失。

（二）司法判例

1. 贵州金帝燃气有限公司与安顺市西秀区城市管理局、安顺市西秀区人民政府行政复议纠纷①

（1）裁判要旨。因政府授予的特许经营权与行业行政许可分属不同的法

---

① 见（2019）黔 0423 行初 217 号。

律范畴，两者存在较大的区别，原告不能以政府授予其特许经营为由便无须办理燃气经营许可证。

（2）案件事实。2014 年 7 月 10 日，贵州金帝燃气有限公司（以下简称金帝燃气）与安顺市西秀区人民政府（以下简称西秀区政府）签订了《西秀区乡镇管道天然气投资经营协议》，金帝燃气获得西秀区部分区域的燃气特许经营权。

2017 年 8 月 2 日，安顺市西秀区城市管理局（以下简称西秀区城管局）以金帝燃气于 2016 年 3 月未经许可在安顺市西秀区文昌路擅自建设管道燃气工程为由，处以 15 000 元罚款。

2018 年 3 月 30 日、2019 年 2 月 21 日，西秀区城管局分别作出《责令改正违法行为、违章行为通知书》，责令金帝燃气立即停止与燃气有关的任何经营活动，办理燃气经营许可证，并提供至西秀区城管局进行查验。

2019 年 3 月 22 日，西秀区城管局向金帝燃气作出并送达《行政处罚告知书》《听证告知书》。

2019 年 5 月 13 日，西秀区城管局向金帝燃气作出并送达《行政处罚决定书》，处以罚款 300 000 元。

2019 年 7 月 12 日，金帝燃气向西秀区政府申请行政复议，西秀区政府经审查于同年 8 月 29 日作出《行政复议决定书》，决定维持西秀区城市管理局作出的行政行为。

（3）法院裁判。本案中，西秀区城管局经调查，查明原告金帝燃气在西秀区开展燃气经营活动后，要求原告提供燃气经营许可证进行查验，但原告自被告调查处理时至本案诉讼过程中，均未能提交燃气经营许可证予以查验。被告西秀区城管局认定原告金帝燃气存在未取得燃气经营许可证从事燃气经营活动的违法行为，事实清楚，证据充分。

原告诉称开展燃气经营活动系依据其与西秀区人民政府签订的《西秀区乡镇管道天然气投资经营协议》所进行的，因政府授予的特许经营权与上述法规所规定的行业行政许可分属不同的法律范畴，两者存在较大的区别，原告不能以政府授予其特许经营为由便无须办理燃气经营许可证，故对原告的此项意见，不予采纳。

2. 胶州泰坤天然气有限公司与青岛新奥胶城燃气有限公司侵权责任的纠纷①

（1）裁判要旨。国家对燃气行业实行企业准入行政许可制度，但该行政许可不同于特许经营，两者为不同的概念。

（2）案件事实。2011年12月12日，胶州市公用事业管理处向各燃气经营企业发出《胶州市公用事业管理处关于调整燃气经营范围的通知》，对各燃气经营企业的经营范围进行调整，其中包括青岛新奥胶城燃气有限公司（以下简称新奥公司）、胶州泰坤天然气有限公司的经营区域（以下简称泰坤公司）。

2011年12月16日，胶州市城乡建设局向泰坤公司作出《关于胶州泰坤天然气有限公司燃气项目建议书的回复》，明确泰坤公司的燃气特许经营区域。

2014年1月22日，双方签订《燃气经营托管委托合同》，泰坤公司委托新奥公司对其特许经营范围内的用户进行托管。

2014年4月2日，双方签订《燃气经营托管委托合同补充协议》。协议约定在托管期内，新奥公司在泰坤公司特许经营区域范围内开发的用户，暂由新奥公司设计、施工、管理，优先选择泰坤公司的天然气管道供气；本合同自泰坤公司取得燃气经营相关资质后自动解除，新奥公司应在15日内将其自2013年1月至托管期结束期间，在泰坤公司特许经营区域范围内开发的用户的经营权、管理权及相关管道产权无条件全部移交给泰坤公司。

2014年8月26日，山东省住房和城乡建设厅向泰坤公司颁发燃气经营许可证。

（3）法院裁判。本案争议焦点为：泰坤公司是否就诉争区域的天然气经营享有特许经营权；新奥公司在诉争区域从事天然气经营活动是否侵害了泰坤公司的民事权利。

国家对燃气行业实行企业准入行政许可制度，但该行政许可不同于特许经营，两者为不同的概念。本案原、被告均有燃气经营许可证，但任何一方均未与相关部门就案涉区域的燃气经营权签订特许经营协议。因燃气特许经

① 见（2021）鲁02民初206号。

营权的取得取决于相关部门的授予，就本案而言，原告泰坤公司是否就诉争区域的天然气经营享有特许经营权、被告新奥公司是否违反相关部门关于燃气特许经营范围的规定跨区经营，应当由相关主管部门予以认定，不属于本院管辖范围；但若被告确实侵害了原告的燃气特许经营权给原告造成损失，原告可以提起诉讼要求侵权方停止侵害、赔偿损失。

（三）防范法律风险及立法建议

燃气经营许可与燃气特许经营尽管存在一定的相似之处，但本质上属于两种制度，从所适用的法律规范、制度功能、权利的取得、存续、转让以及违规后果等方面，均存在较大的差异。从上述实践中的司法案例也可以看出，燃气经营许可与燃气特许经营不能互相替代，即使燃气经营企业已取得燃气特许经营权，也应当确保其具有燃气经营许可证，否则不能从事燃气经营业务；如果已经从事，还会受到主管部门的行政处罚。

但目前相关法律规范在规定参与特许经营权竞标者的条件时，并未明确要求竞标者具有行业经营许可。这也是导致实践中发生案例一类似纠纷的主要原因。因此，建议相关立法部门在特许经营权竞标者的条件中明确竞标者应当已经具备行业经营许可资质，明确法律适用的依据，减少相关纠纷的发生。

对于燃气经营企业而言，为更好地防范法律风险、避免被行政处罚，应当认识到燃气经营许可与燃气特许经营并非同一事物，燃气特许经营不能代替燃气经营许可。具备燃气经营许可证是在特定区域内行使燃气特许经营权和开展燃气经营业务的必要条件。

三、行政区划调整，燃气特许经营区域是否随之变化

因燃气特许经营协议存在着主体地位悬殊、内容复杂等特点，实践中关于燃气特许经营权的纠纷多发且比较复杂，其中关于特许经营区域的纠纷不在少数，值得关注和探讨的问题包括行政区划调整，燃气特许经营区域是否随之变化？

（一）燃气特许经营权区域

1. 燃气特许经营权的取得

燃气特许经营权的取得方式经历了 3 个阶段的演变。①

2004 年以前，燃气市场初步发展，燃气特许经营权相关规定处于立法空缺状态，政府多以招商引资的方式引入企业，主要表现为签订投资协议而非燃气特许经营权协议，企业无偿且未约定期限而取得经营权。

2004—2015 年，《市政公用事业特许经营管理办法》《城镇燃气管理条例》《基础设施和公用事业特许经营管理办法》依次颁布实施，逐步奠定了以属地化特许经营为主的运作模式，采取招标方式获得特许经营权的比重逐渐加大。

2015 年以后，燃气特许经营权法律法规日趋完善，竞争获得燃气特许经营权成为必要方式。

2. 燃气特许经营区域的确定

通过招投标等方式竞争取得某特定区域的燃气特许经营权后，燃气经营企业与主管部门之间须签订燃气特许经营协议，对特许经营区域、特许经营期间、特许经营业务范围等进行约定和明确。

住房和城乡建设部曾公布《城市管道燃气特许经营协议示范文本》。该示范合同的相关条款对燃气特许经营区域进行了全面界定——对所授权的特许经营区域的四至进行描述并加附图。但实践中，燃气特许经营协议往往以模糊笼统的表述来界定所授权的特许经营区域（如本协议之特许经营权行使地域范围为××市××区），既不明确四至，也无附图，为后续纠纷的发生埋下隐患。

协议中对特许经营区域约定不明确，很可能会导致相关主体在对特许经营区域的具体地理范围进行解释时产生争议。实践中有不少因特许经营区域边界划分不明、交叉重叠等而产生的纠纷。此外，行政区划会随着城乡发展而不断调整，原行政区划扩大或缩小是否导致特许经营区域随之增加或减少，尚有争议，实践中也存在不少与此相关的纠纷。

---

① 陈兴华，董倩. 我国城镇燃气特许经营权的纠纷表现及解决机制研究 [J]. 中国石油大学学报（社会科学版），2021，37（02）：45-52. DOI：10.13216/j.cnki.upcjess.2021.02.0006.

（二）法律规定

经检索与燃气特许经营制度相关的法律规范，对于燃气特许经营区域是否随行政区划调整而变化这一问题，并无十分明确的规定，仅国家发改委、财政部、住房和城乡建设部、交通运输部、水利部、中国人民银行联合发布的《基础设施和公用事业特许经营管理办法》（以下简称《办法》）有所涉及。

《办法》第三十四条第二款规定："行政区划调整，政府换届、部门调整和负责人变更，不得影响特许经营协议履行。"据此，燃气经营企业取得某行政区划内的特许经营权后，如果该行政区划发生调整，协议双方仍应当按照特许经营协议的约定继续履行。但即便如此，仍然存在问题：如果协议中没有对特许经营区域的四至进行清晰描述，也没有附图，仅仅采用"本协议之特许经营权行使地域范围为××市××区"等类似的笼统表述，则可能对特许经营权区域在理解上产生争议——原行政区划扩增，特许经营权区域范围是否随之扩张；原行政区划缩小，特许经营权区域范围是否随之减缩。

（三）案例

大连益普燃气发展有限公司诉大连普湾经济区管理委员会解除行政协议纠纷案

（1）案件基本情况。2012年1月4日，大连普湾新区管理委员会（下称普湾管委会）与普兰店市（现为大连市普兰店区）益民燃气开发有限公司（以下简称益普公司）签订《大连市普湾新区城市管道燃气投资经营框架协议》（以下简称《框架协议》）。该协议第3.4条约定："本协议之投资经营权行使地域范围为大连普湾新区尚未设立燃气设施的区域。"第3.7条约定："乙方在投资经营期间有下列行为之一的，甲方可以取消乙方投资经营权，终止本协议的履行，并实施临时接管……（6）因政府行为包括征收、区划调整等或甲方认为有必要终止的……"

2016年2月，大连市政府先后印发通知，对大连普湾新区进行区划调整，普兰店区石河街道、三十里堡街道、炮台街道和复州湾街道不再归属大连普湾新区管辖。2016年11月14日，普湾管委会作出解除通知。2016年11月

17 日，益普公司因不服该通知，向普湾管委会提交《关于纠正违法违约行为继续履行的复函》。2017 年 7 月 12 日，益普公司提起诉讼，要求撤销普湾管委会作出的解除通知、判令普湾管委会继续履行未调整的行政区划部分范围内的特许经营合同义务。

（2）审理经过。大连市中院一审作出（2017）辽 02 行初 136 号判决后，双方上诉；辽宁省高院二审并作出（2018）辽行终 1492 号判决，判决撤销一审判决，撤销普湾管委会的解除协议通知，责令普湾管委会继续履行《框架协议》。普湾管委会不服终审判决，向最高人民法院申请再审；最高法院作出（2019）最高法行申 5397 号裁定，认为二审判决责令普湾管委会继续履行《框架协议》，超出了益普公司的诉讼请求，指令辽宁省高院再审，辽宁省高院再审后作出（2020）辽行再 18 号判决。

（3）审理结果。辽宁省高院再审判决认为，大连普湾新区的区划调整仅涉及部分区域，其他区域仍属于政府管辖范围，据此解除全部协议显然不妥，而且《框架协议》中因区划调整而终止特许经营权的约定与《基础设施和公用事业特许经营管理办法》规定相抵触，属于无效条款。普湾管委会根据无效条款解除特许经营协议，显属不当，应予撤销。并判令普湾管委会继续履行未调整的行政区划部分范围内的特许经营合同义务。

（4）分析及启示。在本案中，大连普湾新区行政区划调整后，原属于益普公司特许经营区域的普兰店区石河街道、三十里堡街道、炮台街道和复州湾街道不再归属大连普湾新区管辖。益普公司在起诉时主动放弃了该 4 个街道行政区域内的特许经营权，仅针对未调整的行政区划部分主张权利。法院最终支持了益普公司的诉讼请求，但由于益普公司并未就被划走的区域主张特许经营权，而法院不能超出当事人诉求作出裁判。因此，该案并不能说明特许经营权随行政区划的缩小而缩减。但考虑到燃气经营企业需要与政府保持良好的合作关系，有时还需要政府提供支持和帮助，所以在实践中，行政区划减缩时，也常有燃气经营企业选择主动放弃被划走的区域内的特许经营权。

（四）学理分析

燃气经营企业经过竞争方式从政府取得燃气特许经营权，并通过协议约定明确双方权利义务，包括界定燃气特许经营权的区域。从燃气特许经营权的取得方式来看，燃气经营企业为取得特定区域的特许经营权支付了相应对价。从理论上讲，除协议中特别约定了"特许经营区域随行政区划调整而变化"以外，该对价仅针对的是协议签署时双方约定的特定区域，是一个固定面积范围，并不能当然地覆盖后续行政区划调整后新增的区域，否则将导致利益失衡；同样的，也不能因区划调整这一行政行为直接减损当事人的权利，即不能因行政区划减小而当然地缩小已取得的特许经营区域，否则将与行政法的精神相违背。

行政区划调整通常会导致原签署特许经营协议的燃气主管部门失去地域管辖权，又因为燃气行业中企业与政府需有良好的合作关系这一特殊属性，使得协议在继续履行时可能会遭遇客观障碍，此外，行政区划扩增进来的地区可能本来也存在有特许经营权人，如果主张特许经营区域随行政区划扩增而扩张，将会使两个特许权人不可避免地产生纠纷。考虑到前述情况，将特许经营区域认定为协议签订之时的范围现状，认定为一个固定面积能有效地减少相关纠纷，尽可能避免冗长的司法程序，减少企业损失。

综上所述，对于燃气特许经营区域是否随行政区划调整而变化这一问题，法律并无明确的规定，也少有给出明确答案的司法判例，实践中倾向于认定特许经营区域为协议签订之时的范围现状，是一个固定面积。但考虑到燃气行业的特殊属性——由燃气主管部门属地管辖，且需要同主管部门维持良好的合作关系，也可能会导致特许经营区域实际上随行政区划调整而有所变化。

因此，燃气经营企业在与燃气主管部门签署特许经营协议时，应当注意在协议中明确表述特许经营区域的四至并附图，避免因约定不清而产生纠纷，从源头解决问题。若想让特许经营区域随行政区划的扩大而扩大，更是需要在合同中明确约定。

四、天然气市场化改革下的大用户直接供应与燃气特许经营权

随着我国油气体制改革的不断深入，"管住中间，放开两头"成为我国油气改革的政策和方向。2019年国家管网公司成立，标志着国家对油气运输环

节管理的加强。"放开两头"是开放油气上游供应市场和下游终端消费市场，从而加快推进油气领域的市场化改革，提高市场化程度。

在天然气领域，大用户直接供应是减少中间环节，降低气价，提高天然气利用率、推进市场化的重要方式之一。大用户直接供应目前在我国更多的是政策上的支持，尚无明确法律规制。燃气特许经营制度在我国已实施多年，有明确的法律规定和制度保护。在推进大用户直接供应过程中，可能会与特许经营权之间发生矛盾和冲突。天然气上游供应者欲实现大用户直接供应，须取得燃气特许经营资格，但特许经营的本质特征是独占性和排他性。若一定区域内已经有燃气特许经营企业，出于保护特许经营权的目的，上游天然气供应者想要取得特许经营权则面临较大阻碍。大用户直接供应也有可能成为纸上谈兵，无法落地。

如何处理天然气领域的大用户直接供应和特许经营权之间的关系是天然气市场化进程中的重要问题。笔者认为，在天然气市场化改革的大背景下，应妥善协调两者关系，实现特许经营者和上游天然气供应商之间利益的平衡。

（一）因天然气专供管道项目引发的一宗行政案件

2017年，四川省宏谷能源有限公司（以下简称宏谷能源），负责建设荣县东兴镇至高山镇的工业用天然气专气专供管道项目。该项目系经高山镇政府引进。

2018年，为开展专供管道项目建设，宏谷能源先后多次前往荣县城乡规划建设和住房保障局（以下简称容县规划局）咨询并申请办理管道输送与维护线路的规划许可。但容县规划局的答复是宏谷能源的申请在现阶段不符合给予规划许可的条件，无法办理行政许可。

因规划许可无法办理，宏谷能源无法施工建设专供管道。为此，宏谷能源提起行政诉讼，诉请容县规划局予以办理规划许可。该案经过二级法院审理，宏谷能源均败诉，法院未支持其诉请，宏谷能源的专供管道也无法继续进行。

（二）案件分析

在前述案例中，宏谷能源的请求未得到法院支持的原因如下：

《中华人民共和国行政许可法》第十二条第二款规定，下列事项可以设定行政许可：有限自然资源开发利用、公共资源配置以及直接关系公共利益的特定行业的市场准入等，需要赋予特定权利的事项……第五十三条第一款规定：实施本法第十二条第二项所列事项的行政许可的，行政机关应当通过招标、拍卖等公平竞争的方式作出决定。但是，法律、行政法规另有规定的，依照其规定。

《四川省燃气管理条例》第十九条规定：新建管道燃气经营应当按照国家有关规定实行特许经营制度。县级以上地方人民政府应当按照公开、公平、公正的原则，通过公开招标的方式，依法确定新建管道燃气特许经营者。企业应当通过参与燃气特许经营公开招标投标取得燃气特许经营权。

因宏谷能源新建的专供管道属于燃气经营事项，其应当按照行政许可法及四川省相关法律法规，通过公开方式取得燃气特许经营资格。若容县规划局批准宏谷能源的规划许可，则可能会给燃气特许经营者的中标企业或者已建管道但未中标的宏谷能源造成损失。在宏谷能源提出申请时，容县高山镇已经有一家特许经营企业，若许可宏谷能源建设管道，则可能会出现交叉或重复建设问题。

在宏谷能源的案件中，可以得知，法院在司法实践中，在特许经营权与大用户直供发生冲突时，由于特许经营权受到保护，大用户专供管道建设在特许经营范围内，无法取得规划许可，管道设施无法修建，自然也无法实现大用户直接供应。

（三）燃气特许经营的法律依据

燃气特许经营，是指行政机关采用竞争方式依法授权特定法人或者其他组织，通过协议明确双方权利义务和风险分担，约定特许经营者在一定期限和范围内投资建设运营燃气基础设施和燃气公用事业。

《中华人民共和国行政许可法》第十二条、第五十三条规定，特定行业设定行政许可，通过公开方式确定准入者，颁发许可证件。燃气经营属于需要通过公开方式选择经营者并取得燃气经营许可的事项。

《基础设施和公用事业特许经营管理办法》第三条规定，基础设施和公用事业的特许经营，燃气设施建设政府需要通过协议方式选择特许经营者，由特许经营者依据特许经营协议，在一定期限和范围内投资建设运营基础设施，提供燃气产品和服务。

《城镇燃气管理条例》第十四条规定政府投资建设的燃气设施，应当通过招标投标方式选择燃气经营者；第十五条明确规定"国家对燃气经营实行许可证制度"。

通过以上法律法规的梳理可以发现，燃气特许经营具有排他性、公共事业性和政府监管性的特点。对于政府投资建设的燃气设施，应当通过招标投标方式选择燃气经营者。对于通过公开方式选定的燃气经营者，通过签订特许经营协议的方式，授予特定主体在一定期限和范围内排他性经营燃气的资格。

燃气特许经营制度有其存在和产生的合理性。在此项制度产生之初，调动了社会资本参与燃气基础设施投资建设，推动了燃气产业的发展。但随着市场化程度的推进和国家政策的调整，燃气特许经营权在一定程度上对市场化进程的加快推进构成了阻碍。主要表现：一是燃气特许经营的存在使得天然气市场供需存在脱节的情况。一方面燃气特许经营者的燃气供应能力有限，无法完全满足特许经营区域内的天然气需求，运营能力的不足使得用气量大的工业用户需求无法得到充分满足；另一方面特许经营的存在限制了其他市场主体的进入，具有充足天然气资源的上游企业无法进入特许经营区域，无法开展经营，满足燃气供应需求。二是燃气特许经营者在投资建设时投入了大量成本，为收回成本获取利润，特许经营者凭借其垄断地位，使得天然气价格较高，终端消费者用气成本高。

（四）与大用户直接供应相关的法律法规及政策

直接供应用户，是指直接向天然气上游供应商购买天然气，用于生产或消费、不再对外转售的用户。大用户主要是根据用气量来划分，不同地区大用户标准不同。

大用户直接供应的特点有两个：一是大用户从上游天然气供应商直接购买天然气，不涉及中游管道建设及下游城镇燃气分销；二是企业只能自用，不能再为转售行为。

与传统的中下游分销相比，大用户直接供应能够减少中间环节，降低交易成本，推进天然气利用，进而加快天然气价格的市场化。近年来，我国为推进天然气领域市场化，逐步支持和扶持大用户直接供应，相关政策文件梳理如下所述。

2013 年，国家发改委出台《关于调整天然气价格的通知》（发改价格〔2013〕1246 号）。该文件确定了天然气价格市场化目标，首次提及"对燃气发电等大型用户，要尽可能减少工期环节，降低企业用气成本"。

2015 年，国家发改委下发《国家发改委关于理顺非居民用天然气价格的通知》（发改委价格〔2015〕351 号），提出放开天然气直供用户用气门站价格，由供需双方协商定价，进行市场化改革试点。

2017 年，国家发改委、国家能源局等 13 部委出台《加快推进天然气利用的意见》。意见明确规定：建立用户自主选择资源和供气路径的机制。用户可自主选择资源方和供气路径，减少供气层级，降低用气成本。用户自主选择资源方和供气路径的，应当符合当地城乡发展规划、天然气和燃气发展等专项规划，地方人民政府应加强统筹协调给予支持。企业应按照《城镇燃气管理条例》的规定，申请取得燃气经营许可证后方可经营供气。支持天然气交易中心有序建设和运营，鼓励天然气市场化交易。

2018 年，国务院下发《关于促进天然气协调稳定发展的若干意见》，鼓励用户自主选择资源方、供气路径及形式，大力发展区域及用户双气源、多气源供应。

除上述政策法规外，四川、安徽、山东等多地相继出台文件，推进大用户直接供应。例如，山东省住房和城乡建设厅、发展和改革委员会 2019 年 11 月 5 日出台的《关于支持和规范对企业天然气用户实行直供服务的实施意见》，明确支持工业集中区、燃气集中供暖、热电联产等天然气大用户（年用气量 5 000 万立方米以上）向中石油、中石化、中海油等天然气生产销售企业直接购买天然气。

通过梳理以上政策，可见国家在政策上是支持推进天然气领域大用户直接供应的。但欲开展大用户直接供应，企业仍需要取得燃气经营许可证后方可在一定行政区域内从事燃气经营活动。

（五）燃气特许经营权与大用户直接供应可能发生的冲突

笔者在为相关企业提供法律服务过程中了解到，有的企业开展大用户直接供应时间较早，在特许经营制度实施之前就已经开展了大用户直接供应，与用气量大的用户之间达成了天然气购销协议，合法有效的合同应当受到法律保护。

在特许经营制度实施之后，即便特许经营者取得特许经营权，也不会对这部分企业的大用户直供产生不利影响。这主要分为以下三种情况。

一是在先供气企业的直供管道建设是在特许经营者取得特许经营权之前，管道由该企业出资建设的，其享有合法产权。实现大用户直接供应不需要通过特许经营者的燃气管道，在先供气企业的合法权利和有效协议受到法律保护。

二是大用户直接供应企业自身取得了相应区域内的特许经营权。在这种情况下，也不存在冲突和矛盾。

三是特许经营者是大用户直接供应企业的关联公司，两者不存在根本利益冲突，能够较好地协商解决。

两者发生的矛盾和冲突晚于燃气特许经营权，大用户直接供应开展在后，且两者不存在利益相关的情形。在此种情况下，特许经营者根据与政府部门达成的特许经营协议，已经投入大量的资金和成本开展城市燃气管道的投资、建设和运营活动，其管线建设符合城市规划，城市燃气管网系统已经建成。燃气特许经营者已经取得特许经营许可，具备在特许经营区域内从事燃气供应活动的资格。此时，推进大用户直接供应不可避免地触碰到燃气特许经营者在该行政区域内的利益，从而引发一定的矛盾和冲突。

上游天然气企业开展大用户直接供应的方式主要有两种：一是在签订直接购销协议之后，通过特许经营者建设的城市管网将天然气供应至大用户；二是直接购销协议签订后，自建或其他主体合作建设新的天然气管道，从主干网开口接气进行供气，不通过城市燃气特许经营者。无论哪种方式，对已经取得燃气特许经营权的经营者来说，都构成对其权利的侵害。第一种方式下，上游企业没有参与管道设施的投资建设，却利用特许经营者已经建好的管道设施分取利益，无疑会受到特许经营者的抵制；第二种方式下，特许经营权具有独占性，若再行修建管线单独供应大用户，无疑也是对特许经营权的侵害，同时也可能会引发重复建设问题。

在现行法律制度下，燃气特许经营权是受到法律保护的合法权利。燃气特许经营者反对大用户直接供应的主要原因是，大用户也是特许经营者的主要利润来源。但居民用气量小，利润少，特许经营者需要通过工业大用户来获取利润。若上游天然气企业大量涌入下游市场，则其可以通过较低的价格，较高的运营服务能力而获得优质工业客户的青睐。城市燃气经营者的经营状况可能会不断恶化，投资成本难以回收。最终结果可能是下游企业的燃气投资者被迫退出经营，使得下游市场出现混乱，影响天然气市场的整体秩序，进而各方主体的利益都会遭受巨大损失。

（六）燃气特许经营权与大用户直接供应利益冲突的协调

通过对以上案例及相关法规政策进行分析，可见欲开展大用户直接供应的上游天然气企业因特许经营权的存在面临较大的阻碍。笔者认为，大用户直接供应虽然是市场化进程的重要举措，但在目前特许经营权仍合法有效的情况下，应该妥善协调两者的关系。在利益平衡的基础上加快推进市场化进程，应从以下几方面协调两者的关系。

合理对大用户进行划分。各地根据市场条件，区域发展特点，合理确定大用户的条件和范围。

对于已经纳入城市燃气特许经营区域且城市燃气供应者能够充足供应的用户，上游企业不宜进行直接供应，否则会破坏已有的城市燃气总体规划，给特许经营者利益带来巨大损失。但燃气特许经营者也并非有恃无恐，因市场化竞争的加剧，燃气特许经营者也必须不断提供服务能力，降低用气成本，以保留优质客户。

对于新增大用户，若特许经营者有相应的运营能力，且能够通过现有城市管网实现天然气供应，则应避免重复投资建设，应充分利用现有燃气设施，提高管输设施利用效率。若城市燃气企业不具备相应的供应能力，则可以由政府出面协调上游供应者与特许经营者之间关系，促成两者达成协议，利用城市燃气企业的管道实现对大用户的直接供应，在协议中对管输费用、燃气特许经营者补偿等事项进行详细约定，合理考虑特许经营者投资建设成本。

对于新增大用户，若特许经营者不具有相应的供应能力，在符合城市整体规划建设的情况下，政府应当允许上游天然气企业通过新建管输设施的方式开展大用户直接供应。但直接供应项目开展前，政府需要与特许经营者之间就特许经营签订变更或补偿协议，以使得上游企业直接供应项目不因特许经营权的存在而受到阻碍。还有一种变通方式是上游企业、城市燃气特许经营者、大用户之间共建管道设施，调动各方市场主体的积极性，合理分配各方利益。

推进燃气特许经营制度的改革。从表面上看，上游企业进入终端消费市场可能损害了特许经营者权益，但若是直接供应能够实现经济效益整体上增加而不仅仅是分配既有利益呢？市场化的最终受益者是所有市场主体。燃气特许经营有一定的期限限制，在特许经营权到期后，政府可进行燃气经营整体布局的调整，实现大用户直接供应与城市居民用气相分离。对于不同用户，由不同供应者进行供应，以提高天然气利用效率，降低用气成本。

放开点供，多种方式供应气源。相较于管线供应，上游企业若采取点供方式向大用户供应天然气则不涉及城市管道重复投资建设，能够创造用户自由选择供应者的条件，也能够促使特许经营者在市场竞争压力下，降低用气价格，提高服务质量。

天然气市场化改革必然涉及利益调整。天然气直供是不同企业利益之间的再分配与重新调整，无论是上游天然气企业还是城市燃气企业，大用户都是其重要的客户资源。天然气大用户直接供应的实现需要稳步推进，上游企业有足够的供应能力，下游燃气经营企业前期投资建设投入也需要维护。在天然气行业改革过渡时期，存在矛盾和冲突是不可避免的，需妥善处理各方关系，以实现利益的平衡与协调。

五、燃气特许经营权重复许可的效力认定

燃气特许经营权，是燃气经营者与行政机关通过签订特许经营协议而获得的，在一定期限内在特定区域排他性经营燃气业务的权利，具有垄断属性。但实践中存在部分政府将特定区域的燃气特许经营权先后授予两个主体的情况，使得两个燃气特许经营者的特许经营区域部分甚至全部重合，严重损害了在先燃气经营者的权利。

从司法实践来看，政府重复授予燃气特许经营权属于违法已经形成共识，不存在争议，但在后来签订的燃气特许经营协议是否无效、在先燃气特许经营权人的权利如何救济，值得探讨。

（一）在后来签订的燃气特许经营协议的效力

第一，司法实践中曾出现过的两种不同裁判观点。

观点一：重复授予特许经营权属于重复行政许可，应属无效，如（2018）豫行终 111 号案件。

法院认为，濮阳市城市管理局于 2013 年 12 月 10 与华隆公司签订的特许经营协议约定的范围经营区域，与其和华润公司签订的特许经营范围部分重叠。该重叠部分属于重复许可，自始不发生法律效力。因涉案争议区域是签订被诉协议的基础，故该协议依法应属于无效协议。

观点二：重复授予燃气特许经营权属于违法行为，但因撤销会损害公众利益而仅确认违法不予撤销，如（2017）粤行终 559 号案件（最高院 2019 年行政协议案件典型案例四）。

法院认为，英德华润公司享有的特许经营权地域范围也包含了涉案争议的英红工业园，与英德中油公司的特许经营权在涉案争议的地域范围上发生了重叠。英德市人民政府及其公用事业主管部门、英德英红园管委会存在对同一区域将具有排他性的独家特许经营权先后重复许可给不同的主体，违反了上述特许经营协议的约定，应当认定为违法。

但该重复许可系行政机关的行政行为所致，并不必然导致在后的英德华

润公司所获得的独家特许经营权无效，且英德中油公司及英德华润公司均已在英红工业园内进行了管道建设并分别对园区的工业企业供气，若撤销任何一家的特许经营权均将影响到所在地域的公共利益。对于重复许可的相关法律后果，应当由行政机关承担，而不应由通过公开招投标程序而中标的英德华润公司承担。英德华润公司已善意取得了涉案特许经营权，其相关合同利益、信赖利益亦应当予以保护。原审法院判令英德华润公司停止在英红园规划红线范围内的管道燃气建设及经营活动不当，超越行政审判职权范围，法院予以纠正。

第二，应严格按照法律及司法解释判断协议效力，如果可以通过补正瑕疵，则应尽可能减少无效协议的认定。

在（2018）豫行终111号案件中，法院认为重复许可自始不发生法律效力，因涉案争议区域是签订被诉协议的基础，据此推论特许经营协议无效。但特许经营权是否属于行政许可本就存在争议，以重复许可无效而否定特许经营协议的效力，理由明显不足，此外，《最高人民法院关于审理行政协议案件若干问题的规定》的出台，明确了行政协议无效的构成要件及后果，是判断燃气特许经营协议的效力的法律依据，所以仅依据重复许可无效就进而认定特许经营协议无效，缺乏逻辑基础。

而且最高人民法院2022年第5期公报案例"濮阳市华龙区华隆天然气有限公司因濮阳华润燃气有限公司诉河南省濮阳市城市管理局、河南省濮阳市人民政府确认行政协议无效再审案"，是对（2018）豫行终111号案件的再审。最高人民法院在该案中，认定被诉协议没有《中华人民共和国行政诉讼法》第七十五条以及协议签订时有效的《中华人民共和国合同法》第五十二条规定的无效情形，进而推翻了二审法院的终审判决。

最高人民法院在判决书中就行政协议效力的司法审查要点进行了详细论述：行政协议系行政机关为实现行政管理或公共服务目标，与公民、法人或者其他组织协商订立的具有行政法上权利义务内容的协议。

管道燃气特许经营协议作为政府特许经营协议，属于典型的行政协议，该协议兼具行政性和合同性。人民法院在审理行政协议效力认定案件时，不但要根据行政诉讼法及相关司法解释规定的无效情形进行审查，还要遵从相关民事法律规范对于合同效力认定的规定。此外，对行政协议效力的审查，一方面，要严格按照法律及司法解释的相关规定；另一方面，基于行政协议的订立是为了进行行政管理和提供公共服务的目的，从维护国家利益和社会公共利益的角度出发，对行政协议无效的认定要采取谨慎的态度，如果可以通过补正瑕疵的，应当尽可能减少无效行政协议的认定，以推动协议各方主体继续履行义务。

（二）在先燃气特许经营权人的权利如何救济

在燃气特许经营协议纠纷司法实践中，法院多以《中华人民共和国行政诉讼案》第七十四条第 1 款第（一）项中"行政行为依法应当撤销，但撤销会给社会公共利益造成重大损害"，作为确认违法但不撤销行政行为的理由。

1. 司法判例：判决确认违法、不予撤销并责令政府采取补救措施

案例一：南阳华润燃气有限公司、南阳市卧龙区人民政府城乡建设行政管理：其他（城建）二审行政判决书。[①]

法院认为：由于被诉的协议已经开始履行，燃气管道已经实施了敷设，个别乡镇已经实现了通气供气及用户用气，中燃燃气也投入了较大的成本，如果撤销，将会给国家利益和社会公共利益造成较大损失。鉴于此，对于村村通协议不再撤销。但由卧龙区政府、卧龙区住建局对于中燃燃气重复许可的行为造成的相关法律后果，卧龙区政府、卧龙区住建局仍应承担。卧龙区政府、卧龙区住建局对华润燃气、中燃燃气在涉案范围内的管道燃气经营权争议如何妥善解决、经营地域范围如何界定、在原敷设管道范围的基础上是否可以再行扩大等现实问题，应当主动履行行政职责，积极采取相应补救措施，依法作出行政处理。

裁判结果：确认南阳市卧龙区住房和城乡建设规划局与中燃燃气实业（深圳）有限公司于 2018 年 12 月 6 日签订的《南阳市卧龙区乡镇管道燃气村村通项目特许经营协议》违法。责令被告南阳市卧龙区人民政府、南阳市卧龙区住房和城乡建设规划局于本判决生效之日起两个月内采取相应补救措施。

---

① 见（2019）豫行终 3520 号。

案例二：英德市人民政府、英德市英红工业园管理委员会二审行政判决书①。

法院认为：根据《中华人民共和国行政诉讼法》第七十六条的规定，人民法院判决确认违法或者无效的，可以同时判决责令被告采取补救措施。对于英德中油公司和英德华润公司在涉案英红工业园内的管道燃气经营权争议如何妥善解决、经营地域范围如何界定，英德市人民政府、英德英红园管委会负有采取相应补救措施的义务，应当主动履行行政职责，依法作出行政处理。

裁判结果：确认英德市人民政府、清远华侨工业园英德英红园管理委员会将英红园红线范围内特许经营权授予英德华润燃气有限公司的行为违法。责令英德市人民政府、英德市英红工业园管理委员会（原清远华侨工业园英德英红园管理委员会）采取相应的补救措施。

2. 案例分析

由上述案例可知，法院审理燃气特许经营协议纠纷案件的思路为：首先，经合法性审查，确定被诉重复授予特许经营许可的行政行为违法；其次，违法行政行为应被撤销，但基于社会公共利益的考量，仅判决确认违法而不撤销；最后，责令政府机关采取补救措施。

但司法实践中还存在如下情况：

法院仅确认违法而不判决责令采取补救措施或法院仅在说理部分论述政府机关应采取补救措施而未在判决中予以明确。此外，法院基于司法权对行政权的"有限干预"，对补救措施往往采取笼统或模糊化表述，给判决的执行及权利人的权利救济带来困难。

但无论法院是否在判决中明确政府应当采取补救措施，在先燃气特许经营权利人均可就因政府违法重复授予燃气特许经营权而给其造成的损失，向政府机关申请行政赔偿或单独向法院提起行政赔偿诉讼（前提条件是权利人未在原诉讼中提出赔偿损失的诉讼请求）。

---

① 见（2017）粤行终 559 号案件。

（三）重复许可的行政协议效力认定规则及权利救济

《最高人民法院关于审理行政协议案件若干问题的规定》的出台和施行，以及最高院公布的关于燃气特许经营协议纠纷的典型案例，共同构成了认定燃气特许经营协议效力的法律基础。

整体而言，判断协议效力时，不但要根据行政诉讼法及相关司法解释规定的无效情形进行审查，还要遵从相关民事法律规范对于合同效力认定的规定。同时，从维护国家利益和社会公共利益的角度出发，应当对认定行政协议无效采取谨慎的态度；如果可以通过瑕疵补正的，应当尽可能减少无效行政协议的认定。

在实践中，法院多以"行政行为依法应当撤销，但撤销会给社会公共利益造成重大损害"为由，确认政府重复授予特许经营权属于违法但不予撤销，并责令政府采取补救措施，但对补救措施往往采取笼统或模糊化表述。

为保护在先燃气特许经营权利人的正当权益，经营者可就因政府违法重复授予燃气特许经营权而给其造成的损失，向政府机关申请行政赔偿或单独向法院提起行政赔偿诉讼（前提条件是权利人未在原诉讼中提出赔偿损失的诉讼请求），同时应当注意诉讼请求的设置。法院判决结果一般以原告的诉讼请求为限。

第二节　天然气行业反垄断问题

近年来，受我国能源结构向低碳化、无碳化转型升级的影响，天然气在我国的能源消费中扮演重要角色。从天然气行业发展现状来看，垄断是阻碍行业进一步发展的原因之一，而且垄断将造成社会福利损失严重。反垄断并不反对天然气企业自身形成的垄断地位，而是反对利用垄断地位谋取不正当利益的垄断行为。但近年来，天然气行业因垄断行为而受到行政处罚的案例频发，且自2022年新反垄断法实施以来，反垄断执法力度不断加强，因此，为确保合法合规经营，有必要对天然气行业相关反垄断法律规范进行梳理并依法履行相关义务。

一、天然气行业反垄断风险防控及合规建议

近年来，天然气行业垄断行为频发，有不少天然气经营企业已经被要求整改并受到行政处罚。为保护公平竞争、提高经济运行效率、维护消费者利益和社会公共利益，我国出台了反垄断法及相关配套法规，随着社会的发展，2019 年反垄断法的修订工作启动，历时三年，新反垄断法（以下简称新法）于 2022 年 6 月 24 日发布，自 2022 年 8 月 1 日起正式实施。相关配套规定——《禁止滥用市场支配地位行为规定》《禁止垄断协议规定》《经营者集中审查规定》《禁止滥用行政权力排除、限制竞争行为规定》于 2023 年 4 月 15 日正式生效。

根据我国现行反垄断相关法律规定，垄断的具体表现形式可以大致分为四种：①经营者达成垄断协议；②经营者滥用市场支配地位；③具有或者可能具有排除、限制竞争效果的经营者集中；④滥用行政权力排除、限制竞争。

（一）垄断协议

1. 垄断协议的定义

垄断协议包括横向垄断协议和纵向垄断协议，一般是指企业间订立的能够导致限制或者排除竞争的协议、决定或其他形式的行为。这种行为会严重损害市场秩序，所以在实践中被定义得比较宽泛：企业之间通过书面、口头形式，甚至没有任何的约定，只要是协调一致可能导致限制或排除竞争的行为，都有可能被认定为垄断协议。

（1）横向垄断协议，指两个或两个以上因经营同类产品或服务而在生产或销售过程中，处于同一经营阶段的同业竞争者之间的垄断协议。

（2）纵向垄断协议，指两个或两个以上在同一产业中处于不同阶段而有买卖关系的企业间的垄断协议。

一般认为，横向垄断协议中有关限制价格、限制商品数量、分割市场的行为采取的是本身违法原则。该原则的重点在于认定行为性质。纵向垄断协

议采取本身违法原则。天然气行业的垄断协议为纵向垄断，只要执法机关认定该协同行为的性质为垄断协议，即可进行认定其违法。

2. 垄断协议的法律责任

《中华人民共和国反垄断法》（以下简称《反垄断法》）第五十六条规定："经营者违反本法规定，达成并实施垄断协议的，由反垄断执法机构责令停止违法行为，没收违法所得，并处上一年度销售额百分之一以上百分之十以下的罚款，上一年度没有销售额的，处五百万元以下的罚款；尚未实施所达成的垄断协议的，可以处三百万元以下的罚款。经营者的法定代表人、主要负责人和直接责任人员对达成垄断协议负有个人责任的，可以处一百万元以下的罚款。经营者组织其他经营者达成垄断协议或者为其他经营者达成垄断协议提供实质性帮助的，适用前款规定。"

3. 垄断协议的风险防控

（1）天然气企业在签订协议时，应避免将自身经济风险通过交易转移给相对人。

（2）天然气企业应避免限定与交易相对人之间的价格，避免签订价格垄断协议。

（3）善用除外条款。由于天然气市场不同于其他市场，企业一旦有协同行为就容易被认定为垄断协议。我国的反垄断法规定了垄断协议的除外条款：企业能够证明自己的协同行为是为改进技术、研发新产品，提高产品质量、降低成本、增进效率而统一产品规格、标准或实行专业化分工，为提高中小经营者经营效率，增强中小经营者竞争力；为实现社会公共利益；经济不景气时，为缓解销售量严重下降或者生产明显过剩及保障对外贸易和对外经济合作中的正当利益等情形下，可以不适用垄断协议的规定。

（二）滥用市场支配地位

1. 滥用市场支配地位的定义

市场支配地位，是指经营者在相关市场内具有能够控制商品价格、数量或者其他交易条件，或者能够阻碍、影响其他经营者进入相关市场能力的市场地位。

根据《反垄断法》第二十四条规定，有下列情形之一的，可以推定经营者具有市场支配地位：①一个经营者在相关市场的市场份额达到二分之一的；②两个经营者在相关市场的市场份额合计达到三分之二的；③三个经营者在相关市场的市场份额合计达到四分之三的。有前款第二项、第三项规定的情形，其中有的经营者市场份额不足十分之一的，不应当推定该经营者具有市场支配地位。被推定具有市场支配地位的经营者，有证据证明不具有市场支配地位的，不应当认定其具有市场支配地位。

2. 滥用市场支配地位的法律责任

《反垄断法》第五十七条规定："经营者违反本法规定，滥用市场支配地位的，由反垄断执法机构责令停止违法行为，没收违法所得，并处上一年度销售额百分之一以上百分之十以下的罚款。"

《反垄断法》第六十条规定："经营者实施垄断行为，给他人造成损失的，依法承担民事责任。"

3. 滥用市场支配地位的风险防控

（1）天然气企业需要与政府、下游企业及用户建立良好的沟通机制。一是加强与政府各个部门的沟通，使其全面了解天然气的行业特点。二是与下游企业的沟通，从销售、运输、供气的各个环节，都需保持良好沟通，使得下游企业更明确特许经营权的地域范围与具体权利义务。三是用户层面，可保持日常关系的良好维护，可适当建立天然气企业与各用户之间的互访沟通机制。

（2）天然气企业应严格按照"特许经营协议"的约定，明确特许经营权的地域范围与具体权利义务，避免构成滥用支配地位的行为。

（三）具有或者可能具有排除、限制竞争效果的经营者集中

1. 经营者集中的定义

根据《反垄断法》第二十五条规定，经营者集中是指下列情形：①经营者合并；②经营者通过取得股权或者资产的方式取得对其他经营者的控制权；

③经营者通过合同等方式取得对其他经营者的控制权或者能够对其他经营者施加决定性影响。

2. 应申报但未申报的法律责任

根据《反垄断法》第五十八条，"经营者违反规定实施集中，且具有或者可能具有排除、限制竞争效果的，由国务院反垄断执法机构责令停止实施集中、限期处分股份或者资产、限期转让营业以及采取其他必要措施恢复到集中前的状态，处上一年度销售额百分之十以下的罚款；不具有排除、限制竞争效果的，处五百万元以下的罚款"。

3. 经营者集中申报的风险防控

天然气经营企业在开展股权/资产收购、合资合作、协议控制等交易前，应当对是否需要进行经营者集中申报进行充分评估。如果达到申报标准且不符合豁免条件，应当及时向国家反垄断局申报，避免被行政机关处以罚款或者对交易的继续推进构成障碍。

（四）滥用行政权力排除、限制竞争

1. 滥用行政权力排除、限制竞争的情形

滥用行政权力排除、限制竞争，指拥有行政权力的行政机关以及其他依法具有管理公共事务职能的组织滥用行政权力，排除、限制竞争的行为。主要表现为地区行政性市场垄断、行政强制交易、行政部门干涉企业经营行为、行政性公司滥用优势行为等。它们不属于政府为维护社会经济秩序而进行的正常经济管理，也不属于政府为实现对国民经济的宏观调控而采取的产业政策、财政政策等经济和社会政策。因此，认定政府及其所属部门的一个行为是否构成滥用权力，依据是国家的法律和政策。如果国家的法律或政策明确规定禁止政府及其所属部门从事某种限制竞争行为，而政府或其所属机构违背规定采取了这种行为，就构成了滥用行政权力限制竞争。

2. 滥用行政权力排除、限制竞争的法律责任

《反垄断法》第六十一条规定："行政机关和法律、法规授权的具有管理公共事务职能的组织滥用行政权力，实施排除、限制竞争行为的，由上级机

关责令改正；对直接负责的主管人员和其他直接责任人员依法给予处分。反垄断执法机构可以向有关上级机关提出依法处理的建议。行政机关和法律、法规授权的具有管理公共事务职能的组织应当将有关改正情况书面报告上级机关和反垄断执法机构。"

3. 滥用行政权力排除、限制竞争的风险防控

（1）天然气企业在与其下游公司交易时，应避免行政强制交易，对于合同相对方的被动接受，不应将其等同于该交易行为具备正当性。

（2）天然气企业应遵守天然气行业的相关法律规范，比如，天然气经营者的责任承担，经营者对其供气范围内的天然气设施承担运行、维护、抢修和更新改造的责任。

（3）如天然气企业负责管道天然气的设施建设安装，应允许非居民用户自主选择承建经营者，聘请第三方建设工程造价评估机构对非居民管道天然气设施建设安装费用进行评估，对非居民管道天然气设施建设安装有关服务和价格实行公开告知。

在我国天然气行业的快速发展中，天然气行业的垄断行为会对我国经济的运行效率造成一定的影响，所以国家对待天然气企业的反垄断调查呈现日趋严格的态势，调查的广度和深度明显加强。因此，天然气经营企业应当树立反垄断合规风控意识，保证依法合规经营。

二、天然气行业滥用市场支配地位法律分析

（一）滥用市场支配地位的定义

根据《反垄断法》第二十二条及第二十三条的规定，市场支配地位是指经营者在相关市场内具有能够控制商品价格、数量或者其他交易条件，或者能够阻碍、影响其他经营者进入相关市场能力的市场地位。

其中，上述其他交易条件是指除商品价格、数量之外，能够对市场交易产生实质影响的其他因素，包括商品品种、商品品质、付款条件、交付方式、售后服务、交易选择、技术约束等。能够阻碍、影响其他经营者进入相关市

场，包括排除其他经营者进入相关市场，或者延缓其他经营者在合理时间内进入相关市场，或者导致其他经营者虽能够进入该相关市场但进入成本大幅提高，无法与现有经营者开展有效竞争等情形。

（二）滥用市场支配地位中关于相关市场的界定

相关市场的界定是判断是否滥用市场支配地位的前置条件。

相关市场是指经营者在一定时期内就特定商品或者服务（以下统称商品）进行竞争的商品范围和地域范围，包括相关商品市场和相关地域市场。界定相关市场应当从需求者角度进行需求替代分析。当供给替代对经营者行为产生的竞争约束类似于需求替代时，也应当考虑供给替代。

相关市场主要分为以下 3 种类型。

1. 相关商品市场

相关商品市场是根据商品的特性、用途及价格等因素，由需求者认为具有较为紧密替代关系的一组或一类商品所构成的市场。这些商品表现出较强的竞争关系，在反垄断执法中可以作为经营者进行竞争的商品范围。

界定相关商品市场，从需求替代角度，可以考虑需求者对商品价格等因素变化的反应、商品的特征与用途、销售渠道等因素。从供给替代角度，可以考虑其他经营者转产的难易程度、转产后所提供商品的市场竞争力等因素。

2. 相关地域市场

相关地域市场是指需求者获取具有较为紧密替代关系的商品的地理区域。这些地域表现出较强的竞争关系，在反垄断执法中可以作为经营者进行竞争的地域范围。

界定相关地域市场，从需求替代角度，可以考虑商品的运输特征与成本、多数需求者选择商品的实际区域、地域间的贸易壁垒等因素。从供给替代角度，可以考虑其他地域经营者供应商品的及时性与可行性等因素。

3. 平台经济领域相关商品市场

界定平台经济领域相关商品市场，可以根据平台一边的商品界定相关商品市场，也可以根据平台所涉及的多边商品，将平台整体界定为一个相关商品市场，或者分别界定多个相关商品市场，并考虑各相关商品市场之间的相互关系和影响。

（三）滥用市场支配地位违法行为的类型

根据《反垄断法》第二十二条的规定，禁止具有市场支配地位的经营者从事下列滥用市场支配地位的行为：

（1）以不公平的高价销售商品或者以不公平的低价购买商品；

（2）没有正当理由，以低于成本的价格销售商品；

（3）没有正当理由，拒绝与交易相对人进行交易；

（4）没有正当理由，限定交易相对人只能与其进行交易或者只能与其指定的经营者进行交易；

（5）没有正当理由搭售商品，或者在交易时附加其他不合理的交易条件；

（6）没有正当理由，对条件相同的交易相对人在交易价格等交易条件上实行差别待遇；

（7）国务院反垄断执法机构认定的其他滥用市场支配地位的行为。

（四）经典案例

1. 利用市场支配地位，限制用户只能选择指定的工程施工单位

【典型案例】芜湖湾沚中燃城市燃气发展有限公司滥用市场支配地位案①

（1）基本案情。芜湖湾沚中燃城市燃气发展有限公司（以下简称芜湖中燃公司）向用户城市管道燃气供应服务，负责建设和经营芜湖市湾沚区城市天然气管网及相关设施。该区域内城市管道燃气供应服务由芜湖中燃公司独家提供，以管道形式输配、生产、销售和供应管道燃气。

芜湖中燃公司以新建住宅小区的燃气管道安装工程交给当事人之外的第三方承建，安全性得不到保证为由，限定新建住宅小区开发企业管道燃气安装工程只能由当事人施工建设。房地产开发企业必须按芜湖中燃公司照制的要求办理报装，才能顺利接驳通气。

---

① 安徽省市场监督管理局行政处罚决定书（皖市监竞争处字〔2022〕2号）。

（2）违法行为认定。

①相关市场认定：在本案中，芜湖中燃公司向用户提供的商品（服务）主要是城市管道燃气供应服务，在芜湖市湾沚区具备唯一经营者地位，不存在同类经营的竞争关系，不存在其他可替代的地域市场。所以认定本案相关商品市场为管道燃气供应服务市场，地域市场为芜湖市湾沚区行政区域内。

②具有市场支配地位的认定：在芜湖市湾沚区行政区域内只有芜湖中燃公司这一家城镇管道燃气企业，导致其他经营者进入本案相关市场难度大，所以认定芜湖中燃公司在芜湖市湾沚区行政区域的城市管道燃气供应服务市场具有市场支配地位。

③实施了滥用市场支配地位的行为：芜湖中燃公司利用其市场支配地位限定房地产开发企业新建住宅小区管道燃气安装工程只能与其交易，才能顺利接驳通气，实施了滥用市场支配地位行为。

④滥用市场支配地位行为对市场公平竞争及交易相对方权益造成了损害：剥夺了房地产开发企业的自主选择权；排除了其他经营者的交易机会，扰乱了市场公平竞争的秩序。

（3）处罚结果。2022年7月5日，安徽省市场监督管理局依法对芜湖中燃公司作出以下行政处罚决定：

①没收芜湖中燃公司违法所得5 736 265.12元；

②处以芜湖中燃公司2020年度销售额2%的罚款3 154 455.46元。

（4）案件分析。

①芜湖中燃公司利用在特许经营区域内管道燃气供应服务市场的市场支配地位，实施了排除、限制市场竞争，损害消费者和其他经营者利益的行为。

②芜湖中燃公司通过签订"居民燃气入户合同"来掩盖其实质为管道燃气工程安装建设合同的行为，让交易相对方失去了自主选择燃气安装企业的权利。

（5）经验教训。燃气企业在企业经营时，应正确认识自身的市场地位，不能将其视为优势条件、谈判的筹码，而滥用市场支配地位，让交易相对方失去选择的权利，限定交易相对人只能与其进行交易。

2. 利用市场支配地位，强制搭售非必需产品

【典型案例】 宁夏长燃天然气有限公司滥用市场支配地位案①

(1) 基本案情。2012年4月，宁夏回族自治区吴忠市红寺堡区政府与宁夏长燃天然气有限公司（以下简称宁夏长燃公司）签订了《城市燃气特许经营协议》，特许经营权地域范围为吴忠市红寺堡区行政管辖区域内，有效期限为30年。协议约定自2012年4月起30年内，宁夏长燃公司是红寺堡区唯一的城市管道燃气服务提供者。自2016年1月至2021年9月，宁夏长燃公司将购买报警器和波纹管设置为燃气开通流程中的必需环节，强制居民用户购买其销售的报警器和波纹管。居民申请开通燃气时，必须先购买报警器和波纹管，否则就会以存在安全隐患为由拒绝开通燃气。

(2) 违法行为认定。

①相关市场认定：宁夏地区燃气供应服务主要分为管道燃气供应和瓶装燃气供应。管道燃气供应是居民的主要用气来源，由于管道燃气政策、规划和管网布局等原因，其他供气服务企业很难转为提供管道燃气供应服务。故在本案中，相关市场界定为吴忠市红寺堡区管道燃气供应服务市场。红寺堡区政府于2012年4月与宁夏长燃公司签订《城市燃气特许经营协议》，特许经营权地域范围为吴忠市红寺堡区行政管辖区域内，有效期限为30年。因此，其他同类经营者难以进入本地开展经营，本案相关地域市场界定为吴忠市红寺堡区。

②具有市场支配地位的认定：根据上述《城市燃气特许经营协议》的规定，宁夏长燃公司是红寺堡区唯一的城市管道燃气服务提供者。因此，在特许经营期限内，是吴忠市红寺堡区唯一提供管道燃气供应服务的经营者，具有100%的市场份额。宁夏长燃公司在吴忠市红寺堡区管道燃气供应服务市场具有支配地位。

③实施了滥用市场支配地位没有正当理由搭售行为：宁夏长燃公司与居民签订协议约定必须先购买报警器和波纹管，才能启动安装流程，否则就会

---

① 宁夏回族自治区市场监督管理厅行政处罚决定书（宁市监处〔2022〕2号）；宁夏回族自治区市场监督管理厅行政处罚决定书（宁市监处〔2022〕3号）。

以存在安全隐患为由拒绝开通燃气。事实上，报警器和波纹管与提供燃气供应服务的安全性之间并无关联，所以认定宁夏长燃公司实施了滥用市场支配地位行为。

④实施的行为排除、限制了市场竞争：根据《中华人民共和国安全生产法》（以下简称《安全生产法》）相关规定，报警器和波纹管并非宁夏长燃公司提供燃气供应服务的必备条件，用户在使用燃气时可以根据自身需求，自主选择购买，而宁夏长燃公司的行为限制了居民自主安装的选择权。同时，报警器和波纹管销售市场本应是开放竞争的市场，只要符合国家、行业、地方标准规范的产品都可以进入市场公平竞争。宁夏长燃公司向居民用户搭售报警器和波纹管，实质上是借助在当地民用管道燃气供应市场上的支配地位，将影响力延伸到报警器和波纹管销售市场，排除、限制了同类产品经营者的公平竞争。

（3）违法情况。宁夏回族自治区市场监管厅经调查认为，宁夏长燃公司的行为违反了《反垄断法》第22条第一款第五项"没有正当理由，限定交易相对人只能与其进行交易或者只能与其指定的经营者进行交易"的规定，构成滥用市场支配地位行为。

（4）处罚结果。2022年4月26日，宁夏回族自治区市场监管厅依法对宁夏长燃天然气有限公司作出以下行政处罚决定：

①责令停止违法行为；

②没收宁夏长燃公司违法所得752 749.50元；

③对宁夏长燃公司处2020年度销售额17 891 102.50元2%的罚款，计357 822.05元。

在本案调查过程中，宁夏长燃天然气有限公司综合管理部负责人张凤兰拒不配合案件调查工作，故意隐瞒事实，提供虚假价格并指使相关人员出具虚假证据，直接影响、阻碍了案件调查工作。2022年5月7日，宁夏回族自治区市场监管厅对张凤兰作出罚款5万元的行政处罚决定。

（5）案件分析。利用在吴忠市红寺堡区管道燃气供应市场的支配地位，在红寺堡新建小区居民用户申请用气时，无正当理由搭售报警器、波纹管等商品，居民用户没有自主选择权，只能被动接受从当事人购买相关附属产品。

（6）经验教训。燃气企业在企业经营时，不能为交易附加限制性条件。比如，只能从燃气公司购买某种商品，才能通气，或者只能购买燃气公司的燃气设施，否则未来出现安全隐患或者事故，燃气公司不作任何保障等。类似这种说辞都是燃气企业利用自身的优势地位同用户作出极为不公平的交易。另外，燃气公司在面对反垄断调查时，应当及时停止违法行为，并积极配合调查。根据反垄断执法机构的调查要求，提供有关材料、信息，不实施隐匿、销毁、转移证据或者其他拒绝、阻碍调查的行为，否则可能对妨碍调查的有关个人及单位处以罚款，构成犯罪的还将被依法追究刑事责任。

三、天然气行业经营者集中申报

经营者集中申报是指在交易符合经营者集中情形（合资合并、股权/资产收购、协议控制等）、达到申报标准且不符合豁免条件的情况下，经营者应当向国家反垄断执法机构进行申报；在国家反垄断执法机构作出决定前，经营者不得实施相关交易。

近年来，发生在天然气行业且达到经营者集中申报标准的投资并购案例较多。一方面是因为天然气行业市场逐渐活跃，在双碳背景下，油气改革进一步深化，市场逐步放开，企业并购、合营等交易增多；另一方面是因为《反垄断法》修改后，对于应申报经营者集中但未申报的处罚力度加大，且国家反垄断局相应加强执法力度，对相关企业的威慑力大幅度提高。

（一）经营者集中的情形

1. 正向列举

根据《反垄断法》第二十五条规定，"经营者集中是指下列情形：（一）经营者合并（如企业合并、新设合资企业等）；（二）经营者通过取得股权或者资产的方式取得对其他经营者的控制权（股权收购和资产收购）；（三）经营者通过合同等方式取得对其他经营者的控制权或者能够对其他经营者施加决定性影响（协议控制、治理结构控制等）。"

2. 反向排除

根据《反垄断法》第二十七条规定，"经营者集中有下列情形之一的，可以不向国务院反垄断执法机构申报：（一）参与集中的一个经营者拥有其他每个经营者百分之五十以上有表决权的股份或者资产的；（二）参与集中的每个经营者百分之五十以上有表决权的股份或者资产被同一个未参与集中的经营者拥有的。"

3. 控制的界定

除经营者合并以外，是否取得公司控制权是判断交易是否构成经营者集中的关键标准。从《反垄断法》的规定可以看出，我国立法对控制权的判断采取了实质大于形式的标准：即使经营者所持公司股权比例较小（甚至并未持有公司股权），只要能够对公司的经营管理、决策施加决定性影响，就极大可能会被认定为取得了控制权。

控制包括单独控制和共同控制（两个以上经营者均拥有对其他经营者的控制权或者能够对其他经营者施加决定性影响的，构成对其他经营者的共同控制）。

集中协议、其他经营者的章程，是判断是否取得控制权的重要判断依据（但不是唯一的依据）；如果从集中协议和章程无法判断，但如因其他股东的股权分散等原因、实际上赋予了该经营者事实上的控制权，也属于经营者集中所指的控制。

（二）经营者集中申报的标准

1. 两种标准满足其一即需申报

根据《国务院关于经营者集中申报标准的规定》（以下简称《申报标准》）第三条规定，"经营者集中达到下列标准之一的，经营者应当事先向国务院反垄断执法机构申报，未申报的不得实施集中：

（一）参与集中的所有经营者上一会计年度在全球范围内的营业额合计超过 100 亿元人民币，并且其中至少两个经营者上一会计年度在中国境内的营业额均超过 4 亿元人民币；

（二）参与集中的所有经营者上一会计年度在中国境内的营业额合计超过 20 亿元人民币，并且其中至少两个经营者上一会计年度在中国境内的营业额均超过 4 亿元人民币。"

2.《申报标准（修订稿）》新增标准

2022 年 6 月 27 日，市场监管总局发布《申报标准》的修订草案征求意见稿。意见反馈截至日期为 2022 年 7 月 27 日，按照以往的法律修订征求意见情况，该修订稿内容很可能在不久的将来成为新的有效标准。

相对于现行有效的申报标准，《申报标准（修订稿）》新增了一种需要申报的类型，可以看出经营者集中申报的标准趋向于严格。

新增标准如下："经营者集中未达到本规定第三条规定的申报标准，但同时满足下列条件的，经营者应当事先向国务院反垄断执法机构申报，未申报的不得实施集中：

（一）其中一个参与集中的经营者上一会计年度在中国境内的营业额超过 1 000 亿元人民币；

（二）本规定第二条第（一）项所规定的合并其他方或第二条第（二）项和第（三）项所规定的其他经营者市值（或估值）不低于 8 亿元人民币，并且上一会计年度在中国境内的营业额占其在全球范围内的营业额比例超过三分之一。"

3. 未达标准也需申报的特殊情形

经营者集中未达到国务院规定的申报标准，但有证据证明该经营者集中具有或者可能具有排除、限制竞争效果的，国务院反垄断执法机构可以要求经营者申报。

4. 无须申报的情形

根据《反垄断法》第二十七条规定，"经营者集中有下列情形之一的，可以不向国务院反垄断执法机构申报：

（一）参与集中的一个经营者拥有其他每个经营者百分之五十以上有表决权的股份或者资产的；

（二）参与集中的每个经营者百分之五十以上有表决权的股份或者资产被同一个未参与集中的经营者拥有的。"

（三）应申报但未申报的法律责任

根据《反垄断法》第五十八条规定，"经营者违反规定实施集中，且具有或者可能具有排除、限制竞争效果的，由国务院反垄断执法机构责令停止实施集中、限期处分股份或者资产、限期转让营业以及采取其他必要措施恢复到集中前的状态，处上一年度销售额百分之十以下的罚款；不具有排除、限制竞争效果的，处五百万元以下的罚款。

如未依法及时进行经营者集中申报，将面临反垄断执法机构的行政处罚；即使被认定为不具有排除、限制竞争效果，企业也将面临最高五百万元的罚款。因此，天然气经营企业在进行合资合作、股权收购等交易时应当关注经营者集中申报，如需申报应及时进行申报，避免对交易构成障碍或者被行政机关处罚。"

（四）审查时应当考虑的因素

根据《反垄断法》及《经营者集中审查暂行规定（2022 修订）》的规定，审查经营者集中，应当考虑下列因素：①参与集中的经营者在相关市场的市场份额及其对市场的控制力；②相关市场的市场集中度；③经营者集中对市场进入、技术进步的影响；④经营者集中对市场进入、技术进步的影响；⑤经营者集中对消费者和其他有关经营者的影响；⑥经营者集中对国民经济发展的影响；⑦应当考虑的影响市场竞争的其他因素。

（五）天然气行业被重点审查

根据《反垄断法》规定，国务院反垄断执法机构应当健全经营者集中分类分级审查制度，依法加强对涉及国计民生等重要领域的经营者集中的审查，提高审查质量和效率。虽然目前并无"分类分级"的具体规定，但根据反垄断执法机构近几年的执法实践情况可以看出，在对经营者集中进行反垄断审查和合规监管时，金融、传媒、科技、医药、公用事业等领域的经营者集中属于被重点关注的对象。天然气行业作为公用事业的重要组成部分，也是反垄断执法机构重点审查的行业，在对天然气行业经营者集中申报进行审查时，通常会比较严格。

四、天然气管道运行管理中的法律责任——以管道爆炸为例

随着社会经济的不断发展以及工业化进程的不断加快，人们的生活质量，生活水平得到了不断提高。石油与天然气作为重要的能源，与人们的日常生活息息相关。石油和天然气主要成分是碳氢化合物，具有易燃、易爆、易中毒的性质，在生产储运过程中，有潜在的危险性。天然气管道运输是现代三大运输方式之一，由于其效率高、成本低、占地少、连续性强、不易受环境影响等优势，在能源供应、石油化工和居民生活系统中的应用越来越广泛，是现代城市的生命线。

根据《中国天然气发展报告（2023）》，截至 2022 年底，全国长输天然气管道总里程达 11.8 万千米（含地方及区域管道），新建长输管道里程 3 000 千米以上，"西气东输"三线中段、西气东输四线（吐鲁番—中卫段）等重大工程快速建设。全国新增储气能力约 50 亿立方米。随着我国天然气管道工程增多且规模越来越大，天然气管道的安全问题也逐渐凸显。

近年来，我国发生多起大型天然气管道爆炸的事故，均造成了较大的损失。事故发生的多数原因是安全生产责任不落实、施工作业存在安全隐患、安全审核制度不完善、安全生产工作监管检查不到位等，从而导致事故有关责任单位和责任人被行政追责，严重的则承担了刑事责任。那么在频频发生的天然气事故中，法律责任应该如何认定，我们将针对天然气管道爆炸事故法律责任中可能涉及的"重大责任事故罪"进行分析。

（一）经典案例

1. 大连中石油国际储运有限公司"7·16"输油管道爆炸火灾事故

（1）事故经过及原因。2010 年 7 月 16 日，位于辽宁省大连市保税区的大

连中石油国际储运有限公司原油库输油管道发生爆炸，引发大火并造成大量原油泄漏，导致部分原油、管道和设备烧损，另有部分泄漏原油流入附近海域，造成污染。该事故是一起特别重大责任事故。

导致该事故的直接原因：经中石油国际事业有限公司（中国联合石油有限责任公司）下属的大连中石油国际储运有限公司同意，中油燃料油股份有限公司委托上海祥诚公司使用天津辉盛达公司生产的含有强氧化剂过氧化氢的"脱硫化氢剂"，违规在原油库输油管道上进行加注"脱硫化氢剂"作业，并在油轮停止卸油的情况下继续加注，造成"脱硫化氢剂"在输油管道内局部富集，发生强氧化反应，导致输油管道发生爆炸，引发火灾和原油泄漏。

（2）责任认定。国务院在批复意见中写明：将14名相关责任人移送司法机关依法追究刑事责任，给予29名责任人相应的党纪、政纪处分。依据有关法律法规规定，对大连中石油国际储运有限公司、天津辉盛达公司、上海祥诚公司等相关责任单位分别处以规定上限的行政处罚。依法吊销天津辉盛达公司危险化学品生产企业安全生产许可证；该公司主要负责人张海军，除建议依法追究其刑事责任外，终身不得再担任危险化学品生产经营单位的主要负责人。上海祥诚公司不得从事除商检外涉及危险化学品作业的有关业务。

2."11·22"中石化东黄输油管道泄漏爆炸特别重大事故

（1）事故经过及原因。2013年11月22日10时25分，位于山东省青岛经济技术开发区的中国石油化工股份有限公司管道储运分公司东黄输油管道泄漏原油进入市政排水暗渠，在形成密闭空间的暗渠内油气积聚遇火花发生爆炸，造成62人死亡、136人受伤，直接经济损失7.5亿元。

导致该事故的直接原因是：输油管道与排水暗渠交会处管道腐蚀减薄，致使管道破裂、原油泄漏，流入排水暗渠及反冲到路面。原油泄漏后，现场处置人员采用液压破碎锤在暗渠盖板上打孔破碎，从而产生撞击火花，引发暗渠内油气爆炸。

（2）责任认定。2014年1月9日，国务院对山东省青岛市2013年"11·22"中石化东黄输油管道泄漏爆炸特别重大事故调查处理报告作出批复，同意国务院事故调查组的调查处理结果，认定是一起特别重大责任事故；同意对事故有关责任单位和责任人的处理建议，对48名责任人分别给予纪律处分，对涉嫌犯罪的 15 名责任人移送司法机关依法追究法律责任。

2015 年 11 月 30 日，青岛市黄岛区人民法院宣判中国石油化工股份有限公司管道储运分公司及其下属单位的相关负责人员 8 人犯重大责任事故罪，分别被判处有期徒刑 3~5 年不等的刑罚，其中，2 名被告人被依法适用缓刑。当地政府相关职能部门的负责人员 6 人犯玩忽职守罪，分别被判处有期徒刑 3 年至 3 年 6 个月不等的刑罚，其中 2 名被告人被依法适用缓刑。

（二）对重大责任事故罪的分析

从上述案例可以看出，在发生重大天然气事故后，相关责任人及单位轻则被追究行政责任，重则构成重大责任事故罪，被处以刑罚。因此，充分理解刑法中规定的重大责任事故罪，对于天然气行业从业人员极为重要。

重大责任事故罪属于危害公共安全罪中的一项重要罪名，根据《中华人民共和国刑法》第一百三十四条规定："在生产、作业中违反有关安全管理的规定，因而发生重大伤亡事故或者造成其他严重后果的，处三年以下有期徒刑或者拘役；情节特别恶劣的，处三年以上七年以下有期徒刑。"

重大责任事故罪的特殊表现形式包括重大劳动安全事故罪、危险物品肇事罪、工程重大安全事故罪、消防责任事故罪、不报、谎报安全事故罪等。

1. 重大责任事故罪的犯罪主体

要正确理解本罪的犯罪主体。本罪的犯罪主体是一般主体，包括从事生产经营活动的各类企业、事业单位、机关团队等法人或非法人单位及其工作人员。无论何种性质的主体，只要在生产、作业中违反有关安全管理的规定，造成不特定人员伤亡或者公私财产重大损害的，均可以构成该罪。这就意味着任何法人、社会组织、经济组织以及其他团体都有可能成为本罪的犯罪主体，任何具有刑事责任能力的自然人，无论是作为领导、管理者还是普通员工都有可能成为本罪的犯罪主体。

2. 正确理解有关安全管理的规定的含义

重大责任事故罪的行为是在生产、作业中违反有关安全管理规定。这里的违反有关安全管理规定，是指违反有关生产安全的法律、法规、规章制度。

主要包括以下几个方面：①国家颁布的各种有关安全生产的法律、法规等规范性文件。②企业、事业单位及其上级管理机关制定的反映安全生产客观规律的各种规章制度，包括工艺技术、生产操作、技术监督、劳动保护、安全管理等方面的规程、规则、章程、条例、办法和制度。③虽无明文规定，但反映生产、科研、设计、施工的安全操作客观规律和要求，在实践中为职工所公认的行之有效的操作习惯和惯例等。

3. 正确理解"发生重大伤亡或造成其他严重后果"的含义

本罪属于刑法上的结果犯，只有"发生重大伤亡事故或者造成其他严重后果"才可能构成犯罪。根据有关司法解释的规定，"发生重大伤亡或造成其他严重后果"包括以下几种情形：一是造成死亡一人以上，或者重伤三人以上的；二是造成直接经济损失100万元以上的；三是造成其他严重后果的情形。"情节特别恶劣的"包括三种情形：一是造成死亡三人以上，或者重伤十人以上的；二是造成直接经济损失300万元以上的；三是其他特别恶劣的情节。"情节特别恶劣的"并非定罪标准，而是量刑的标准。

4. 重大责任事故罪属于过失犯罪

重大责任事故罪的罪过形式是过失。这里的过失，是指应当预见到自己的行为可能发生重大伤亡事故或者造成其他严重后果，因为疏忽大意而没有预见或者已经预见而轻信能够避免，以致产生这种结果的主观心理状态。

以上规定表明，仅从犯罪结果来看，刑法对于安全生产事故几乎是持"零容忍"态度的。刑法规定的犯罪起点比条例中划分的事故等级标准更加严格。只要发生一般事故，就可能构成犯罪；发生较大事故，就属于"情节特别恶劣"的情形，将提高量刑标准。

（三）风险防范提示

通过对上述案例的总结及重大责任事故罪的解读，我们应该认识到：在天然气管道工程项目施工中，安全生产风险防范是所有工作中的重中之重。一旦发生安全事故，造成重大人员伤亡或财产损失，工程建设的所有参与方及其人员，均可能触犯刑法，构成犯罪。

在天然气管道工程项目施工中，应从以下几个方面来防范有关刑事法律风险。

1. 重视细节，树立安全意识

要牢固树立安全意识，重视工程作业中的细节问题，认真开展安全隐患排查整治。重大责任事故罪是过失犯罪。重大责任事故的发生往往是由于疏忽大意、习惯性违章造成的。一些看似细小轻微的、习以为常的违规违章行为及不良习惯，往往是发生重大责任事故的导火索。

2. 安全生产，人人有责

重大责任事故罪的犯罪主体是非常广泛的，任何参与工程项目建设的主体及其个人，只要违反了有关安全管理规定，导致发生安全事故，均可能触犯刑法，受到刑事处罚。在工程建设中，所有的参与主体均应高度重视安全生产工作，严格履行安全管理职责，杜绝事故的发生。

3. 严守法规，养成良好工作习惯

严格遵守安全生产有关法律法规、行业规范、规则，严格遵守企业的安全生产规章制度，养成良好的工作习惯。《刑法》中的"安全管理的规定"含义非常广泛，如在生产作业中，违反其中的任何内容，导致发生事故的，均可能承担刑事法律责任。

4. 发生安全事故后，及时报告

《生产安全事故报告和调查处理条例》对于事故报告程序和内容做了非常明确的要求。事故发生后，事故现场有关人员应当立即向本单位负责人报告；单位负责人接到报告后，应当在1小时内向事故发生地县级以上人民政府安全生产监督管理部门和负有安全生产监督管理职责的有关部门报告。发生电力安全事故的，还应根据《电力安全事故应急处置和调查处理条例》有关规定向电力监督管理部门报告。事故发生后，有关责任人未按照法律规定的程序进行报告，不报或者谎报事故情况，贻误事故抢救，情节严重的，可能构成不报、谎报安全事故罪。

第五章

天然气企业项目投资并购法律风险管理

第一节　项目投资、并购模式及合同要点

天然气的供给不仅关系国家能源安全，而且对城市经济社会的全面发展和人民生活水平的提高具有举足轻重的地位。近年来，随着我国城市化进程的加快，城市天然气项目越来越多，燃气企业投资并购交易活跃，并充分发挥了天然气作为基础投资项目的带动作用，促进了地方经济社会发展。天然气投资并购项目中，交易模式的选取及相关合同文件的内容十分重要。因此，有必要对天然气企业并购交易模式进行分析，并关注合同中重点条款的设计与架构。

一、天然气企业并购交易模式分析

并购作为重要的商业活动，目的在于追求资本的最大增值。其与企业谋求资本增值的目的相一致。世界上最大的 500 家企业都是通过资产联营、兼并、收购、参股、控股等方式发展起来的。投资并购是企业发展的重要途径，主要是指企业通过产权交易获得股权，取得对其他公司重大经营及财务决策的控制权，或施加一定影响力，以增强其经济实力。

(一) 并购交易模式分析

并购行为是企业扩张的选择。企业并购的动因可归结为以下几类：扩大

生产经营规模，形成规模效应，降低成本；提高市场份额，提升行业战略地位；获得廉价的生产原料和劳动力，增强企业竞争力；实施品牌经营战略，提高企业知名度，获取利润；通过并购获得先进的生产技术、管理经验、专业人才等各类资源；进入新的行业，经营战略多元化，分散投资风险。

并购交易是现代企业发展形式之一。并购可分为合并和收购。合并可分为吸收合并、新设合并；收购又可分为资产收购、股权收购。并购的实质是在企业控制权运动过程中，各权利主体依据企业产权制度安排而进行的一种权利让渡行为。企业扩大市场并购过程是企业权利主体更换的过程。

1. 合并

根据《中华人民共和国公司法（2018 修订)》（以下简称《公司法》）第一百七十二条，公司合并可以采取吸收合并或者新设合并。一个公司吸收其他公司为吸收合并，被吸收的公司解散。两个以上公司合并设立一个新的公司为新设合并，合并各方解散。用公式表达如下：

吸收合并：$A+B=A$；

新设合并：$A+B=C$。

根据《公司法》第一百七十三条、第一百七十四条，公司合并，应当由合并各方签订合并协议，并编制资产负债表及财产清单。公司应当自作出合并决议之日起，10 日内通知债权人，并于 30 日内在报纸上公告。债权人自接到通知书之日起 30 日内，未接到通知书的自公告之日起 45 日内，可以要求公司清偿债务或者提供相应的担保。在公司合并时，合并各方的债权、债务，应当由合并后存续的公司或者新设的公司承继。

2. 收购

股权收购，A 公司收购 B 公司全部或部分股权。

资产收购，A 公司收购 B 公司优质资产、设备等。

投资者收购目标公司股权时，应当注意有限责任公司的股权对外转让限制。根据《公司法》第七十一条规定，股东向股东以外的人转让股权，应当经其他股东过半数同意。股东应就其股权转让事项书面通知其他股东征求同意，其他股东自接到书面通知之日起满 30 日未答复的，视为同意转让。其他股东半数以上不同意转让的,不同意的股东应当购买该转让的股权;不购买的,视为同意转让。经股东同意转让的股权,在同等条件下,其他股东有优先购买权。两个以上股东主张行使优先购买权的,协商确定各自的购买比例;协商不成的,按照转让时各自的出资比例行使优先购买权。

股权收购的目标公司为股份有限公司时,目标公司其他股东并无优先购买权。但应当注意,股份转让应当符合《公司法》第一百三十八条①以及《非上市公众公司监督管理办法(2023修订)》第四条②关于转让场所限制的相关规定,上市公司股份转让应当在法定的证券交易所进行,非上市公众公司③公开转让股票应当在全国中小企业股份转让系统进行(见图5-1)。

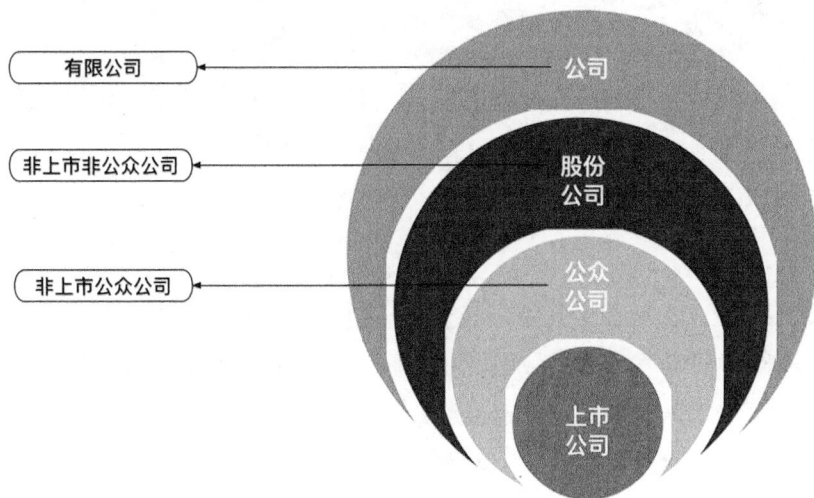

图 5-1　公司分类

非上市非公众公司的股份转让是否必须在特定场所进行转让,目前的法

---

① 《公司法》第一百三十八条:"股东转让其股份,应当在依法设立的证券交易场所进行或者按照国务院规定的其他方式进行。"

② 《非上市公众公司监督管理办法(2023修订)》第四条:"公众公司公开转让股票应当在全国中小企业股份转让系统(以下简称全国股转系统)进行,公开转让的公众公司股票应当在中国证券登记结算公司集中登记存管。"

③ 《非上市公众公司监督管理办法(2023修订)》第二条:"本办法所称非上市公众公司(以下简称公众公司)是指有下列情形之一且其股票未在证券交易所上市交易的股份有限公司:(一)股票向特定对象发行或者转让导致股东累计超过200人;(二)股票公开转让。"

律规定不太明确。《公司法》第一百三十八条提及的"国务院规定的其他方式"并未以下位法的方式予以落实。此外，实践中的操作较为混乱①，部分非上市非公众公司在地方股权交易中心办理了股份托管，其股份转让在当地交易中心进行，但大量的非上市非公众公司并未办理股份托管。

在司法实践中，法院通常不会因非上市非公众公司的股份转让未在特定场所进行而认为股份转让协议无效。理由在于：《公司法》第一百三十八条不属于禁止性、效力性规范，并未对发生在证券交易所以外的股权转让行为作出效力性评价，不影响对股权转让合同效力的认定，而且实践中对未上市股份有限公司股权交易方式尚未有明确、统一的操作规程。②

（二）天然气行业常规投资、并购模式分析

天然气行业投资并购较常规的模式主要包括 3 种：①合资合作；②股权收购；③增资扩股。天然气企业之间以公司合并的方式（吸收合并、新设合并）开展项目合作，在实践中较为少见。

1. 合资合作

天然气企业之间就相关项目进行合资合作，经常采用的一种形式为新设合资公司。这种合作模式即《公司法》所规定的股东发起设立公司，应当符合关于设立公司的相关法律规定。

2. 股权收购

股权收购（或称股权转让），目标公司股东依法将其持有的股权全部或部分转让给外部投资者，使投资者获得公司股权，取得对公司重大经营及财务决策的控制权或对公司经营施加一定影响力。

根据《公司法》第七十一条第二款的规定，股东对外转让股权应当经过

---

① 中国证监会在《关于未上市股份有限公司股票托管问题的意见》（证券市场字〔2001〕5号）："未上市公司股份托管问题，成因复杂，涉及面广，清理规范工作应主要由地方政府负责。"《关于规范证券公司参与区域性股权交易市场的指导意见（试行）》（证监会公告〔2012〕20号），将区域性股权交易市场定位为："所在地省级行政区域内的企业特别是中小微企业提供股权、债券的转让和融资服务的私募市场，接受省级人民政府监管。"

② 见甘秀辉与陈黎明二审民事判决书（2016）湘民终593号。

全体股东过半数同意；此外，根据《公司法》第七十一条第三款规定，过半数股东同意转让后，其他股东有同等条件下的优先受让权。结合《公司法》第七十一条第二款和第三款来看，可以发现：如果外部投资者想顺利收购目标公司股权，需要该公司的其他股东配合，即其他股东需书面放弃优先购买权。但前述规定并非完全不能变通，如果目标公司章程中对股权对外转让的规则另有约定，则应当按照章程约定进行转让。如果股东未就对外转让股权征求其他股东的意见，或者以欺诈等方式使其他股东做出放弃优先购买权的意思表示，均是侵犯其他股东优先权的行为，可能会导致转让协议无效之后果。

根据《公司法》第一百三十七条的规定，股份有限公司的股东可以依法自由向其他股东或股东以外的第三人转让股权，对内转让和对外转让需要满足的条件并无区别。但应当注意，投资者收购目标公司股权不应违反《公司法》第一百三十八条关于转让场所限制的规定，以及《公司法》第一百四十一条①关于股份持有人身份限制的规定。若公司章程中规定了关于转让股份的其他限制，则还应当符合章程的特殊规定。

3. 增资扩股

增资扩股，指目标公司以增加公司注册资本金的形式，稀释原股东所持股权、吸收新股东（外部投资者）投资入股，同时，原股东也可以向公司投入资金，用于认购增资后公司的股权。投资者以增资扩股形式获得目标公司的股权，可以将其理解为一种特殊形式的股权收购，即与投资者进行股权转让交易的主体是目标公司，而非其他股东；但无论交易对手是谁，最终均达成投资者取得目标公司股权的结果。

---

① 《公司法》第一百四十一条："发起人持有的本公司股份，自公司成立之日起一年内不得转让。公司公开发行股份前已发行的股份，自公司股票在证券交易所上市交易之日起一年内不得转让。公司董事、监事、高级管理人员应当向公司申报所持有的本公司的股份及其变动情况，在任职期间每年转让的股份不得超过其所持有本公司股份总数的百分之二十五；所持本公司股份自公司股票上市交易之日起一年内不得转让。上述人员离职后半年内，不得转让其所持有的本公司股份。公司章程可以对公司董事、监事、高级管理人员转让其所持有的本公司股份作出其他限制性规定。"

公司增资程序受到法律严格限制，根据《公司法》第四十三条第二款①，有限责任公司增资须经代表三分之二以上表决权的股东通过；根据《公司法》第一百零三条第二款②，股份有限公司增资须经出席会议的股东所持表决权三分之二以上通过。根据《公司法》第一百七十九条第二款③，公司增加注册资本，应当依法向公司登记机关办理变更登记。

对于有限责任公司，增资扩股一般指企业增加注册资本，增加的部分由新股东认购或新股东与老股东共同认购；但应当注意，根据《公司法》第三十四条④，在有新股东投资入股的情况下，老股东还须作出声明放弃全部或部分优先认缴出资的权利。

（三）并购交易中存在的风险

企业并购后可以产生协同效应，可以合理配置资源，可以减少内部竞争等多方面有利于企业发展的优势，但也存在大量风险，尤其财务风险最为突出。

1. 融资风险

企业并购通常需要大量资金，如果筹资不当，就会对企业的资本结构和财务杠杆产生不利影响，增加企业的财务风险。同时，只有及时足额地筹集到资金，才能保证并购的顺利进行。

按筹资的方式不同，可分为以下两种情况。

（1）债务性融资风险。多数企业通过负债筹资的方式一般为长期借款，但是银行信贷资金主要是补充企业流动资金和固定资金的不足，没有进行企业并购的信贷项目，因此，难以得到商业银行支持。另一种负债筹资的方式

---

① 《公司法》第四十三条第二款："股东会会议作出修改公司章程、增加或者减少注册资本的决议，以及公司合并、分立、解散或者变更公司形式的决议，必须经代表三分之二以上表决权的股东通过。"

② 《公司法》第一百零三条第二款："股东大会作出决议，必须经出席会议的股东所持表决权过半数通过。但是，股东大会作出修改公司章程、增加或者减少注册资本的决议，以及公司合并、分立、解散或者变更公司形式的决议，必须经出席会议的股东所持表决权的三分之二以上通过。"

③ 《公司法》第一百七十九条第二款："公司增加或者减少注册资本，应当依法向公司登记机关办理变更登记。"

④ 《公司法》第三十四条："股东按照实缴的出资比例分取红利；公司新增资本时，股东有权优先按照实缴的出资比例认缴出资。但是，全体股东约定不按照出资比例分取红利或者不按照出资比例优先认缴出资的除外。"

是发行企业债券，虽然资金成本较低，但筹资时间长，筹资额有限。

（2）权益性融资风险。发行普通股是企业筹集大量资金的一种基本方式，而且没有固定利息负担，筹资风险小。但是，股利要从净利润中支付，资金成本高，而且无法享受纳税利益。

2. 目标企业价值评估中的资产不实风险

由于并购双方的信息不对称，企业看好的被并购方的资产，在并购完成后有可能存在严重高估资产的问题，甚至有可能一文不值，从而给企业造成很大的经济损失。并购过程中人的主观性对并购影响很大，使并购不能按市场价值规律来实施。并购本身是一种商品的交换关系，所以需要建立服务于并购的中介组织，降低并购双方的信息成本且对并购行为提供指导和监督。

3. 反收购风险

如果企业并购演化成敌意收购，被并购方就会不惜代价设置障碍，从而增加公司收购成本，甚至有可能会导致收购失败。

4. 营运风险和安置被收购企业员工风险

企业在完成并购后，可能并不会产生协同效应，致使并购双方资源难以实现共享互补，甚至会出现有规模而不经济，整个公司有可能会被拖累。而且并购方往往会被要求安置被收购企业员工或者支付相关成本，如果公司处理不当，往往会因此而背上沉重的包袱，增加其管理成本和经营成本。

（四）并购风险的防控

1. 了解目标公司价值和情况

企业要合理确定目标公司的价值，降低估价风险。信息不对称是产生目标公司价值评估风险的根本原因，因此，企业应在并购前对目标公司进行详尽的审查与评价。

企业可以聘请投资银行根据公司的发展规划进行全面策划，对目标公司的产业环境、财务状况和经营能力进行全面分析，从而对目标公司的未来收益能力作出合理预期。要小心被并购方财务报表上的漏洞，多留意表外内容，是否存在未决诉讼、大宗担保等预计负债，主要设施、关键设备是否被抵押等，以防资产不实风险。

2. 看准时机，速战速决

企业一旦确定了并购目标，就要看准时机，该进则进，该退则退，运筹帷幄。不宜战线过长，耗时费力，虚增并购成本，更有甚者，给目标公司钻了空子，功亏一篑。所以要果断出击，速战速决。

3. 统一战略方向，妥善安置员工

企业要防范营运风险和员工的安置风险，要从生产、技术、资源、市场等方面彻底融合，进行总体布局。另外，文化理念要统一，双方在并购前的发展目标、岗位要求、管理方法都不一样，并购后要统一到一个方向上来。最后，要妥善安置员工，对被并购企业的员工一视同仁，给予相同的福利待遇和政治待遇，从而激发被并购公司员工的工作热情，由此使并购后的效益得到保障。

（五）律师在并购交易中的服务内容

在企业并购中，并购方和目标公司存在信息不对称，导致公司并购存在各种各样的法律风险。此时，并购方有必要通过法律尽职调查来消除信息不对称。通过法律尽职调查对目标公司的信息进行整理分析，对并购项目是否合法合规、目标公司是否符合并购条件等内容出具法律意见，为后续谈判签约、接管整合奠定基础。

1. 并购交易合法性审查

并购并不完全是市场行为，在参与主体、市场准入、经营规模等方面受到国家法律法规及相关政策的规制。律师需要以现行法律规定为基础，对并购方交易意向、并购初始方案进行合法性判断。

2. 现场法律尽职调查

通过采取现场核查及访谈等多种尽职调查方式，对目标公司进行法律尽职调查，重点核查管理机构的合法性、管理团队的管理能力、稳定性和专职性、内控制度。

3. 起草法律尽职调查报告

根据法律尽职调查情况，起草法律尽职调查报告。针对目标公司的基本情况、管理团队基本情况、重大债权债务、经营合法性、历史沿革、或有负债情况、劳动用工情况、环境保护与安全生产情况、重大诉讼仲裁情况，披露法律问题，进行风险提示，提出整改意见。

4. 参与并购谈判

结合尽职调查中发现的问题，就并购交易架构、方案、价款等内容与目标公司进行谈判，促成交易的达成。

5. 协助起草并购交易协议等有关法律文件

根据谈判结果，协助起草完成并购所需的相关法律文件，根据最后敲定的交易方案及谈判结果出具法律意见书。

6. 签约见证

做好签约前的文本检查，确保与最后定稿版本一致，见证双方签约，并妥善保存正本复印件。

二、股权收购协议主要条款及国有股权过渡期损益

（一）股权收购协议的主要条款

天然气企业股权收购协议包括股权转让协议及增资协议。股权转让协议即目标公司股东与投资者就股权转让事宜签订的书面协议；增资协议即目标公司及新老股东之间就增加公司注册资本金、吸收新股东投资入股事宜签订的书面协议。股权转让协议及增资协议在条款结构方面稍有差别。

股权转让协议的主要条款一般包括定义、被转让股权（标的条款）、双方当事人、股权转让先决条件及其豁免、股权变更及转让价款、过渡期安排、陈述和保证、违约责任、保密、不可抗力、法律适用和争议解决、附则。

增资协议的主要条款一般包括定义、增资前目标公司的基本情况、增资的先决条件、增资款项的缴付、增资后目标公司的基本情况、过渡期安排、

三会（股东会、董事会、监事会）、经营和管理、陈述和保证、违约责任、解除和终止、不可抗力、保密、法律适用和争议解决、附则。

（二）国有股权转让过渡期损益安排

根据《企业国有资产交易监督管理办法》（国资委、财政部令第 32 号）的规定，企业国有产权转让需经过可行性研究、企业内部决策、国有资产管理部门审查批准、清产核资和审计、评估、委托产权交易机构进行产权转让公告，并进行交易等必经程序。其本身即需要较长的时间。在实践中，出让方还需要征集受让方意向，并考察受让方是否具备受让条件；在无法征集到意向受让方时，还要重新调整交易条件，其中，实际交易价格低于评估结果的 90% 时，应当经转让行为批准单位书面同意。在有多个意向受让方时，还要根据转让标的的具体情况采取拍卖或者招标方式进行交易；交易双方成交后，还要办理产权交割的手续等。复杂的程序，使得企业国有产权交易期间动辄超过半年甚至一年。这已经成为企业国有产权交易的常态。而在较长的交易期间，企业的资产在不断地变化，日积月累，必然发生较大数额的损益。

1. 过渡期的含义

一般情况下，股权收购会涉及 4 个重要的时间节点，分别为协议签署日、协议生效日、基准日和交割日。协议的签署日和生效日从字面意义上即可理解，虽然从学理上讲两者是不同的概念，但实践中有不少协议中约定签署即生效，使得协议签署日与生效日实质上发生重合；基准日为交易各方协商拟定的资产评估日，通常以在该日期所确定的评估价格作为转让价格；交割日为收到出资方按照协议约定应当支付的全部款项之日，也有部分协议将完成股权变更登记的日期作为交割日。

以"过渡期损益""过渡期""期间损益"为关键词在法规库进行检索，但未能找到现行相关法律规范对于过渡期损益的统一定义。我国现行法律规范仅对上市公司股权收购过程中确定的过渡期起止点有明确规定：《上市公司收购管理办法》第五十二条规定，以协议方式进行上市公司收购的，自签订收购协议起至相关股份完成过户的期间为上市公司收购过渡期。但实践中大部分上市公司并未采纳该规定，通常会在协议中将基准日约定为过渡期的起始日期。此外，非上市公司股权收购并不受《上市公司收购管理办法》的约束，使得交易各方可以在协议中自由约定股权收购的过渡期。

虽然实践中相关主体对于过渡期并未形成完全一致的认识，但股权收购协议（股权转让协议/增资协议）中经常使用"过渡期安排""过渡期损益"等作为章节标题，在条款中对相关交易的过渡期进行界定，部分协议约定基准日和交割日之间的时间间隔为过渡期，还有部分协议将过渡期约定为协议签署之日至交割日。过渡期间出资方并未实际取得标的股权，但交易各方通常会在协议的过渡期安排中约定期间损益的归属。

2. 过渡期损益的归属

过渡期损益的归属涉及交易双方的利益，可能会影响交易双方对产权价值的评估和判断。一般而言，过渡期损益归属应遵循以下 3 种原则。

（1）有法律规定的，按规定执行。首先，《企业国有资产交易监督管理办法》（以下简称 32 号令）第二十三条规定："受让方确定后，转让方与受让方应当签订产权交易合同，交易双方不得以交易期间企业经营性损益等理由对已达成的交易条件和交易价格进行调整。"

按照上述条款规定，产权交易价格不得因过渡期间产生的经营性损益而作出调整，但并未明确非经营性损益是否可以作为调整交易条件及价格的原因。此外，相关法律规范中对于经营性损益和非经营性损益也无较为明确的规定。按照通常理解，该条款中的经营性损益即是经常性损益，一般指与公司正常经营业务有直接关系，对判断公司经营业绩和盈利能力存在影响的各项交易和事项所产生的损益。

上述条款是否可直接理解为国有产权转让时过渡期内的经营性损益原则上由受让方享有和承担，存在争议。从条款内容来看，其规定了交易条件和交易价格不得因过渡期间的企业经营性损益等进行调整，但并未禁止转让方和受让方对转让标的过渡期间的损益归属作出约定，直接由此推出"过渡期内的经营性损益原则上由受让方享有和承担"的结论，缺乏逻辑基础。笔者认为，该条款对过渡期损益的归属并未作出实质性规定，即交易各方可以在协议中约定过渡期损益归属于转让方或归属于受让方，但是不能与转让对价进行关联。

其次，《监管规则适用指引——上市类第 1 号》（以下简称《监管指引》），于 2020 年 7 月 31 日由中国证券监督管理委员发布并生效。其中，过渡期损益安排规定，上市公司重大资产重组中，对以收益现值法、假设开发法等基于未来收益预期的估值方法作为主要评估方法的，拟购买资产在过渡期间（自评估基准日至资产交割日）等相关期间的收益应当归上市公司所有，亏损应当由交易对方补足。具体收益及亏损金额应按收购资产比例计算。

财政部《资产评估基本准则》（财资〔2017〕43 号）第十六条规定，确定资产价值的评估方法包括市场法、收益法和成本法三种基本方法及其衍生方法。中国证监会的《监管指引》仅对收益法下的过渡期损益进行了规定，对于采取成本法、市场法作为主要估值方法时的期间损益归属没有明确要求，因此交易双方可以不严格按照上述要求由出售方承担过渡期的亏损。

（2）无法律规定但有协议约定的，按约定执行。从上文分析可知，除了以收益法作为资产评估方法的上市公司股权收购外，其他股权收购交易的过渡期损益归属均可由交易各方自行协商约定，但应当注意的是，国有产权转让过渡期损益，不得成为调整已达成的交易条件和交易价格的理由。在符合前述法律规定的条件下，交易双方可以自由协商确定过渡期的起止日期以及在该期间标的产权所产生的损益的归属。如在增资协议中约定：过渡期指自本协议签订之日（不含当日）起至交割日（含当日）止；各方同意，目标公司过渡期的盈利归甲方和乙方享有，亏损由甲方和乙方承担，均按照增资前甲方、乙方的持股比例进行分配；目标公司股东自交割日的次日起，按其实缴出资比例享有目标公司的利润，并承担相应的风险及亏损。

（3）既无法律规定也无协议约定的，一般归受让方。如果股权收购各方当事人没有在协议中约定过渡期损益的归属，则可以适用法律的一般性规定进行判断。

第一，因企业正常经营而发生的过渡期损益（包括可预见的商业风险所导致的过渡期损益），一般由受让方享有和承担。交易各方，尤其是受让方，应当预见到企业在正常经营中可能会产生盈利、亏损，企业运营中需要承担一定的商业风险。前述情况都有可能引发标的产权的价值变化。在这种情形下，如果交易双方对过渡期损益的归属没有约定，一般将在交割完成后由受让方承担。

第二，无法预见的客观情况导致过渡期损益，可适用情势变更规则变更或者解除合同。在过渡期内，企业经营因不可预见的客观风险导致标的产权的价值发生重大变化，则有可能适用《民法典》第五百三十三条的情势变更规则，当事人可以请求人民法院或者仲裁机构变更或者解除合同，人民法院或者仲裁机构应当结合案件的实际情况，根据公平原则变更或者解除合同。

第三，转让方违约导致的过渡期损益，应由转让方承担违约责任。转让方违反股权收购协议的约定导致企业在过渡期发生非正常的亏损，则转让方应根据《民法典》等相关法律规范的规定及协议的约定承担违约责任，包括支付违约金、赔偿损失，严重违约的，还可能导致中止履行合同甚至解除合同的后果。

3. 实务案例

（1）约定归属转让方。

【典型案件】 乐山国有资产投资运营（集团）有限公司与四川天成食品有限公司股权转让纠纷①

①裁判要旨。其股份转让合同第五条关于股份权益归属则约定："从天成食品公司收到股份转让款后，所有股东权益全部归国资公司所有，天成食品公司必须配合国资公司行使股东权利，享受股东权益。"国资公司于2016年9月2日才向天成食品公司支付股份转让款，依照《公司法》第四条"公司股东依法享有资产收益、参与重大决策和选择管理者等权利"的规定，天成食品公司在2016年9月2日前显然依然享有包括资产收益在内的股东权益。

②案件事实。2016年6月6日，乐山众信资产评估有限公司受天成食品公司、国资公司、案外人四川省井研县食品有限责任公司委托，作出乐山市商业银行股份有限公司股东部分权益价值评估报告书（众信评字〔2016〕19号）。其评估方法主要采用市场法和收益法进行。评估结论：截至评估基准日2015年12月31日，天成食品公司持有乐山市商业银行股份有限公司股权579.3678万股评估价值为17 612 781.12元。评估报告有效期为2015年12月

---

① （2018）川 11 民终 849 号。

31 日至 2016 年 12 月 30 日。

2016 年 7 月 5 日，天成食品公司（甲方）、国资公司（乙方）签订"股份转让合同"，就甲方将其持有的乐山市商业银行股份有限公司 579.367 8 万股股份转让给乙方的事宜达成协议。

2016 年 9 月 2 日，国资公司向四川省井研县食品有限责任公司支付股权转让款 17 149 287 元。2017 年 3 月 30 日，乐山市商业银行股份有限公司向国资公司分配 2016 年度利润 4 186 899.84 元，对应的股份份额为 5 233.624 8 万股，包含了诉争"股权转让合同"中天成食品公司出让的 579.367 8 万股。

③法院裁判。《公司法》规定，公司股东依法享有资产收益、参与重大决策和选择管理者等权利。再结合双方在合同第五条关于"从甲方收到乙方股权转让款后，所有股东权益全部归乙方所有"的约定，在国资公司支付股权转让款前，即 2016 年 1 月 1 日至 2016 年 9 月 2 日，天成食品公司仍然享有股东权益，在双方没有对股东红利归属进行特别约定的前提下，该股东权益当然包含该期间的股东红利。国资公司主张该条约定的股东权益不含股东红利，但并没有相应的证据予以证明，法院对其抗辩不予采信。现乐山市商业银行股份有限公司已经将诉争"股份转让合同"中转让的股份在 2016 年度的股东红利分给了国资公司，国资公司应该返还给天成食品公司。

（2）约定各自承担一半。

【典型案件】 湖南乐天睿智投资有限公司、华天酒店集团股份有限公司股权转让纠纷①

①裁判要旨。根据双方所签订的"补充协议"第八条第一款、第三款的约定，过渡期内，紫东阁华天酒店损益及贷款利息由华天集团公司、乐天投资公司各自承担一半。根据乐天投资公司提交的勤信专字〔2019〕第 0044 号审计报告，紫东阁华天酒店过渡期的经营亏损和贷款利息合计 8 098 951.04 元，故华天集团公司依约应当承担 4 049 475.52 元（8 098 951.04 元×50%）。

②案件事实。2015 年 6 月 16 日，华天集团公司（甲方）与乐天投资公司（乙方）签订"产权交易合同"。合同主要条款：第一条产权交易的标的。紫东阁华天酒店 100%股权转让及 211 991 755.04 元债务。第二条产权交易的价

① 见（2020）湘民终 1268 号文件。

格 178 008 244.96 元。

2015 年 6 月 17 日，华天集团公司（甲方）与乐天投资公司（乙方）签订了产权交易合同补充协议。该补充协议第八条为过渡期管理。第一款约定：过渡期内，紫东阁华天酒店损益由华天集团公司、乐天投资公司各自承担一半。乐天投资公司于过渡期结束后 20 日内将过渡期损益交由华天集团公司，经华天集团公司盖章确认。在过渡期内，紫东阁华天酒店经营亏损指紫东阁华天酒店按权责发生制原则及公司既定会计政策核算的经营性亏损（折旧摊销利息除外）。乐天投资公司不得故意或人为虚增费用或者减少收入而增加经营亏损。

③法院裁判。一审法院认定："经审查，根据双方所签订的补充协议第八条第一款、第三款的约定，过渡期内，紫东阁华天酒店损益及贷款利息由华天集团公司、乐天投资公司各自承担一半。根据乐天投资公司提交的勤信专字〔2019〕第 0044 号审计报告，紫东阁华天酒店过渡期的经营亏损和贷款利息合计 8 098 951.04 元，故华天集团公司依约应当承担 4 049 475.52 元（8 098 951.04 元×50%）。"

在二审中，双方对过渡期间的经营亏损和利息损失应当如何计算产生争议。二审法院认定："根据补充协议约定，乐天投资公司向华天集团公司发出了沟通函，虽该函时间晚于过渡期结束后 20 日，但双方并未约定晚于 20 日即免除华天集团公司承担过渡期损益的责任。同时，乐天投资公司对过渡期间的损益进行了专门的审计，中勤万信会计师事务所湖南分所出据的出勤信专〔2019〕第 0044 号审计报告，确认过渡期间紫东阁华天酒店亏损 8 098 951.04 元，乐天投资公司据此诉请华天集团公司承担 4 049 475.52 元。华天集团公司虽不认可该结论，但未提供反证证明该审计结果存在虚增经营亏损的情况，所以华天集团公司应当按照约定承担过渡期间经营损失，一审按照审计结论判决华天集团公司承担一半的损失 4 049 475.52 元并无不当。"

（3）未明确约定。

【典型案件】 广州中大产业集团有限公司、上药控股有限公司等股权转让纠纷①

①裁判要旨。从股权价值上讲，原告已委托国众联公司对股权的市场价

---

① 见（2020）粤 0105 民初 16551 号。

值进行评估，按照其持股比例确定挂牌价格为 14 628 万元已充分考虑了第三人的成长空间及之后的盈利能力，所以该价格虽是评估基准日的价格，但原告以该价格进行转让并未使自己权益受损。

从股东权益上讲，资产收益权作为股东的一项重要权利，在原被告双方未作出明确的意思表示，确认评估基准日至产权交易合同签署日的资产收益归属原告所有的情况下，被告有理由相信其受让的第三人股权是包含收益权在内的全部的完整的股东权益。

②案件事实。国众联公司受原告（广州中大产业集团有限公司）委托于2016 年 8 月 23 日出具 "广州中大产业集团有限公司拟实施股权转让涉及广州中山医医药有限公司的股东全部权益资产评估报告"。评估基准日为 2016 年 3月 31 日；评估采用市场法，广州中山医医药有限公司股东全部权益评估值为46 297.23 万元；评估报告有效期一年，自评估基准日起计算。

评估完成后，原告就其持有的第三人 31.593% 股权转让事宜在上海联合产权交易所公开挂牌。2017 年 1 月 23 日，被告通过网络竞价方式拍得涉案股权。2017 年 2 月 8 日，原告（转让方、甲方）与被告（受让方、乙方）签订《上海市产权交易合同（2016 版）》。2017 年 2 月 28 日，原被告双方办理了涉案股权交割手续，并于 2017 年 3 月 14 日办理了股权变更登记手续，将原告持有的第三人股权全部转至被告名下。

③法院裁判。关于从股权评估基准日至产权交易合同签署日之间的股东收益权属问题。首先，从时间上讲，虽然涉案股权的评估基准日为 2016 年 3月 31 日，但国众联公司直至 2016 年 8 月 23 日才出具评估报告，原告根据相关法律规定依照法定程序完成相应审批手续，于 2016 年 11 月 24 日在上海联合交易所挂牌转让涉案股权。考虑到评估、报批等流程所需时间，挂牌时间与评估基准日之间必然存在一定的时间差，国众联出具的评估报告也载明报告从评估基准日起一年内有效，原告在报告有效期内参照评估基准日时点的价格确定挂牌价格具有合理性。

其次，从股权价值上讲，原告根据《公司法》及《企业国有资产交易监督管理办法》的相关规定，在拟转让其持有的第三人股权时已自行委托国众联公司对该股权的市场价值进行评估，而国众联公司分别采用资产基础法和市场法对第三人的股东全部权益进行评估，这两种评估方法评估出的股权价值相距甚远。国众联公司综合考量第三人各项资产综合的获利能力及企业成长性等因素，选择采用市场法确认第三人股权全部权益为 46 297.23 万元。原告在此基础上按照其持股比例确定挂牌价格为 14 628 万元，已充分考虑了第三人的成长空间及之后的盈利能力，所以该价格虽是评估基准日的价格，但原告以该价格进行转让并未使自己权益受损。

最后，从股东权益上讲，根据《公司法》第四条规定，资产收益权作为股东的一项重要权利，在原被告双方未作出明确的意思表示，确认评估基准日至产权交易合同签署日的资产收益归属原告所有的情况下，被告有理由相信其受让的第三人股权系包含收益权在内的全部的完整的股东权益。原告出让其股权后，再以其享有评估基准日到股权转让合同签订日的股东收益权为由，要求被告支付该期间的股东权益款，明显有违诚信原则，也有悖于交易稳定性。基于以上几点，法院认定原告将涉案股权转让给被告后，再以其享有评估基准日至股权割日的股东权益为由，要求被告支付该部分股东权益款，无理，法院不予支持。

4. 案例分析

从上述司法案例可以看出，股权收购交易的过渡期损益归属可以由交易各方自行协商约定。法院一般会按照双方合同约定进行裁判，但应当注意，约定的内容不得违反《监管指引》以及《中华人民共和国企业国有资产交易监督管理办法》（以下简称"32 号令"）的规定。当交易各方对过渡期损益归属未进行明确约定时，法院倾向于认定协议约定的交易价格已经充分考虑了目标公司从评估基准日至产权割日的成长空间、盈利能力、亏损风险等因素，相应地，该期间产生的损益应当归属受让方。

三、先减资后增资能否规避国有股权进场交易

为促进企业国有资产合理流动，确保国有资产保值增值，防止国有资产流失，全国人大、国务院、财政部、国资委和有关部门制定了包括《民法典》

《中华人民共和国企业国有资产法》"32 号令"等多部法律规范,对国有资产交易进行严格的管控。

根据"32 号令"的有关规定,国有产权转让应当履行法定程序,包括国资监管机构审核(因股权转让致使国家不再拥有所出资企业控股权的,还须人民政府批准)、按照企业章程和内部管理制度进行决策形成书面决议、开展可行性研究、方案论证、会计师事务所审计、评估机构评估、以经核准或备案的评估结果作为基础确定转让基础价格、通过产权市场公开进行(俗称进场交易)等。

在实践中,部分国有投资者在拟转让其持有的目标公司的全部股权时,通过与目标公司达成减资协议,以定向减资的方式实现国有股权的退出(如"安泰科技股份有限公司关于控股子公司安泰环境减资退出持有安泰万河股权的公告"[①] 等,其交易对价以经过备案的评估结果为依据);之后,该公司再以增资等方式引入新的股东。这样无须进场交易就从实质上完成了国有股权的转让。这种通过先减资后增资来规避进场交易的做法是否合法合规?是否可以不受"32 号令"的约束?下文将针对该问题进行简要分析。

(一)"32 号令"的适用范围

"32 号令"第三条对其适用范围进行了明确规定:"本办法所称企业国有资产交易行为包括:(一)履行出资人职责的机构、国有及国有控股企业、国有实际控制企业转让其对企业各种形式出资所形成权益的行为;(二)国有及国有控股企业、国有实际控制企业增加资本的行为,政府以增加资本金方式对国家出资企业的投入除外;(三)国有及国有控股企业、国有实际控制企业的重大资产转让行为。"

根据上述规定,"32 号令"规定的企业国有资产交易行为包括企业国有产权转让、国有企业增资、国有企业重大资产转让三大类。从文字表述上看,公司定向减资未被明确列举其中,但不应因此就简单地认定以减资方式退出

---

① 安泰科技股份有限公司. 关于控股子公司安泰环境减资退出持有安泰万河股权的公告 [EB/OL]. http://www. szse. cn/disclosure/listed/bulletinDetail/index. html? 2a373e42 - 3f8d - 4894 - a907 - 69d8793cc145.

目标公司不属于"32号令"的约束范围，可以不履行进场交易的强制性规定，而是应当通过分析减资退出的构成要件以及"32号令"的立法本意，探究其是否应当履行进场交易程序。

（二）减资受32号令约束，应当进场交易

1. 减资退出的法律构成

国有股权通过定向减资方式退出目标公司，属于复合型法律行为，由以下两部分构成。

（1）股权（份）交易行为。该行为是目标公司与国有投资者之间发生的、目标公司回购国有投资者所持目标公司股权（份）的交易。其应当符合《公司法》关于公司回购股权的条件并履行相应程序。同时，虽然该股权（份）交易行为的一方当事人为公司自身，与通常意义上的股权受让方相比似乎有些特殊，与通常意义上股东之间或股东与第三方之间的股权转让有所区别，但公司作为股权受让方的身份并不影响该股权（份）交易行为的性质，目标公司回购国有股权仍属于国有股权转让，应当受到"32号令"的约束，并按照其规定履行相应程序。

事实上，对于国有投资者而言，无论是通过股权转让的方式退出，还是通过与目标公司签署协议、以定向减资回购的方式退出，都是减少长期股权投资、增加货币资金的股权出售行为，区别仅在于受让方的身份有所不同。在交易标的物为国有产权的情况下，"32号令"并未将目标公司作为交易对手排除在适用范围之外，这也意味着目标公司完全可以参与场内竞价，在程序的履行上不存在法律障碍。

（2）股权（份）注销行为。该行为是指目标公司将收回的股权（份）注销的行为，股权（份）注销后，公司的注册资本将会降低。公司收回股权（份）并注销后，应当按照《公司法》相关规定办理工商变更登记。

2.《公司法》关于减资回购的规定

对有限责任公司回购本公司股权和股份有限公司回购本公司股份，《公司法》的规定有所不同。

（1）股份有限公司。《公司法》第一百四十二条明确规定："公司不得收购本公司股份。但是，有下列情形之一的除外：（一）减少公司注册资本……"由此可知，公司减资是股份有限公司回购自身股份的理由之一，即股东可以通过定向减资的方式退出公司。同时，定向减资退出公司应当按照《公司法》的相关规定履行法定程序：董事会编制资产负债表及财产清单并制订减资方案、召开股东会表决公司减资的决议、签订减资协议、通知债权人并公告、修改公司章程、工商变更登记等。

就国有投资者通过定向减资方式退出目标公司而言，除了应当履行《公司法》的法定程序外，还应当履行国资审批决策程序，取得国资监管机构（或授权集团公司）的指示（或批复），并委托资产评估机构对目标公司进行资产评估。

（2）有限责任公司。与股份有限公司不同，《公司法》未明确规定有限责任公司回购本公司股权是公司减资的前提。虽然《公司法》仅在第七十四条对三种情形下的异议股东股权收购请求权进行了规定，并未明确规定公司可以通过减少注册资本进行回购本公司股权，但这并不妨碍在七十四条规定的三种情形之外股东与公司达成的回购合意，《公司法》上仍有股东与公司通过协议而由公司回购股东股权的余地。

最高人民法院《全国法院民商事审判工作会议纪要（2019）》（九民纪要）第五条第二款规定："投资方请求目标公司回购股权的，人民法院应当依据《公司法》第三十五条关于'股东不得抽逃出资'或者第一百四十二条关于股份回购的强制性规定进行审查。经审查，目标公司未完成减资程序的，人民法院应当驳回其诉讼请求。"可见，最高院的态度是要求公司应履行相应的减资程序方能对投资方的股权实施回购，并未对公司类型进行区分。这意味着，有限责任公司也可以通过减资进行股权回购，有限责任公司的股东通过减资退出公司的逻辑与股份有限公司并无不同。

（三）减资需进场交易，符合"32号令"的立法本意

减资是股东与目标公司达成的、关于撤回出资的交易行为。其核心内容为股东出售其持有的股权（份）、由公司作为受让人进行出资回购，涉及目标

公司、投资者和债权人等多方的利益。

在国有投资者减资退股的情形下，目标公司回购其持有的国有股权是减资的前提。只有公司实施了回购行为才能进行减资，否则无资可减。鉴于国有投资者减资退出系目标公司受让股权（份）和注销股权（份）的复合，其中包含了"32 号令"约束的企业国有产权转让这一行为，因此，应当适用"32 号令"的规定履行进场交易程序。

此外，财政部颁布"32 号令"的本意在于对国有资产的交易行为进行严格管控，确保国有资产保值增值，防止国有资产流失，进场交易则是其中行之有效的手段之一。如果减资退出不需要履行进场交易程序，则会缺失公开竞价的过程，即使委托第三方机构对国有股权进行评估，也可能会因为缺少市场化的充分竞争而导致股权价值被低估。因此，国有投资者通过定向减资方式退出目标公司，应当按照"32 号令"的规定履行进场交易程序，确保国有资产价值得以真实体现，避免国有资产被低估甚至流失。

（四）增资的程序要求

根据"32 号令"的规定，国有企业增资应当履行进场交易程序。国有投资者通过定向减资方式退出目标公司，其全部股权均已转让给公司，此时目标公司已经不属于国有企业。在该种情形下，目标公司再以增资的方式引入第三方购买方作为新股东，可以仅按照《公司法》的规定履行增资程序，而不需要进场交易。在实践中，有部分国有投资者和意向受让国有股权的第三方希望通过先减资后增资的方式规避进场交易，即是因为考量到前述增资不需要进场交易以及"32 号令"未明确表述减资需要进场交易的这种情况。

（五）国资委关于减资是否需要进场交易的答复

2021 年 12 月 2 日，国资委在其官网上的互动交流区发布了关于减资退出是否需要进场交易的问答①，具体如下。

---

① 国务院国有资产监督管理委员会. 国有股东能否通过定向减资方式退出，是否需要进场［EB/OL］. http://www.sasac.gov.cn/n2588040/n2590387/n9854212/c22033203/content.html.

提问：①国有股东能否以定向减资的方式退出所投资的公司？②国有股东以定向减资的方式退出所投资公司时，是否需要进场交易？若允许国有股东以定向减资方式退出公司，且无须进场交易的话，那么是否会为国有股权转让提供了规避进场交易的途径？（国有股权拟全部转让时，可以通过国有股权定向减资实现退出后，该公司再以增资等方式引入新的股东，这样无须进场交易，而实质上是进行了国有股权的转让）

国资委答复：公司减资应按照《中华人民共和国公司法》、公司章程履行相应的工作程序。根据您所述事项，国有股东退出所投资的公司原则上应当采取股权转让的方式进行。

从上述问答可以看出，国资委对减资退出的态度是不明确禁止，同时提出原则性要求，即国有股东退出所投资的公司原则上应当采用股权转让的方式。可见，以定向减资方式退出所投资的公司并不违反规定，但减资应当符合相关程序要求。

综上所述，国有投资者以定向减资方式退出目标公司，包含了目标公司受让股权（份）和注销股权（份）两项行为，前者属于"32号令"约束的企业国有产权转让行为，应当按照规定履行进场交易程序，且"32号令"并未将目标公司作为交易对手排除在适用范围之外，因此，目标公司完全可以参与场内竞价，在程序的履行上不存在法律障碍。以先减资后增资的手段来规避进场交易，既不符合"32号令"的规定，也违背了"32号令"等国有资产相关管理规范的立法本意。

第二节 项目投资并购法律尽职调查要点

一、天然气企业项目尽职调查概述

企业并购（Mergers and Acquisitions，M&A）包括兼并和收购两层含义、两种方式。国际上习惯将兼并和收购合在一起使用，统称为M&A，在我国称为并购。即企业之间的兼并与收购行为，是企业法人在平等自愿、等价有偿基础上，以一定的经济方式取得其他法人产权的行为，是企业进行资本运作和经营的一种主要形式。企业并购主要包括公司合并、资产收购、股权收购3种形式。①

尽职调查（Due Diligence Investigation）："尽职"的概念最早起源于西方的法律文件中，是指做事情时保持应有的谨慎态度。如果说谨慎态度可以分为一般意义的谨慎、非同寻常的谨慎，那么尽职调查就是非同寻常地谨慎。经过长期的发展，尽职调查的含义已从原先适用于法律概念，而被广泛地运用于并购交易过程之中。

在企业并购项目中，收购方在项目启动前，需要就尽调对象进行全面调查。为了寻求并购交易的决策依据，收购方往往会委托各中介机构对并购对象进行尽职调查。尽职调查，是指各尽调参与中介机构，通过书面审查、现场勘验、访谈、函证、网络核查等多种方式，对尽调对象进行全方位了解与分析，最终形成书面尽调报告，供委托人参考的整个过程。尽职调查是使收购方了解并购过程中可能面临的各种风险。对目标企业来说，可以从了解收购方的情况判断并购会给目标公司的股东、管理层和职工带来多大风险，帮助收购方全面地了解目标企业的底细，以便作出更好的投资决策，便于更好地开展投后管理，控制投资风险。

根据笔者多年为天然气企业提供法律服务的实务经验，在天然气项目并购交易中，笔者在法律尽职调查中会以动态政策法律规定为依据，结合市场交易习惯、财务数据、业态特殊化的规定等对交易项目进行综合评价与风险提示。

（一）法律尽职调查流程

根据目标公司经营情况、尽调目标及客户要求，起草法律尽职调查清单，就清单内容向目标公司进行沟通与解释。法律尽职调查一般包括书面调查及实地调查两部分。实地调查与书面调查同步开展。法律尽职调查的常规流程，大致按照工作阶段的时间顺序，总结为以下8个主要步骤。

---

① 企业并购概念［EB/OL］. https://baike. baidu. com/item/% E4% BC% 81% E4% B8% 9A% E5% B9% B6% E8% B4% AD/7066468.

1. 接受委托，充分了解项目方案，确定法律尽调重点

在正式接受委托后，了解客户具体的项目方案，根据项目情况及目标公司的特点确定关于该项目合法开展需要关注的重点问题，并明确法律尽调的重点。可先通过国家企业信用信息公示平台及企查查等网站，对目标公司的基本信息进行调查。就初步调查发现的风险问题，可以在进行现场尽调时重点关注。结合项目方案查阅和检索相关法律法规，主要包括对目标公司所从事经营业务所涉行业的相关法律法规。

2. 制作尽调材料清单

在正式进入现场尽调之前，根据项目尽职调查的方案、尽调的目标等拟定尽调材料清单。根据不同目标公司的情况做相应调整。尽调清单采用表格形式，针对不同主体的尽调内容，详细列明需要的尽调材料。

3. 收集与核对尽调材料

尽调材料清单发出之后，目标公司按照清单准备材料，并提供电子版尽调材料，进行初步核查工作。在初步核查的过程中，对材料进行核对，并对相关法律问题进行调查。对于目标企业未能提供的材料，拟定补充材料清单并同步整理材料中存在的问题，为现场尽调做提前的工作安排。

4. 核查公开信息

核查公开信息的主要目的，一是为了印证企业提供的材料的真实性、有效性；二是为了查漏补缺，防止企业忽略或隐藏部分材料和信息。

5. 现场尽调

现场尽调是指律师前往目标公司的实际经营地，对目标公司的实际经营情况进行了解。现场尽调过程中，全面收集与核对目标企业提供的材料，针对前期发现的问题，起草访谈提纲。现场尽调的时间周期一般在 3~5 天，主要工作内容有以下几项。

（1）核查尽调材料的原件及补充收集材料。针对尽调清单的内容对目标公司进行解释和说明。就目标公司已提交的电子版尽调材料与原件进行核对，无法提供原件的要求企业在复印件上加盖公章。同时，要求目标公司安排人

员陪同律师前往当地工商部门调取公司完整的工商信息档案材料。

（2）实地考察。考察目标公司的资产，如土地、房屋、天然气管道项目、加气站、车间等资产。实地走访可以直观了解目标公司实际的经营情况，也可以深入了解目标公司市场情况，加深对目标公司主营业务模式的理解。

（3）高管访谈。根据书面尽职调查及现场尽职调查的情况，针对目标公司异常的经营情况、财务情况、涉诉情况、资产情况等，拟制访谈提纲。一般选择的访谈对象主要是企业的相关负责人、企业实际控制人、法定代表人、财务负责人、人事负责人、法务、业务部负责人等。访谈时须做好记录，形成书面访谈笔录；待访谈对象确认内容无误后签字。除了解目标公司提供材料反映的事实和信息，也可在现场访谈目标公司相关负责人时进行提问。现场访谈，可通过不同访谈对象的回答，交叉验证信息的真实性，与此同时，也能够帮助发现目标企业存在的隐藏风险问题。

6. 与其他中介机构沟通

在整个法律尽职调查的过程中，需和其他尽调中介机构（财务、审计、评估、环保和安评）保持积极沟通。其中，法律尽职调查与财务尽职调查的尽调内容存在部分相似之处。针对发现的问题积极沟通，是为了避免出现数据和结论重大偏差的情况发生。

7. 编制法律尽职调查报告

在尽调材料收集的过程中，即可开始撰写尽调报告。一般应在现场尽调结束后的7~15日，向委托人提交尽调报告的初稿。报告应包含调查事实、目标公司存在的法律问题、目标公司存在重大的法律风险、对目标公司潜在的法律风险作出专业判断并分析对该项目的影响，提出应对策略。待委托人审核尽调报告并反馈意见后，结合项目实际情况以及相关法律规范对尽调报告进行修改完善，并在委托人规定的项目日期届满前，向委托人提交尽调报告的最终定稿。

8. 制作工作底稿

针对目标公司提供的材料、律师的工作记录及访谈记录等，均作为法律尽职调查项目的工作底稿。可根据尽调报告引用材料的顺序，制作工作底稿目录，并将材料整理排序，最终形成完整的工作底稿进行留存。

（二）法律尽职调查常规内容

法律尽调的核心是律师根据收集的材料和信息，就目标公司进行法律层面的分析和评价，从而就项目发现的问题提出法律专业意见及解决方案。

根据目标公司的情况，常规法律尽职调查内容一般包含企业的基本情况、设立及历史沿革、股权结构、经营业务、资产情况、重大合同与债权债务、劳动用工、税务财务、诉讼与仲裁等。针对天然气类的企业，法律尽职调查的内容还需包括针对天然气管道建设的合法合规性审查、燃气经营许可及特许经营权的审查、反垄断合规的审查等。

常规的尽调内容主要包含以下 10 个内容。

1. 目标公司的基本情况

目标公司的基本情况包括公司的工商信息登记及股权信息。工商信息包括名称、法定代表人、住所、注册资本、营业期限、营业状态等信息；股权信息包括公司的股权架构、股权持有人、股权状态等。

核查主要材料包括营业执照、工商档案、国家企业信用信息公示报告、最新一期公司年报、公司章程。

调查重点包括公司是否具备民事主体资格、是否处于有效存续状态，公司股权是否存在质押等权利情形，公司经营是否超出经营范围。

2. 目标公司的设立及历史沿革

公司的设立及历史沿革，指目标公司从发起设立、历次变更登记的程序和内容。历史沿革可以充分反映公司从设立、成长、发展的整个过程。通过对目标公司历次变更情况的全面梳理，可以核查目标公司自成立至今的重大变化。例如，经营范围变更、名称变更、历次增资与减资、股权结构及股东变更、实际控制人变更、重大资产变化等，从而帮助核查目标公司历次变更是否合法合规，是否存在历史遗留的法律问题。[①]

---

① lux 小法师. 股权并购项目法律尽调全流程要点 [EB/OL]. (2022-08-24). https://www.weibo.com/6589694315/M2tQM6SoA.

核查主要材料包括完整的工商档案、发起人协议、验资报告、出资证明、股东决议文件、公司章程、股权转让协议及支付凭证（如有）、重大资产变化相关材料等。

审查重点包括：公司的设立、变更程序是否符合公司章程及公司法规定；注册资本出资方式是否合法、是否按约定实缴，非货币形式出资股权是否经过评估；股权权属是否清晰无异议，是否存在代持情况；股权转让是否合法、税费是否缴纳等。

3. 公司的经营业务及经营资质

公司的经营业务包括工商登记的经营范围、实际主要经营业务、业务模式、竞争对手及合作对象的基本情况等。资质证书指公司持有的全部证照，包含营业执照、行政许可证书、知识产权证书等。

核查主要材料包括营业执照、许可证书等，目标公司提供的有关业务情况的书面说明、主要供应商和客户的名单等。

审查重点包括：目标公司实际经营业务是否符合营业执照范围；主营业务是否取得相关许可、资质证书是否真实有效、是否在有效期内；主营业务存在何种优势等。

4. 目标公司的内部控制及治理结构

公司内部控制与治理结构都以实现公司的正常健康运行，高效经营，实现最大化的公司价值为目标。内部控制通过加强对财务管理、审计管理等工作来保证公司的高效运作；公司治理结构则加强统筹股东、董事会以及员工的关系，达到监督领导层，调动基层员工的目的，从而保证了公司的健康发展。①

核查主要材料包括公司章程、公司规章制度、公司治理结构文件、议事规则文件、目标公司提供的有关治理结构的说明等。

审查重点包括：目标公司是否建立合法的内部治理结构；是否有完整的议事规则；针对目标公司的经营业务是否建立了完备的规章制度等。

---

① 彭编辑. 公司内部控制与治理结构分析［EB/OL］.（2020-04-24）. https://zhuanlan.zhihu.com/p/135986752.

5. 目标公司的劳动用工情况

劳动用工部分主要包括高管及其他主要管理人员名单、在职员工人数、劳动用工形式、员工工资和社保缴纳等，可以帮助核查公司人力资源基本情况。

核查主要材料包括员工名册、标准劳动合同样本、工资表、社会保险费用明细表、劳务协议、工资发放凭证、社保和公积金缴纳凭证等其他法律文件。

审查重点包括：目标公司的基本用工情况，是否存在违法用工；目标公司的标准劳动合同样本及集体合同（如有）中是否有法律风险，是否依法与所有员工及时签订了书面劳动合同；目标公司的住房公积金缴费基数、缴费比例是否符合当地的规定，是否存在欠缴住房公积金的情况；目标公司的劳务派遣公司用工情况（如有）是否合法；目标公司制定员工手册以及其他的人事、劳资、休假、用工、奖惩等制度是否经过合法程序，制度内容是否存在潜在的法律风险等。①

6. 目标公司主要资产

公司主要资产包括土地使用权、房屋、生产机器设备、车辆、在建工程、知识产权等基本情况。

核查主要材料包括资产清单、资产权属证书、建设项目备案审批手续及主要建设合同等。其中，国有土地使用权核查材料主要指成交确认书、出让合同、使用权证、土地出让金支付凭证或缴付收据；房屋核查材料主要指不动产权证书，如自建房产未取得证书的，核查工程规划手续，包括不限于备案手续材料、四书一证、竣工验收报告等；其他固定资产核查采购合同、发票，车辆还应核查行驶证；知识产权核查材料有商标专利等证书。②

审查重点包括：资产权属是否合法，是否存在权属争议和瑕疵；资产是否存在抵押、查封等权利负担情况；工程建设手续是否齐全；等等。

---

① 战卫光. 法律尽职调查之——劳动合规主要审查的要点 [EB/OL]. (2021-12-02). https://zhuanlan.zhihu.com/p/440460046.

② lux 小法师. 股权并购项目法律尽调全流程要点 [EB/OL]. (2022-08-24). https://www.weibo.com/6589694315/M2tQM6SoA.

7. 目标公司的重大合同、重大债权债务

在股权并购中，目标企业的债权债务数额直接影响企业估值，是决定并购交易对价的重要因素；且因股权并购无法实现债务与目标企业的切割，并购完成后目标企业仍应对外承担债务清偿责任。因此，对目标企业债权债务的核查无疑成为收购方关注的重点。[1]

核查主要材料包括业务合同复印件、履行情况说明及凭证；借款合同及打款凭证；租赁合同；担保、质押、抵押合同及相关登记文件；近3年的审计报告。

审查重点包括：对合同的内容、履行情况、限制性条款进行审查，判断是否存在潜在的合同纠纷；债权债务形成原因是否合法；债权债务是否存在担保，担保是否有效；债权债务所进行的抵押、质押等担保是否办理登记手续；债权债务文书及转款凭证是否齐全，所载内容是否一致；债权债务诉讼时效是否已经届满；各项负债所获款项的用途等。

8. 目标公司缴纳税款的情况

核查目标公司适用的税种、税率情况，以及近3年的纳税情况、税收优惠政策、税务处罚等事项展开调查。

核查主要材料包括近3年审计报告、税务申报材料、完税证明、纳税凭证、税收优惠政策依据文件、实际享受税收优惠情况说明、税务稽查文件等。

审查重点包括：目标公司执行的税种、税率是否符合法律规定；近3年是否正常纳税，有无偷税、漏税、欠税等情况；税收优惠是否有合法依据等；是否存在税务相关行政处罚。

9. 目标公司的环保与安全

环保内容主要包括环保相关许可、资质证书，建设项目的环保审批及验收，环保执行措施，等等；安全内容主要包括生产过程的安全管理、项目建设的安全评估及审批，等等。

核查主要材料包括建设项目环境影响登记表、环境影响报告表/书、批复

---

[1] 杜娟，童颖. 法律尽职调查（六）：债权债务审查篇 [EB/OL]. mp.wexin.qq.com/s/v79FcR4pAoZulvOIHBiKmg.

及验收文件、环境检测报告，安全评估报告、验收报告。

审查重点包括：公司是否取得业务经营相关必需的环保、安全类许可；建设项目是否办理了环境影响评价手续、是否取得环保和安全验收报告；是否存在重大行政处罚；等等。

10. 目标公司涉诉及行政处罚的情况

该部分包括目标公司未完成或近 3 年已完结的诉讼、仲裁、行政处罚案件。

核查材料包括诉讼、仲裁、行政相关的所有法律文书，可利用裁判文书网、中国执行信息公开网、企查查等公开网站查询。

审查重点包括：目标公司是否存在影响诉讼、仲裁、行政处罚情况，是否足以影响正常经营，或影响本次并购交易；是否存在被列为失信人员名单情形；从已完结的诉讼、仲裁、行政处罚侧面判断，目标公司经营行为是否存在不规范违规之处等。

二、天然气企业交易项目法律尽职调查重点问题

（一）燃气经营许可

燃气经营通常分为管道燃气经营、瓶装燃气经营、燃气汽车加气经营和其他燃气经营 4 个类别。《城镇燃气管理条例》（2016 年修订）第十五条规定"国家对燃气经营实行许可证制度"。从事燃气经营的企业需要取得县级以上地方人民政府燃气管理部门核发的燃气经营许可证。

在天然气企业交易项目中，应当核查目标公司的燃气经营许可证，同时也需要关注燃气经营许可的经营范围、经营区域及许可有效期，结合目标公司实际业务经营活动，判断其是否存在超范围经营、超期限经营或未取得燃气经营许可之前经营等情况。在司法实践中，我们发现有些燃气企业仅持有危险化学品经营许可证，但实际开展的是燃气经营活动，大部分主要体现在 LNG 单点直供气化站经营。针对该种情况，我们在进行法律尽职调查时，要注意目标企业将天然气销售是作为燃料使用还是工业原料使用，以及是仅以

票据方式开展销售，还是涉及天然气的自行加工、存储、运输和终端燃气经营等，在尽调核查时也需要关注各地监管政策的变化。

（二）燃气特许经营

根据《市政公用事业特许经营管理办法》与《基础设施和公用事业特许经营管理办法》的规定，管道燃气经营可以实施特许经营，经营期限最长不超过 30 年。

燃气特许经营是天然气企业按照协议约定向用户提供普遍的、连续的供气服务，并获得合理投资回报的一种独家排他性权利。由此可知，燃气特许经营权作为天然气企业的核心无形资产，也是天然气企业获得稳定收益的保证。

因此，在进行法律尽职调查的过程中应当重点关注目标企业特许经营权的合法性及特许经营实施过程的规范性，主要包括目标企业是否获得燃气特许经营权、特许经营权剩余期限、获得燃气特许经营权的程序是否规范、特许经营协议签约主体是否取得授权、特许经营权业务及地域范围是否完整、各地方规范文件和协议条款是否对目标公司实际控制权变更有限制性规定等问题。①

（三）天然气管道设施建设工程项目手续

天然气管道工程建设具有施工线路长、跨行政区域多的特点，而且由于其运输的是天然气，属于危化品，对工程的安全、环保、压覆、穿越等均需要特殊要求。因此，天然气管道建设项目涉及的行政审批手续烦琐、程序复杂，审批期限较长。任何一项审批手续的缺失都有可能使得天然气企业面临行政处罚甚至是刑事处罚。因此，合法合规建设天然气管道工程是众多天然气管网建设企业面临的重要问题。

在建设实践过程中，由于天然气管道建设往往涉及民生，时间紧、建设

---

① 陈新松，杨扬，严微. 燃气并购项目有哪些合规调查要点？[EB/OL]. https://news.bjx.com.cn/html/20220707/1239451.shtml.

任务重，加之对复杂繁多的审批手续没有一个宏观的了解，在建设前来不及办齐全部审批手续，出于工期考量，建设单位会往往会采用先建设后补办、边建设边审批的方式予以变通，但这种方式从合法合规性的角度并不妥当，一旦被有关部门查处，可能会责令项目停止建设，同时会给予行政处罚无疑是巨大的法律风险。

为了解决这个问题，我们对天然气管道工程项目合法性相关的法律法规进行系统性梳理，明晰管线建设过程中需办理的各项审批手续，知晓相应的法律后果具有十分重要的意义，可以有效帮助天然气管道建设企业高效、合法合规地进行管线建设，防范相关法律风险。根据我国现行的相关法律法规，天然气管道建设需要办理的手续一般包括 42 项，涵盖项目核准、用地、施工及规划许可、环境影响评价、压覆矿评估、安全评价、职业卫生评价、防洪评价、穿越河流、公路、铁路批复等众多环节，相关手续的办理贯穿项目建设的全过程。

我们结合多年为天然气管道建设企业提供法律服务的经验，以天然气管道工程建设合法合规性审查为重点，对项目建设中涉及的各项审批手续及相关法规在本章节的第三部分进行系统阐述及整理，以期能够对天然气企业的管线工程建设的合法合规性审查有所裨益。

（四）经营者集中申报

经营者集中，是指两个或者两个以上的企业相互合并，或者一个或多个个人或企业对其他企业全部或部分获得控制，从而导致相互关系上的持久变迁的行为。[①] 根据《反垄断法》（2022 修订）第二十一条规定，经营者集中达到国务院规定的申报标准的，经营者应当事先向国务院反垄断执法机构申报，未申报的不得实施集中。申报标准，一是参与集中的所有经营者上一会计年度在全球范围内的营业额合计超过 100 亿元人民币，并且其中至少有两个经营者上一会计年度在中国境内的营业额均超过 4 亿元人民币；二是参与集中的所有经营者上一会计年度在中国境内的营业额合计超过 20 亿元人民币，并

---

① 侯丽艳. 经济法概论［M］. 北京：中国政法大学出版社，2012.

且其中至少有两个经营者上一会计年度在中国境内的营业额均超过 4 亿元人民币。

自 2022 年新反垄断法实施以来，反垄断执法力度不断加强，天然气行业因违法实施经营者集中而受到行政处罚的案件频发。截至 2022 年末，反垄断局已经处理了约 5000 件经营者集中申报案件。自 2014 年 12 月 2 日反垄断局在其官方网站首次对外公示违法实施经营者集中的处罚案件以来，9 年来已处理了近 200 起处罚案件。① 修改后的反垄断法大幅提高了违法实施经营者集中的行政罚款金额，对违法企业由原来的最高处以 50 万元罚款，变更为区分两种情形：一是具有或者可能具有排除、限制竞争效果的，处上一年度销售额 10% 以下的罚款；二是不具有排除、限制竞争效果的，处 500 万元以下的罚款。

天然气企业在进行并购项目之前，应当对于是否需要进行经营者集中申报作出评估。如确定需要进行申报，则应及时准备相关申报文件，在双方交易文件中对于集中申报流程做出安排，避免因违法实施经营者集中而面临被处罚的风险。

（五）反垄断合规问题

根据《反垄断法》的规定，垄断行为通常指经营者之间达成垄断行为、经营者滥用市场支配地位、具有或可能具有排除、限制竞争效果的经营者集中行为。2023 年 6 月 9 日，国家市场监督管理总局反垄断局发布了《中国反垄断年度执法报告（2022）》。报告写明，反垄断执法机构查处燃气行业的垄断案件类别主要涉及滥用市场支配地位、达成垄断协议、排除限制竞争。

1. 审查目标企业是否构成滥用市场支配地位

市场支配地位是指经营者在相关市场内具有能够控制商品价格、数量或者其他交易条件，或者能够阻碍、影响其他经营者进入相关市场能力的市场地位。在天然气企业日常经营过程中，常见业务类型主要有安装、输配、生产、销售和供应及运输等。在实践中，燃气工程安装业务面临的反垄断风险

---

① 大象律师团队. 新《反垄断法》实施后处罚力度激增，违法实施经营者集中究竟罚什么？[EB/OL]. https://mp.weixin.qq.com/s/H2XXJG7FNSOZY01f_ UvZmw.

主要有限定交易行为和附加不合理交易条件等；在管道燃气销售业务中，面临的反垄断风险主要有无正当理由进行搭售、气量结算方式不合理等。[①]

在对目标公司进行法律尽职调查时，应当重点审查安装业务环节是否存在限定交易的情形，例如，是否要求用户指定相应的工程勘察方、设计方、施工方、监理方等，是否要求客户强制采购燃气工程材料、设备或计量器具等。还应重点审查销售业务环节，排查目标公司是否存在无正当理由进行搭售及推荐销售的情形。比如，在强制或变相强制用户购买燃气灶具或要求用户接受其他服务等。

2. 审查目标企业签订的协议是否构成垄断协议

垄断协议是指排除、限制竞争的协议、决定或者其他协同行为。其中，禁止的垄断协议中可分为横向垄断及纵向垄断。横向垄断协议是指两个或两个以上因生产或销售同一类产品、提供同一类服务，而处于竞争关系中的经营者，通过共谋而实施的限制竞争行为。纵向垄断协议是两个或两个以上在同一产业中处于不同阶段而有买卖关系的企业，通过共谋而实施的限制竞争行为。

在对目标公司进行法律尽职调查时，应当重点审查目标公司是否与具有竞争关系的燃气企业之间签订对燃气终端业务市场的价格、服务内容和供应量等方面达成一致，实现排除和限制竞争效果的垄断协议。

（六）燃气企业人员从业资质

根据《城镇燃气管理条例》及《燃气经营许可管理办法》的规定，燃气企业的主要负责人、安全生产管理人员以及运行、维护和抢修人员须经专业培训并考核合格。根据《中华人民共和国特种设备安全法》及《特种设备安全监察条例》等规定，从事管道燃气作业的相关人员应取得"中华人民共和国特种设备作业人员证""中华人民共和国安全管理和作业人员证"等资质证书。

针对人员从业资质的问题，在法律尽职调查中需要特别关注的是，目标

---

① 陈新松，杨扬，严微. 燃气并购项目有哪些合规调查要点？[EB/OL]. https://news.bjx.com. cn/html/20220707/1239451.shtml.

企业是否具备已取得资质的特种设备作业人员、安全生产管理人员以及运行、维护和抢修人员，同时也需要注意审查人员取得证书的有效期。

三、天然气管道建设项目法律尽职调查要点

（一）项目核准

1. 项目核准的核准机关

根据《企业投资项目核准和备案管理办法》（以下简称《管理办法》），企业投资建设的项目在立项上有核准制和备案制之分，办理核准手续的建设项目需要根据国务院颁布的《政府核准的投资项目录》（2016 年本）进行判断。

根据目录的规定，天然气输气管网根据是否为干线管网、是否跨境来判断核准机关。对于跨境、跨省（区、市）的干线管网项目，其核准机关为国务院投资主管部门（即国家发展和改革委员会）。其中，跨境项目除需要发改委核准外，还需要报国务院备案；对于其他项目，由地方投资主管部门（即各省市发展和改革委员会）进行核准。

2. 办理项目核准需提交的文件

根据《企业投资项目核准和备案管理条例》（以下简称《管理条例》）第六条、《管理办法》第十九条、第二十二条的相关规定，天然气企业在办理管线工程项目核准时，须向有关发展和改革委员会提交项目申请书，申请书应包含如下内容：①企业基本情况；②项目情况，包括项目名称、建设地点、建设规模、建设内容等；③项目利用资源情况分析以及对生态环境的影响分析；④项目对经济和社会的影响分析。[①]

除项目申请书外，建设单位在报送项目申请报告时，还需要需附城乡规划主管部门出具的选址意见书（划拨用地）以及国土资源行政主管部门出具

---

① 见《企业投资项目核准和备案管理条例》国务院令第 673 号.

的用地预审书。①

3. 核准程序

在天然气企业提交申请材料后，根据《管理条例》《管理办法》的规定，核准部门应在受理申请之日起，20 个工作日作出是否予以核准的决定。期限可延长，项目情况复杂或者需要征求有关单位意见的，但不得超过 40 个工作日。对于延长核准期限的，核准机关应当告知延长的期限及理由。经审核后，符合条件的，核准机关出具核准文件；不符合条件的，出具不予核准的书面通知并说明不予核准的理由。

项目核准机关出具项目核准文件或者不予核准的书面通知应当抄送同级行业管理、城乡规划、国土资源、水行政管理、环境保护、节能审查等相关部门和下级机关。建设单位在取得项目核准文件后，应当在核准决定作出之日起两年内开工进行项目建设；需要延期开工的，应当在两年期限届满的 30 个工作日前，向核准机关申请延期，且只能延期一次。

4. 法律责任

天然气企业在建设天然气管道工程项目时，需要依法办理核准手续并按照核准文件的要求进行项目建设，否则须依法承担相应的法律责任。根据《管理条例》《管理办法》，建设单位未依法办理项目核准手续的，可能承担的法律责任如下所示。

（1）责令停止建设或者责令停产。

（2）对企业处项目总投资额 1‰以上 5‰以下的罚款。

（3）对直接负责的主管人员和其他直接责任人员处 2 万元以上、5 万元以下的罚款。

（4）相关信息列入项目异常信用记录，并纳入全国信用信息共享平台。

（5）项目视情况予以拆除或者补办相关手续。

项目核准是天然气管道工程建设需要办理的重要手续。建设单位需要按照相关法律法规的规定提交项目文件，依法办理核准手续，并在规定期限内

---

① 自然资源部. 关于以"多规合一"为基础推进规划用地"多审合一、多证合一"改革的通知 ［R/OL］. (2019-09-17). https://www.pds.gov.cn/contents/22446/133448.html.

进行开工建设。未依法办理项目核准的，需要承担相应的行政甚至刑事法律责任。项目核准是天然气管道工程项目合法性的基础，只有取得项目核准文件（见表5-1），才能进行后续建设及施工。

表 5-1　项目核准的相关法规汇总表

序号	法规名称	发文机关	文号	生效日期
1	《企业投资项目核准和备案管理条例》	国务院	国务院令第673号	2017年2月1日
2	《企业投资项目核准和备案管理办法》	国家发展和改革委员会	国家发展和改革委员会令第2号	2017年4月8日
3	政府核准的投资项目录（2016年本）	国务院	国发〔2016〕72号	2016年12月12日

（二）规划选址及用地预审

根据相关法律法规的规定，建设单位开展天然气管道工程建设，需要取得城乡规划主管部门核发的选址意见书以及自然资源主管部门的用地预审意见。这些批复直接关系建设项目后期能否取得合法土地使用权，因而对天然气管道建设工程具有重要意义。

对天然气管道建设单位来说，合法合规取得土地使用权至关重要，由于我国严格的土地管理制度，相关手续的缺失可能会使得建设企业承担行政甚至是刑事责任。

需要注意的是，为简化行政手续办理流程，自然资源部于2019年9月17日下发通知，指出合并规划选址和用地预审，统一核发建设项目用地预审与选址意见书。目前，多省已经按照自然资源部通知的要求，下发通知及具体实行办法，简化建设项目规划选址与用地预审的办理程序，如安徽省、黑龙江省、广西壮族自治区、湖南省、江苏省等均已发布通知，落实"多审合一、多证合一"的要求。这对天然气管道建设单位来说，无疑是好消息，可以简化办理流程，节省办理时间，提高工程项目的建设及施工效率。

1. 规划选址

《石油天然气管道保护法》第十二条规定，管道企业应当根据全国管道发展规划编制管道建设规划，并将管道建设规划确定的管道建设选线方案报送拟建管道所在地县级以上地方人民政府城乡规划主管部门审核；经审核符合城乡规划的，应当依法纳入当地城乡规划。[①]

根据《城乡规划法》第三十六条的规定，并非所有的建设项目都需要申请办理选址意见书，需要有关部门批准或核准且以划拨方式提供国有土地使用权的建设项目，建设单位才需要向城乡主管部门申请核发选址意见书。根据该管理办法第七条的规定，选址意见书按照建设项目的审批权限实行分级规划管理，即根据审批机关确定选址意见书的核发机关，分别由县级、市级、省级城乡规划主管部门核发。[②]

天然气管道建设工程项目属于需要核准方可进行的项目，项目用地的取得方式有划拨或出让，若以划拨方式提供国有土地使用权的，天然气管道建设单位在项目报送发改委核准前，应当将管道选线方案报送拟建管道所在地县级以上人民政府的城乡规划主管部门审核，申请核发选址意见书；若以出让方式取得土地使用权，虽然不需要申请核发选址意见书，但是在国有土地使用权出让合同中，也需要就出让地块的位置、使用性质、开发强度等规划条件作出详细约定，地块规划条件为国有土地使用权出让合同的组成部分，未纳入规划条件的土地出让合同无效。

2. 用地预审

建设天然气管道工程项目的用地范围是线性的，管线穿越的土地类型多样，涉及城镇土地、农村土地，取得方式也多样，用地手续的办理也更为烦琐，限于篇幅，本篇我们先对用地预审进行梳理，用地预审意见是有关部门审批项目可行性研究报告、核准项目申请报告的必备文件。

根据《建设项目用地预审管理办法》的规定，建设项目用地预审，是指

---

① 全国人民代表大会常务委员会. 石油天然气管道保护法 [R/OL]. (2010-10-01).
② 全国人民代表大会常务委员会. 中华人民共和国城乡规划法（2019修订）[R/OL]. (2019-04-23).

国土资源主管部门（现自然资源主管部门）在建设项目审批、核准、备案阶段，依法对建设项目涉及的土地利用事项进行的审查。

天然气管道工程建设是需要核准的建设项目，根据《建设项目用地预审管理办法》第五条的规定，天然气管道建设单位在项目申请报告核准前，需要向与核准机关同级的国土资源主管部门提出用地预审申请。

申请用地预审应提交如下材料：①建设项目用地预审申请表；②建设项目用地预审申请报告，内容包括拟建项目的基本情况、拟选址占地情况、拟用地是否符合土地利用总体规划、拟用地面积是否符合土地使用标准、拟用地是否符合供地政策等；③项目列入相关规划或者产业政策的文件。

国土资源主管部门在受理预审申请 20 日内，完成审查工作并出具预审意见，经主管部门负责人批准，可以延长 10 日。用地预审文件有效期为 3 年，自批准之日起计算，如有重大调整的，应当重新申请预审。

3. 合并规划选址与用地预审

2019 年 9 月 17 日，自然资源部下发《关于以"多规合一"为基础推进规划用地"多审合一、多证合一"改革的通知》（自然资规〔2019〕2 号）。该通知第一条指出，合并规划选址与用地预审，由自然资源主管部门核发统一的建设项目用地预审与选址意见书（见图 5-2），有效期限为 3 年，自批准之日起计算。目前，多个省市已经执行该通知的规定，简化了建设项目相关手续的办理程序。

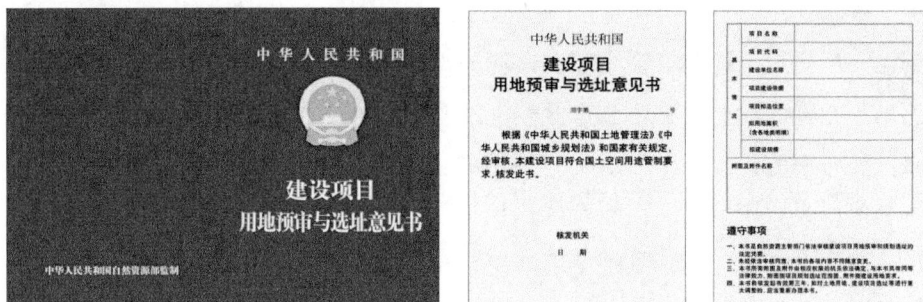

图 5-2　建设项目用地预审与选址意见书

综上所述，天然气管道工程的建设单位需要按照相关法律法规的规定

（见表 5-2），办理选址意见书及用地预审。这些都是取得合法土地使用权的前置程序。未取得这些批复，后续取得土地使用权的程序就会存在重大瑕疵，进而影响到整个建设项目后续土地使用权手续的办理。

表 5-2　建设项目选址与用地相关的法律法规汇总

序号	法规名称	发文机关	文号	生效日期
1	《中华人民共和国城乡规划法》	全国人民代表大会常务委员会	—	2017 年 2 月 1 日
2	《中华人民共和国石油天然气管道保护法》	全国人民代表大会常务委员会	—	2010 年 10 月 1 日
3	《建设项目选址规划管理办法》	住房和城乡建设部（原建设部）、国家发展和改革委员会（原国家发展改革委员会）	建规〔1991〕583 号	1991 年 8 月 23 日
4	《建设项目用地预审管理办法》	国土资源部（已撤销，现自然资源部）	—	2017 年 1 月 1 日
5	《关于以"多规合一"为基础推进规划用地"多审合一、多证合一"改革的通知》	自然资源部	自然资规〔2019〕2 号	2019 年 9 月 17 日

（三）项目用地手续办理

天然气管道工程用地主要分为三部分。一是天然气首末站、分输站、清管站、压气站、阀室等管线配套、辅助设施永久性用地；二是敷设管道途经用地，在管道敷设完成后会对地表土地利用造成一定的限制，目前在实践中多为临时用地；三是不影响土地使用的临时性用地，如施工便道、设备堆放场地等。天然气管道工程涉及的用地范围广、土地类型多样，因而熟悉用地办理程序，合法合规取得建设用地使用权，对天然气管道建设企业来说具有至关重要的作用。根据《石油天然气管道保护法》第十四条的规定，天然气管道建设用地须依照《土地管理法》《土地管理法实施条例》等相关法律、行政法规的规定执行。

1. 建设项目用地概述

我国土地实行严格的规划和用途管理制度，根据《土地管理法》的规定，土地所有权依据性质可划分为国有土地和集体土地；依据土地用途可划分为农用地、建设用地、未利用土地，其中建设用地又分为国有土地建设用地和集体建设用地；依据土地取得方式，有划拨方式取得的土地，也有以出让等有偿方式取得的土地；依据土地使用期限，可划分为永久用地和临时用地。天然气管道工程建设项目，其利用的土地应当是国有建设用地，由于天然气管道工程的特殊性，在建设过程中也会涉及集体土地的利用及农用地转为建设用地的情形。

2. 用地手续办理程序

天然气建设单位在管线工程项目报送核发改委准前，需办理建设项目用地预审与规划选址。根据《城乡规划法》的规定，在项目通过核准后，建设单位还应申请建设用地规划许可证；经有关主管部门审核后，取得用地规划许可证并申请用地。由于用地性质和范围的不同，用地手续的办理上也略有差别，我们逐项进行梳理。

（1）取得建设用地规划许可证。根据《土地管理法》及《城乡规划法》的规定，建设单位申请用地的前提是取得城乡规划主管部门核发的建设用地规划许可证。根据《城乡规划法》第三十六条至三十八条的规定，若天然气建设企业在城市、乡镇规划区内进行项目建设，无论是以划拨方式取得的土地，还是以出让方式取得的土地，均需要在项目经核准后，向城乡规划主管部门提出用地规划许可，申请建设用地规划许可证。有关主管机关审核后，符合要求的予以核发建设用地规划许可证。

（2）不同类型土地用地手续办理程序。建设单位在取得建设用地规划许可证后，方可向土地主管部门申请用地，办理用地手续。《土地管理法》第五十四条规定，建设项目用地应当以出让等有偿方式取得，但是天然气管道建设项目若属于国家重点扶持的能源基础设施项目，在经过县级人民政府批准后，可以通过划拨取得建设用地使用权。

在实践中，天然气管道工程的场站、阀室等占用的土地多以划拨方式取得土地使用权；除划拨取得土地外，建设单位若以出让方式等有偿方式取得土地使用权，应当依法缴纳土地使用权出让金等土地有偿使用费和其他费用后，签订土地出让合同；涉及占用农用地的，应当履行相应的农用地转化为建设用地手续。

①城市建设用地范围内的国有建设用地。

根据《土地管理法实施条例》的规定，天然气管道建设工程项目需要使用土地的，必须依法申请使用土地利用总体规划确定的城市建设用地范围内的国有建设用地，具体办理手续如下：

首先，可行性论证。在天然气管道建设可行性论证阶段，土地主管部门对用地事项进行审查，提出用地预审报告；项目报批时需要附具主管机关出具的用地预审报告。

其次，提出用地申请。建设单位持项目批准文件向自然资源主管部门提出用地申请，自然资源部门审查后拟订供地方案，报有关人民政府批准。

再次，签署出让合同或核发划拨决定书。供地方案经批准后，市、县人民政府颁发用地批准书。有偿使用国有土地的，由市、县人民政府土地行政主管部门与土地使用者签订国有土地有偿使用合同；划拨使用国有土地的，由市、县人民政府土地行政主管部门向土地使用者核发国有土地划拨决定书。

最后，土地登记。土堆使用者依法申请土地登记。通过招标、拍卖方式提供国有建设用地使用权的，由市、县人民政府土地行政主管部门会同有关部门拟订方案，报市、县人民政府批准后，由市、县人民政府土地行政主管部门组织实施，并与土地使用者签订土地有偿使用合同。土地使用者应当依法申请土地登记。

②城市建设用地范围外的农用地。

根据《土地管理法实施条例》的规定，能源、交通、水利、矿山、军事设施等建设项目，确需使用土地利用总体规划确定的城市建设用地范围外的土地，涉及农用地的具体办理手续如下所示。

首先，可行性论证。在天然气管道建设可行性论证阶段，土地主管部门对用地事项进行审查，提出用地预审报告。项目报批时，需要附具主管机关出具的用地预审报告。

其次，提出用地申请。建设单位持建设项目的有关批准文件，向市、县人民政府土地行政主管部门提出建设用地申请，由市、县人民政府土地行政主管部门审查，拟订农用地转用方案、补充耕地方案、征收土地方案和供地方案（涉及国有农用地的，不拟订征收土地方案），经市、县人民政府审核同意后，逐级上报有批准权的人民政府批准。其中，补充耕地方案由批准农用地转用方案的人民政府在批准农用地转用方案时一并批准；供地方案由批准征收土地的人民政府在批准征收土地方案时一并批准（涉及国有农用地的，供地方案由批准农用地转用的人民政府在批准农用地转用方案时一并批准）。建设项目确需使用土地利用总体规划确定的城市建设用地范围外的土地，涉及农民集体所有的未利用地的，只报批征收土地方案和供地方案。

再次，颁发建设用地批准书。农用地转用方案、补充耕地方案、征收土地方案和供地方案经批准后，由市、县人民政府组织实施，向建设单位颁发建设用地批准书。有偿使用国有土地的，由市、县人民政府土地行政主管部门与土地使用者签订国有土地有偿使用合同；划拨使用国有土地的，由市、县人民政府土地行政主管部门向土地使用者核发国有土地划拨决定书。

最后，土地登记。土埝使用者依法申请土地登记。

③国有未利用土地。根据《土地管理法》的规定，天然气管道工程建设项目需要占用土地利用总体规划确定的国有未利用地的，按照省、自治区、直辖市的规定办理。但是，国家重点建设项目、军事设施和跨省、自治区、直辖市行政区域的建设项目以及国务院规定的其他建设项目用地，应当报国务院批准。

④临时用地。在实践中，天然气管道施工便道、设备堆放场地等采用的是临时用地方式，在建设单位完成工程建设后，土地权利人仍可以继续使用土地。目前，实践中对管道经过的土地也多以临时用地方式解决，但有关管道途经土地利用问题在法学理论界和实务界探讨颇多，之所以以临时用地方式解决，首先是因为天然气管道敷设完成后，地表土地利用虽受到一定限制和影响，但仍可利用；其次是线性的天然气管道建设工程距离长，途经大面积集体土地，全部征收为国有并以永久性方式利用土地操作困难，项目难以获批，且与我国保护耕地的基本政策相违背，同时巨额补偿费用也是天然气管道建设

单位难以承受的。在学术界对于管道经过用地问题，学者们观点不一，提出了地下通过权、空间建设用地使用权、公共地役权、相邻权、债权等多种理论，因本篇文章着眼于天然气管道建设工程用地的实务操作问题，故暂不对各种理论及学术研究进行详细阐述和探讨，仅对临时用地的办理程序进行梳理。

根据《土地管理法》的规定，天然气管道工程建设项目需要临时使用国有土地或者农民集体所有的土地的，由县级以上人民政府自然资源主管部门批准。其中，在城市规划区内的临时用地，在报批前，应当先经有关城市规划行政主管部门同意。土地使用者应当根据土地权属，与有关自然资源主管部门或者农村集体经济组织、村民委员会签订临时使用土地合同，并按照合同的约定支付临时使用土地补偿费。临时使用土地的使用者应当按照临时使用土地合同约定的用途使用土地，并不得修建永久性建筑物。临时使用土地期限一般不超过两年。

（3）建设用地规划许可证与用地批准书合并。根据《土地管理法》及《城乡规划法》的现行规定，天然气管道建设工程利用国有土地的，建设单位需要办理两次审批，即先向城乡规划主管部门申请办理建设用地规划许可，在取得建设用地规划许可证后，再向土地主管部门申请用地；待审核通过后，由市、县人民政府颁发建设用地批准书。

《关于以"多规合一"为基础推进规划用地"多审合一、多证合一"改革的通知》（自然资规〔2019〕2号）第二条规定，将建设用地规划许可证、建设用地批准书合并，自然资源主管部门统一核发新的建设用地规划许可证，不再单独核发建设用地批准书。目前多省市已经落实了自然资源部的通知，并制定了具体实行办法。

按照该通知的规定，天然气管道建设单位若以划拨方式取得国有土地使用权，需向所在地的市、县自然资源主管部门提出建设用地规划许可申请；经有批准权的人民政府批准后，市、县自然资源主管部门向建设单位同步核发建设用地规划许可证、国有土地划拨决定书。

天然气管道建设单位若以出让方式取得国有土地使用权，市、县自然资源主管部门依据规划条件编制土地出让方案，经依法批准后组织土地供应，将规划条件纳入国有建设用地使用权出让合同。建设单位在签订国有建设用地使用权出让合同后，市、县自然资源主管部门向建设单位核发建设用地规划许可证（见图5-3）。

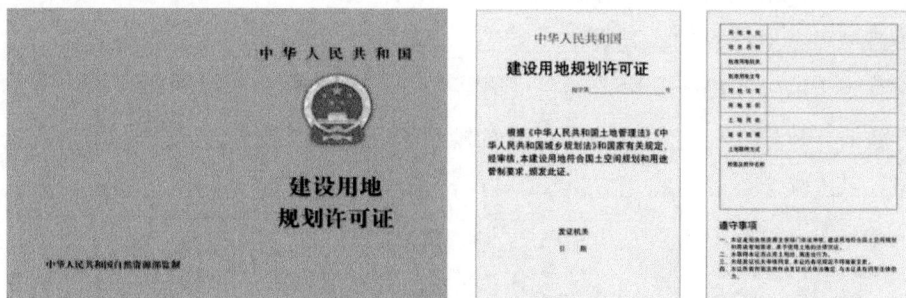

图5-3 建设用地规划许可证

3. 未依法办理用地手续的法律责任

天然气管道工程项目用地手续的办理，需要结合管线项目的性质、占用土地性质、土地取得方式等因素进行综合判断，用地手续烦琐，审批程序复杂。天然气管道工程建设单位未依法办理用地手续的，非法占用土地的，有可能会面临限期拆除、恢复土地原状，被处以罚款；严重的甚至构成非法占用农用地罪，被追究相关刑事责任，现将未依法办理用地手续的法律责任系统梳理如下。

根据《土地管理法》及《土地管理法实施条例》的规定，未经批准或者采取欺骗手段骗取批准，非法占用土地的，建设单位承担的具体法律责任如下。

（1）责令退还非法占用的土地。

（2）对违反土地利用总体规划擅自将农用地改为建设用地的，限期拆除在非法占用的土地上新建的建筑物和其他设施，恢复土地原状。

（3）对符合土地利用总体规划的，没收在非法占用的土地上新建的建筑物和其他设施，可以并处罚款。

（4）对非法占用土地单位的直接负责的主管人员和其他直接责任人员，依法给予处分；构成犯罪的，依法追究刑事责任。

（5）在临时使用的土地上修建永久性建筑物、构筑物的，由县级以上人民政府土地行政主管部门责令限期拆除；逾期不拆除的，由作出处罚决定的机关依法申请人民法院强制执行。

超过批准的数量占用土地，多占的土地以非法占用土地论处。

对建设单位而言，如有关机关责令限期拆除在非法占用的土地上新建的建筑物和其他设施的，建设单位或者个人必须立即停止施工，自行拆除；对继续施工的，作出处罚决定的机关有权制止。建设单位或者个人对责令限期拆除的行政处罚决定不服的，可以在接到责令限期拆除决定之日起 15 日内，向人民法院起诉；期满不起诉又不自行拆除的，由作出处罚决定的机关依法申请人民法院强制执行，费用由违法者承担。

《刑法》第三百四十二条规定了非法占用农用地罪，对违反土地管理法规，非法占用耕地、林地等农用地，改变被占用土地用途，数量较大，造成耕地、林地等农用地大量毁坏的，处 5 年以下有期徒刑或者拘役，并处或者单处罚金。

天然气管道建设工程项目的特殊性使得其用地办理流程更为烦琐，但建设单位在施工建设过程中，必须按照法定程序依法依规办理各项用地手续（见表 5-3），取得合法土地使用权，并按照规划的用途和期限利用土地，否则可能会使得项目设施被拆除并处以罚款的行政责任，严重的还可能会承担刑事责任。

表 5-3　使用与规划土地相关的法律法规汇总

序号	法规名称	发文机关	文号	生效日期
1	《中华人民共和国土地管理法》	全国人民代表大会常务委员会	—	2020 年 1 月 1 日
2	《中华人民共和国土地管理法实施条例》	国务院	—	2014 年 7 月 29 日
3	《中华人民共和国刑法》	全国人民代表大会	—	2017 年 11 月 4 日
4	《中华人民共和国城乡规划法》	全国人民代表大会常务委员会	—	2017 年 2 月 1 日
5	《关于以"多规合一"为基础推进规划用地"多审合一、多证合一"改革的通知》	自然资源部	自然资规〔2019〕2号	2019 年 9 月 17 日

（四）建设工程规划许可、施工许可的办理

天然气管道建设工程包含地上和地下工程，地上工程如场站、阀室等建设施工，地下工程则是地下管线的施工。《石油天然气管道保护法》规定天然气管道建设工程建设和施工需要遵守有关规划、建设、工程质量管理等法律、行政法规的规定，根据《城乡规划法》《建筑法》等相关法律法规的规定，天然气管道建设单位应当依法办理建设工程规划许可证、施工许可证；未办理相关手续，将会承担相应的法律责任。

1. 建设工程规划许可证

天然气管道建设单位进行工程建设的，应当向城乡规划主管部门申请办理建设工程许可证。根据天然气管道建设工程所处规划范围的不同，建设单位在建设过程中需要办理建设规划许可类型也有所不同，在城市、镇规划区内建设的，需要办理建设工程规划许可证，在乡、村庄规划区内进行建设的，需要办理乡村建设规划许可证。

根据《城乡规划法》第四十条的规定，天然气管道工程施工过程中，需要在城市、镇规划区内进行建筑物、构筑物、管线工程建设的，建设单位应当向城市、县人民政府城乡规划主管部门或者省、自治区、直辖市人民政府确定的镇人民政府申请办理建设工程规划许可证。

申请办理建设工程规划许可证时，天然气管道工程的建设单位应当提交使用土地的有关证明文件、建设工程设计方案等材料。需要建设单位编制修建性详细规划的建设项目，还应当提交修建性详细规划。

城乡规划主管部门或省、自治区、直辖市人民政府确定的镇人民政府对建设单位提交的材料审核后，对于符合控制性详细规划和规划条件的，核发建设工程规划许可证。

根据《城乡规划法》第四十一条的规定，在乡、村庄规划区内进行乡镇企业、乡村公共设施和公益事业建设的，建设单位或者个人应当向乡、镇人民政府提出申请，由乡、镇人民政府报城市、县人民政府城乡规划主管部门核发乡村建设规划许可证。

需要注意的是，建设单位在乡村进行天然气管道及相关工程建设的，不

得占用农用地；确需占用农用地的，应当依照《土地管理法》有关规定办理农用地转用审批手续后，由城市、县人民政府城乡规划主管部门核发乡村建设规划许可证。

天然气建设单位在取得建设工程规划许可证后，须严格按照许可证的规定进行建设，未按规定建设的，将会承担相应的法律责任。

2. 施工许可证

天然气管道工程项目中涉及建筑工程的，在工程开工前，建设单位应当向工程所在地县级以上人民政府建设行政主管部门办理施工许可证，应当申请领取未取得施工许可证的，一律不得开工。但以下两种情形可以不办理施工许可：一是根据《建筑法》《中华人民共和国建筑工程施工许可管理办法》的规定，工程投资额在 30 万元以下或者建筑面积在 300 平方米以下的建筑工程，可以不申请办理施工许可证；二是按照国务院规定的权限和程序批准开工报告的建筑工程，不再领取施工许可证。天然气建设单位申请领取施工许可，应当具备如下条件并提交相应的证明文件：

（1）依法应当办理用地批准手续的，已经办理该建筑工程用地批准手续。

（2）在城市、镇规划区的建筑工程，已经取得建设工程规划许可证。

（3）施工场地已经基本具备施工条件，需要征收房屋的，其进度符合施工要求。

（4）已经确定施工企业。按照规定应当招标的工程没有招标，应当公开招标的工程没有公开招标，或者肢解发包工程，以及将工程发包给不具备相应资质条件的企业的，所确定的施工企业无效。

（5）有满足施工需要的技术资料，施工图设计文件已按规定审查合格。

（6）有保证工程质量和安全的具体措施。施工企业编制的施工组织设计中有根据建筑工程特点制定的相应质量、安全技术措施。建立工程质量安全责任制并落实到人。专业性较强的工程项目编制了专项质量、安全施工组织设计，并按照规定办理了工程质量、安全监督手续。

（7）建设资金已经落实。建设单位应当提供建设资金已经落实承诺书。

（8）法律、行政法规规定的其他条件。

建设行政主管部门应当自收到申请之日起 7 日内，对符合条件的申请颁发施工许可证。

建设单位应当自领取施工许可证之日起 3 个月内开工，因故不能按期开工的，应当向发证机关申请延期；延期以两次为限，每次不超过 3 个月。既不开工又不申请延期或者超过延期时限的，施工许可证自行废止。因此，天然气管道工程的建设单位需要在法定期限内进行开工建设，不能按期开工的应申请延期，否则施工许可证将自行废止，失去效力。

3. 法律责任

天然气管道工程的建设单位需要按照前述规定办理建设工程规划许可。未办理相关许可的，可能承担的具体法律责任如下。

（1）未依法办理建设工程规划许可证的法律责任。根据《城乡规划法》第六十四条、第六十五条的规定，"未取得建设工程规划许可证或者未按照建设工程规划许可证的规定进行建设的，由县级以上地方人民政府城乡规划主管部门责令停止建设；尚可采取改正措施消除对规划实施的影响的，限期改正，处建设工程造价百分之五以上百分之十以下的罚款；无法采取改正措施消除影响的，限期拆除，不能拆除的，没收实物或者违法收入，可以并处建设工程造价百分之十以下的罚款。""在乡、村庄规划区内未依法取得乡村建设规划许可证或者未按照乡村建设规划许可证的规定进行建设的，由乡、镇人民政府责令停止建设、限期改正；逾期不改正的，可以拆除。"

（2）未依法办理施工许可证的法律责任。根据《中华人民共和国建筑法》第六十四条、《建筑工程施工许可管理办法》第十二条至十五条的规定：未取得施工许可证或者开工报告未经批准擅自施工的，有管辖权的发证机关责令停止施工，限期改正，对建设单位处工程合同价款 1% 以上 2% 以下罚款；对施工单位处 3 万元以下罚款；建设单位采用欺骗、贿赂等不正当手段取得施工许可证的，由原发证机关撤销施工许可证，责令停止施工，并处 1 万元以上 3 万元以下罚款；构成犯罪的，依法追究刑事责任；建设单位隐瞒有关情况或者提供虚假材料申请施工许可证的，发证机关不予受理或者不予许可，并处 1 万元以上 3 万元以下罚款；构成犯罪的，依法追究刑事责任；给予单位罚款处罚的，对单位直接负责的主管人员和其他直接责任人员处单位罚款数额 5% 以上 10% 以下罚款。

综上所述，天然气管道建设工程建设单位应当按照法定要求和程序办理建设工程规划许可证和施工许可证，并严格按照有关许可证的要求进行施工建设，否则会承担相应的法律责任（见表5-4）。除本文涉及的许可外，天然气管道工程项目在施工过程、穿越河流、公路、铁路、矿产资源区等特定区域时，或与其他工程相遇交叉时，建设单位还需要按照有关法律、行政法规的规定办理特定施工许可。

表5-4　建设工程许可相关的法律法规汇总表

序号	法规名称	发文机关	生效日期
1	《中华人民共和国城乡规划法》	全国人民代表大会常务委员会	2017年2月1日
2	《中华人民共和国建筑法》	全国人民代表大会常务委员会	2019年4月3日
3	《中华人民共和国石油天然气管道保护法》	全国人民代表大会常务委员会	2010年10月1日
4	《建筑工程施工许可管理办法》	住房和城乡建设部	2018年9月28日

（五）环境影响评价文件的办理

根据《环境保护法》《环境影响评价法》《石油天然气管道保护法》《建设项目环境保护管理条例》等相关法律法规的规定，天然气管道建设单位应当按照法定要求和程序办理环境影响评价文件，在取得有关行政主管部门的批复后方可进行开工建设。环境影响评价贯穿天然气管道建设项目的全过程，建设单位在建设过程中应同时落实环境影响评价文件及有关批复中的环境保护措施。建设、运行过程中如出现不符合审批情形的，还应当重新审批，进行环境影响后评价并采取改进措施。我们将从环境影响评价概述、天然气管道建设项目环境影响评价文件的办理审批程序、未依法办理相关环评文件的法律责任三方面对天然气管道建设过程中所涉及环境影响评价文件进行阐述。

1. 环境影响评价概述

《石油天然气管道保护法》第十三条第三款规定，管道建设项目应当依法进行环境影响评价。《环境保护法》第十九条规定，编制有关开发利用规划，建设对环境有影响的项目，应当依法进行环境影响评价。未依法进行环境影响评价的开发利用规划，不得组织实施；未依法进行环境影响评价的建设项目，不得开工建设。根据上述法规，天然气管道建设工程项目应当依法进行环境影响评价，根据《环境影响评价法》第二条的规定，环境影响评价是指对规划和建设项目实施后可能造成的环境影响进行分析、预测和评估，提出预防或者减轻不良环境影响的对策和措施，进行跟踪监测的方法与制度。

我国环境影响评价可分为规划评价和建设项目评价。进行规划评价的主体是政府及相关部门，进行建设项目评价的主体是建设单位，建设项目评价应避免与规划评价相重复，作为一项整体建设项目的规划，按照建设项目进行环境影响评价，不进行规划的环境影响评价；已经进行了环境影响评价的规划包含具体建设项目的，规划的环境影响评价结论应当作为建设项目环境影响评价的重要依据，建设项目环境影响评价的内容应当根据规划的环境影响评价审查意见予以简化。

2. 建设项目环境影响评价文件的办理

（1）环境影响评价文件的分类。我国对环境影响评价实行分类管理，根据环境影响程度的不同，建设单位应当组织编制或填报的环境影响评价文件有所不同，分为环境影响报告书、环境影响报告表以及环境影响登记表。不同类型的环境影响评价文件的内容和要求有所不同。建设项目可能造成重大环境影响的，建设单位应当编制环境影响报告书，对产生的环境影响进行全面评价；可能造成轻度环境影响的，建设单位应当编制环境影响报告表，对产生的环境影响进行分析或者专项评价；对环境影响很小、不需要进行环境影响评价的，建设单位应当填报环境影响登记表。

（2）天然气管道设项目的环境影响评价文件。天然气管道长度和工程涉及的区域是确定建设单位应办理何种环境影响评价文件的依据。根据《建设项目环境影响评价分类管理名录》第一百七十六项的规定，天然气管道（不含城市天然气管道）在200千米及以上或涉及环境敏感区的应当编制环境影响报告书；其他管线工程应当编制环境影响报告表；无填报环境影响登记表的情形。

根据该管理名录第三条的规定，环境敏感区是指依法设立的各级各类保护区域和对建设项目产生的环境影响特别敏感的区域，主要包括生态保护红线范围内或者其外的下列区域：①自然保护区、风景名胜区、世界文化和自然遗产地、海洋特别保护区、饮用水水源保护区；②基本农田保护区、基本草原、森林公园、地质公园、重要湿地、天然林、野生动物重要栖息地、重点保护野生植物生长繁殖地、重要水生生物的自然产卵场、索饵场、越冬场和洄游通道、天然渔场、水土流失重点防治区、沙化土地封禁保护区、封闭及半封闭海域；③以居住、医疗卫生、文化教育、科研、行政办公等为主要功能的区域以及文物保护单位。天然气管道建设工程涉及管理名录所规定的环境敏感区的，应当编制环境影响报告书。

根据《环境影响评价法》第十七条、《建设项目环境保护管理条例》第八条的规定，环境影响报告书应当包括下列内容：①建设项目概况；②建设项目周围环境现状；③建设项目对环境可能造成影响的分析、预测和评估；④建设项目环境保护措施及其技术、经济论证；⑤建设项目对环境影响的经济损益分析；⑥对建设项目实施环境监测的建议；⑦环境影响评价的结论。

环境影响报告表和环境影响登记表的内容和格式，由国务院生态环境主管部门制定。天然气管道建设单位应按照有关行政主管机关的要求编制环境影响报告表。

（3）环境影响评价文件的编制。根据《环境影响评价法》的规定，建设单位具备环境影响评价技术能力的，可以自行对建设项目开展环境影响评价；也可以委托技术单位编制环境影响文件，编制的文件应当遵守国家有关环境影响评价标准、技术规范等规定。

建设单位对有关环境影响评价文件的内容和结论负责，接受委托编制建设项目环境影响报告书、环境影响报告表的技术单位对其编制的建设项目环境影响报告书、环境影响报告表承担相应责任。

（4）环境影响评价文件的审批及后评价。

建设单位的环境影响评价文件应当按照国务院的规定报有审批权的生态环境主管部门审批，审批部门分为国务院生态环境主管部门（生态环境部）和地方各级人民政府规定的审批机关。

生态环境部负责审批的环境影响评价文件如下：①核设施、绝密工程等特殊性质的建设项目；②跨省、自治区、直辖市行政区域的建设项目；③由国务院审批的或者由国务院授权有关部门审批的建设项目。前述规定以外的建设项目的环境影响评价文件的审批权限，由省、自治区、直辖市人民政府规定。

审批部门应当自收到环境影响报告书之日起60日内，收到环境影响报告表之日起30日内，分别作出审批决定并书面通知建设单位。环境影响登记表实行备案管理。

天然气管道建设单位报批的环境影响评价文件未依法经审批部门审查或者审查后未予批准的，建设单位不得开工建设；经过审批后，应当按照环境影响评价文件的要求及审批部门提出的环境保护对策措施进行建设。在发生如下情形时，建设单位应重新报批：①建设项目的性质、规模、地点、采用的生产工艺或者防治污染、防止生态破坏的措施发生重大变动的；②建设项目的环境影响评价文件自批准之日起超过5年，方决定该项目开工建设的；其环境影响评价文件应当报原审批部门重新审核；原审批部门应当自收到建设项目环境影响评价文件之日起10日内，将审核意见书面通知建设单位。

根据《环境影响评价法》第二十七条的规定，在项目建设、运行过程中产生不符合经审批的环境影响评价文件的情形的，建设单位应当组织环境影响的后评价，采取改进措施，并报原环境影响评价文件审批部门和建设项目审批部门备案；原环境影响评价文件审批部门也可以责成建设单位进行环境影响的后评价，采取改进措施。

3. 法律责任

天然气管道工程的建设单位需要按照前述规定办理环境影响评价，根据《环境保护法》《环境影响评价法》《建设项目环境保护管理条例》的有关规定，未依法办理环境影响评价可能承担的具体法律责任如下。

（1）建设单位未依法提交建设项目环境影响评价文件、环境影响评价文件未经批准、未按照有关规定重新报批或重新审核，擅自开工建设的，由负有环境保护监督管理职责的部门责令停止建设，根据违法情节和危害后果，处建设项目总投资额1%以上5%以下的罚款，并可以责令恢复原状。海洋工程建设项目的建设单位有上述违法行为的，依照《海洋环境保护法》的规定处罚。

（2）建设项目未依法进行环境影响评价，被责令停止建设，拒不执行的；由县级以上人民政府环境保护主管部门或者其他有关部门将案件移送公安机关，对其直接负责的主管人员和其他直接责任人员，处10日以上15日以下拘留；情节较轻的，处5日以上10日以下拘留。

（3）建设项目环境影响报告书、环境影响报告表存在基础资料明显不实，内容存在重大缺陷、遗漏或者虚假，环境影响评价结论不正确或者不合理等严重质量问题的，由设区的市级以上人民政府生态环境主管部门对建设单位处50万元以上200万元以下的罚款，并对建设单位的法定代表人、主要负责人、直接负责的主管人员和其他直接责任人员，处5万元以上20万元以下的罚款。

（4）接受委托编制建设项目环境影响报告书、环境影响报告表的技术单位违反国家有关环境影响评价标准和技术规范等规定，致使其编制的建设项目环境影响报告书、环境影响报告表存在基础资料明显不实，内容存在重大缺陷、遗漏或者虚假，环境影响评价结论不正确或者不合理等严重质量问题的，由设区的市级以上人民政府生态环境主管部门对技术单位处所收费用3倍以上5倍以下的罚款；情节严重的，禁止从事环境影响报告书、环境影响报告表编制工作；有违法所得的，没收违法所得。

在我国天然气管道建设项目实行环境影响评价制度，天然气管道建设工程建设单位应当按照法定要求和程序办理建设项目环境影响评价，并严格按照有关批复进行项目建设，落实各项环境保护措施，施工过程中注重生态环境保护，合法合规建设以有效规避相关法律风险（见表5-5）。

表5-5　环境保护相关的法律法规汇总表

序号	法规名称	发文机关、文号	生效日期
1	《中华人民共和国环境保护法》	全国人民代表大会常务委员会	2015年1月1日
2	《中华人民共和国石油天然气管道保护法》	全国人民代表大会常务委员会	2010年10月1日

序号	法规名称	发文机关、文号	生效日期
3	《中华人民共和国环境影响评价法》	全国人民代表大会常务委员会	2018 年 12 月 29 日
4	《建设项目环境影响评价分类管理名录》	生态环境部、生态环境部令第 1 号	2017 年 9 月 1 日
5	《建设项目环境保护管理条例》	国务院	2017 年 10 月 1 日

(六) 安全评价、安全审查手续的办理

根据《中华人民共和国安全生产法》(以下简称《安全生产法》)、《危险化学品建设项目安全监督管理办法》、《危险化学品安全管理条例》等相关法律法规的规定,天然气管道建设单位应当按照法定要求和程序办理安全评价,进行安全审查。在建设项目竣工阶段,还应当依法组织安全设施竣工验收;未通过验收的,不得投入使用。建设单位未依法办理各项安全相关手续的,将会承担相应的法律责任。

1. 安全评价

天然气建设工程项目安全评价是对工程建设过程中存在的危险及有害因素进行识别、分析,从而判断项目可能发生事故和危害的可能性及严重程度,提出相应的安全对策措施,为工程项目决策和安全建设等提供相应的依据。

安全评价可分为安全预评价、安全验收评价、安全现状评价。安全预评价是在项目可行性研究阶段或生产经营活动组织实施之前对安全风险进行分析识别,作出预评价结论;安全验收评价是在工程项目竣工验收后生产运行前,通过检查建设项目安全设施与主体工程"三同时"情况及各项安全制度情况,作出安全验收评价结论;安全现状评价是对生产经营过程中的事故风险、安全管理等进行评价。

《安全生产法》第三十二条规定,矿山、金属冶炼建设项目和用于生产、储存、装卸危险物品的建设项目,应当按照国家有关规定进行安全评价。

《危险化学品建设项目安全监督管理办法》第九条第一款规定,建设单位应当在建设项目的可行性研究阶段,委托具备相应资质的安全评价机构对建

设项目进行安全评价;第十条规定,建设项目有下列情形之一的,应当由甲级安全评价机构进行安全评价:①国务院及其投资主管部门审批(核准、备案)的;②生产剧毒化学品的;③跨省、自治区、直辖市的;④法律、法规、规章另有规定的。

根据上述法规,天然气管道建设单位应当在项目可行性研究阶段委托具有资质的安全评价机构对工程项目进行安全评价。若工程项目属于国务院及其投资主管部门审批(核准、备案)的或跨省、自治区、直辖市的,还应当委托具备甲级安全评价资质的机构进行安全评价。

2. 安全审查

(1) 安全审查概述。《危险化学品建设项目安全监督管理办法》(2015年修正)(以下简称"79号令")第二条第一款规定,"中华人民共和国境内新建、改建、扩建危险化学品生产、储存的建设项目以及伴有危险化学品产生的化工建设项目(包括危险化学品长输管道建设项目,以下统称建设项目),其安全管理及其监督管理,适用本办法。"

天然气长输管道建设项目属于"79号令"的调整范围,建设单位应当按照该管理办法的规定,在项目初步设计前报请安全生产监督管理部门进行安全审查。根据该管理办法第三条的规定,建设项目安全审查包括安全条件审查、安全设施的设计审查。天然气管道工程建设项目的安全审查由建设单位申请,安全生产监督管理部门分级负责实施。

(2) 安全审查应提交的文件。根据"79号令"第十条的规定,天然气管道建设单位应当在建设项目开始初步设计前,向有权限的安全生产监督管理部门申请建设项目安全条件审查,并提交下列文件、资料:①建设项目安全条件审查申请书及文件;②建设项目安全评价报告;③建设项目批准、核准或者备案文件和规划相关文件(复制件);④工商行政管理部门颁发的企业营业执照或者企业名称预先核准通知书(复制件)。

(3) 安全审查的机关和权限。根据"79号令"第四条、第五条的规定,安全审查和安全设施竣工验收由安全审查监督管理部门分级实施,各级安全监督管理机关的权限和职责如下:

国家安全生产监督管理总局指导、监督全国建设项目安全审查和建设项目安全设施竣工验收，负责以下项目的安全审查：①国务院审批（核准、备案）的；②跨省、自治区、直辖市的。

省、自治区、直辖市人民政府安全生产监督管理部门（以下简称省级安全生产监督管理部门）负责本行政区域内建设项目的安全审查和安全设施竣工验收监督管理工作，确定由设区的市级人民政府安全生产监督管理部门（以下简称市级安全生产监督管理部门）实施的建设项目范围，并报国家安全生产监督管理总局备案。应当由省级监督管理部门审查的建设项目如下：①国务院投资主管部门审批（核准、备案）的；②生产剧毒化学品的；③省级安全生产监督管理部门确定的其他建设项目。

（4）安全审查的程序。"79号令"第十一条规定，"建设单位申请安全条件审查的文件、资料齐全，符合法定形式的，安全生产监督管理部门应当当场予以受理，并书面告知建设单位。建设单位申请安全条件审查的文件、资料不齐全或者不符合法定形式的，安全生产监督管理部门应当自收到申请文件、资料之日起五个工作日内一次性书面告知建设单位需要补正的全部内容；逾期不告知的，收到申请文件、资料之日起即为受理。"

《安全监督管理办法》第十二条规定，"对已经受理的建设项目安全条件审查申请，安全生产监督管理部门应当指派有关人员或者组织专家对申请文件、资料进行审查，并自受理申请之日起四十五日内向建设单位出具建设项目安全条件审查意见书。建设项目安全条件审查意见书的有效期为两年。

根据法定条件和程序，需要对申请文件、资料的实质内容进行核实的，安全生产监督管理部门应当指派两名以上工作人员对建设项目进行现场核查。

建设单位整改现场核查发现的有关问题和修改申请文件、资料所需时间不计算在本条规定的期限内。"

《安全监督管理办法》第十四条规定，已经通过安全条件审查的建设项目有下列情形之一的，建设单位应当重新进行安全评价，并申请审查：①建设项目周边条件发生重大变化的；②变更建设地址的；③主要技术、工艺路线、产品方案或者装置规模发生重大变化的；④建设项目在安全条件审查意见书有效期内未开工建设，期限届满后需要开工建设的。

3. 安全设施竣工验收

天然气管道建设单位除需要按照前文所述进行安全评价和安全审查外，在项目竣工验收阶段，还应当依法组织安全设施组织竣工验收，根据现行法律法规，安全设施竣工验收由建设单位自行依法组织。未经安全设施竣工验收的安全设施，不得投入生产（使用）。

《安全监督管理办法》第二十六条规定，建设项目投入生产和使用前，建设单位应当组织人员进行安全设施竣工验收，作出建设项目安全设施竣工验收是否通过的结论。参加验收人员的专业能力应当涵盖建设项目涉及的所有专业内容。

建设单位应当向参加验收人员提供下列文件、资料，并组织进行现场检查：①建设项目安全设施施工、监理情况报告；②建设项目安全验收评价报告；③试生产（使用）期间是否发生事故、采取的防范措施以及整改情况报告；④建设项目施工、监理单位资质证书（复制件）；⑤主要负责人、安全生产管理人员、注册安全工程师资格证书（复制件），以及特种作业人员名单；⑥从业人员安全教育、培训合格的证明材料；⑦劳动防护用品配备情况说明；⑧安全生产责任制文件，安全生产规章制度清单、岗位操作安全规程清单；⑨设置安全生产管理机构和配备专职安全生产管理人员的文件（复制件）；⑩为从业人员缴纳工伤保险费的证明材料（复制件）。

4. 法律责任

天然气管道工程的建设单位需要按照法律法规的相关规定安全评价、安全审查，组织安全设施竣工验收。未依法办理各项安全手续的，可能承担的法律责任如下：《中华人民共和国安全生产法》第九十八条规定，"生产经营单位有下列行为之一的，责令停止建设或者停产停业整顿，限期改正；逾期未改正的，处五十万元以上一百万元以下的罚款，对其直接负责的主管人员和其他直接责任人员处二万元以上五万元以下的罚款；构成犯罪的，依照刑法有关规定追究刑事责任：（一）未按照规定对矿山、金属冶炼建设项目或者用于生产、储存、装卸危险物品的建设项目进行安全评价的；（二）矿山、金属冶炼建设项目或者用于生产、储存、装卸危险物品的建设项目没有安全设施设计或者安全设施设计未按照规定报经有关部门审查同意的；（三）矿山、金属冶炼建设项目或者用于生产、储存、装卸危险物品的建设项目的施工单位未按照批准的安全设施设计施工的；（四）矿山、金属冶炼建设项目或者用于生产、储存危险物品的建设项目竣工投入生产或者使用前，安全设施未经验收合格的"。

《危险化学品安全管理条例》第七十六条规定，"未经安全条件审查，新建、改建、扩建生产、储存危险化学品的建设项目的，由安全生产监督管理部门责令停止建设，限期改正；逾期不改正的，处50万元以上100万元以下的罚款；构成犯罪的，依法追究刑事责任。未经安全条件审查，新建、改建、扩建储存、装卸危险化学品的港口建设项目的，由港口行政管理部门依照前款规定予以处罚"。

天然气管道建设工程建设单位应当按照法定要求和程序办理建设项目安全评价、安全审查，并依法组织安全设施竣工验收，避免相关手续的缺失而承担法律责任（见表5-6）。

表5-6　安全管理相关的法律法规汇总表

序号	法规名称	发文机关、文号	生效日期
1	《中华人民共和国安全生产法》	全国人民代表大会常务委员会	2014年12月1日
2	《危险化学品安全管理条例》	国务院	2013年12月7日
3	《危险化学品建设项目安全监督管理办法》	国家安全生产监督管理总局第45号令，第79号令予以修正	2012年4月1日

（七）地震安全性评价文件的办理

根据《中华人民共和国防震减灾法》及《地震安全性评价管理条例》的相关规定，天然气管道建设工程应当符合抗震防设要求，可行性研究报告应当包括抗震设防要求，特定项目还应当办理地震安全性评价并经主管部门审核，建设阶段应符合相应的抗震设防要求。未依法办理建设工程地震安全性评价的，可能会承担相应的法律责任。

1. 地震安全性评价概述

地震安全性评价是指在对具体建设工程场址及其周围地区的地震地质条件、地震活动规律等方面深入研究的基础上，采用相应的分析方法，科学地给出相应的工程规划或设计所需要的一定概率水准下的地震动参数和相应的资料。

根据《中华人民共和国防震减灾法》的规定，新建、扩建、改建的建设工程项目，均应符合抗震设防的要求，建设单位应当将抗震设防要求纳入建设工程可行性研究报告。若可行性研究报告中未包含抗震设防要求，则建设项目将无法通过项目审批部门的批准。

对于重大的和可能发生严重次生灾害的建设工程，应当进行地震安全性评价，并报地震工作主管部门审定；通过审定后，建设单位应当按照经审定的安全评价报告所确定的抗震设防要求进行抗震设计。不需要进行地震安全性评价的建设工程，建设单位也应当按照地震烈度区划图或者地震动参数区划图所确定的抗震设防要求进行抗震设防，人员密集场所的建设工程应当高于当地房屋建筑的抗震设防要求进行设计和施工，采取有效措施，增强抗震设防能力。

2. 地震安全性评价的范围及内容

根据《地震安全性评价管理条例》的相关规定，必须进行地震安全性评价的建设工程如下：①国家重大建设工程；②受地震破坏后可能引发水灾、火灾、爆炸、剧毒或者强腐蚀性物质大量泄露或者其他严重次生灾害的建设工程，包括水库大坝、堤防和贮油、贮气、贮存易燃易爆、剧毒或者强腐蚀性物质的设施，以及其他可能发生严重次生灾害的建设工程；③受地震破坏后可能引发放射性污染的核电站和核设施建设工程；④省、自治区、直辖市认为对本行政区域有重大价值或者有重大影响的其他建设工程。

若天然气管道建设工程项目属于上述应当进行地震安全性评价的工程，应当由具备相应资质的地震安全性评价单位按照国家有关标准进行安全评价，并编制建设工程安全评价报告，评价报告应当包括如下内容：①工程概况和地震安全性评价的技术要求；②地震活动环境评价；③地震地质构造评价；

④设防烈度或者设计地震动参数；⑤地震地质灾害评价；⑥其他有关技术资料。

3. 地震安全性评价报告的审定

地震安全性评价报告编制完成后，建设单位应报送负责地震工作主管部门进行审定。国务院地震工作主管部门审定如下建设工程的评价报告：①国家重大建设工程；②跨省、自治区、直辖市行政区域的建设工程；③核电站和核设施建设工程；省、自治区、直辖市人民政府负责管理地震工作的部门或者机构负责除国务院审定以外的建设工程。负责管理地震工作主管机关在收到评价报告之日起 15 日进行审定，确定建设工程的抗震设防要求。

4. 法律责任

根据《中华人民共和国防震减灾法》第八十七条，未依法进行地震安全性评价或未按照评价报告所确定的抗震设防要求进行抗震设防的，可能承担如下法律责任：由国务院地震工作主管部门或者县级以上地方人民政府负责管理地震工作的部门或者机构责令限期改正；逾期不改正的，处 3 万元以上 30 万元以下的罚款。

综上所述，天然气管道建设工程项目在可行性研究报告应将抗震设防要求纳入建设工程可行性研究报告，否则可能使得项目无法通过主管机关的批准，对于属于必须办理地震安全性评价的建设项目，建设单位应当按照法定要求和程序办理，避免相关手续的缺失而承担法律责任（见表 5-7）。

表 5-7　抗震设防相关的法律法规汇总表

序号	法规名称	发文机关	文号	生效日期
1	《中华人民共和国防震减灾法》	全国人民代表大会常务委员会	主席令第七号	2009 年 5 月 1 日
2	《地震安全性评价管理条例》	国务院	—	2019 年 3 月 2 日

（八）水土保持批复文件

根据《中华人民共和国水土保持法》（2010 年修订）（以下简称《水土保

持法》)、《中华人民共和国水土保持法实施条例》(以下简称《水土保持条例》)及《开发建设项目水土保持方案编报审批管理规定》(以下简称《水土保持审批管理规定》)的相关规定,在天然气管道建设中,有可能造成水土流失的,天然气管道建设单位应当编报水土保持方案,办理水土保持设施验收。

1. 水土保持批复概述

水土保持,是指对自然因素和人为活动造成水土流失所采取的预防和治理措施。破坏水土资源、造成水土流失的行为主要为:违法毁林或者毁草场开荒,破坏植被的;违法开垦荒坡地的;向江河、湖泊、水库和专门存放地以外的沟渠倾倒废弃砂、石、土或者尾矿废渣的;破坏水土保持设施的;有破坏水土资源、造成水土流失的其他行为的。

根据《水土保持法》的规定,生产建设项目选址、选线应当避让水土流失重点预防区和重点治理区;无法避让的,应当提高防治标准,优化施工工艺,减少地表扰动和植被损坏范围,有效控制可能造成的水土流失。在实践中,如天然气企业在山区、丘陵区、风沙区以及水土保持规划确定的容易发生水土流失的其他区域建设天然气管道或天然气建设工程项目可能造成水土流失的,应当按照《水土保持法》的规定,编制水土保持方案,并报县级以上人民政府水行政主管部门审批,并按照经批准的水土保持方案,采取水土流失预防和治理措施。

2. 天然气建设项目水土保持批复文件

(1)建设单位应办理水土保持方案报批手续。虽然现行《水土保持法》及《水土保持实施条例》中未将水土保持批复文件明确规定未项目核准的前置条件,但《水土保持审批管理规定》中第二条明确规定了:"凡从事有可能造成水土流失的开发建设单位和个人,必须编报水土保持方案。其中,审批制项目,在报送可行性研究报告前完成水土保持方案报批手续;核准制项目,在提交项目申请报告前完成水土保持方案报批手续;备案制项目,在办理备案手续后、项目开工前完成水土保持方案报批手续。经批准的水土保持方案应当纳入下阶段设计文件中。"

建设单位如要对建设项目的地点、规模进行重大变更的,应当补充或者修改水土保持方案并报原审批机关批准。水土保持方案实施过程中，水土保持措施需要作出重大变更的，应当经原审批机关批准。

（2）水土保持方案的编制。水土保持方案应当包括水土流失预防和治理的范围、目标、措施和投资等内容。水土保持方案分为水土保持方案报告书和水土保持方案报告表。凡征占地面积在1公顷（1 000平方米）以上或者挖填土石方总量在1万立方米以上的开发建设项目，应当编报水土保持方案报告书；其他开发建设项目应当编报水土保持方案报告表。

水土保持方案应由建设单位编制，没有能力编制水土保持方案的，应当委托具备相应技术条件的机构编制。

（3）水土保持方案的审查单位。建设单位编制的水土保持方案必须先经水行政主管部门审查批准，建设单位才可办理土地使用、环境影响评价审批、项目立项审批或者核准（备案）等其他有关手续。水土保持方案报告表由开发建设项目所在地县级水行政主管部门审批，跨地区项目的水土保持方案，报上一级水行政主管部门审批。

如建设项目为中央立项，且征占地面积在50公顷（0.5平方千米）以上或者挖填土石方总量在50万立方米以上的开发建设项目或者限额以上技术改造项目，水土保持方案报告书由国务院水行政主管部门审批。

（4）水土保持批复的审查期限。建设单位可向有审批权的水行政主管部门进行申请，水行政主管部门受理申请后，应当依据有关法律、法规和技术规范组织审查，或者委托有关机构进行技术评审。

水行政主管部门应当自受理水土保持方案报告书审批申请之日起20日内，或者应当自受理水土保持方案报告表审批申请之日起10日内，作出审查决定。但是，技术评审时间除外。对于特殊性质或者特大型开发建设项目的水土保持方案报告书，20日内不能作出审查决定的，经本行政机关负责人批准，可以延长10日，并应当将延长期限的理由告知申请单位或者个人。

（5）建设单位应当办理水土保持设施的竣工验收。建设单位应当依法编制水土保持方案的生产建设项目中的水土保持设施，应当与主体工程同时设计、同时施工、同时投产使用；生产建设项目竣工验收，应当验收水土保持设施；水土保持设施未经验收或者验收不合格的，生产建设项目不得投产使用。

3. 法律责任

（1）未依法办理水土保持批复的法律责任。依据《水土保持法》第五十三条的规定，建设单位有下列行为之一的，由县级以上人民政府水行政主管部门责令停止违法行为，限期补办手续；逾期不补办手续的，处 5 万元以上 50 万元以下的罚款；对生产建设单位直接负责的主管人员和其他直接责任人员依法给予处分：

①依法应当编制水土保持方案的生产建设项目，未编制水土保持方案或者编制的水土保持方案未经批准而开工建设的。

②生产建设项目的地点、规模发生重大变化，未补充、修改水土保持方案或者补充、修改的水土保持方案未经原审批机关批准的。

③水土保持方案实施过程中，未经原审批机关批准，对水土保持措施作出重大变更的。

（2）未依法办理水土保持设施验收的法律责任。如建设单位未对水土保持设施进行经验收或者验收不合格的，就将生产建设项目投产使用的，由县级以上人民政府水行政主管部门责令停止生产或者使用，直至验收合格，并对建设单位处以 5 万元以上 50 万元以下的罚款。

（3）生产建设活动造成水土流失未进行治理的法律责任。如建设单位违反《水土保持法》的规定，开办生产建设项目或者从事其他生产建设活动造成水土流失，而不进行治理的，由县级以上人民政府水行政主管部门责令限期治理；逾期仍不治理的，县级以上人民政府水行政主管部门可以指定有治理能力的单位代为治理，所需费用由违法行为人承担。

（4）拒不缴纳水土保持补偿费的法律责任。如建设单位违反《水土保持法》的规定，拒不缴纳水土保持补偿费的，由县级以上人民政府水行政主管部门责令限期缴纳；逾期不缴纳的，自滞纳之日起按日加收滞纳部分万分之五的滞纳金，可以处应缴水土保持补偿费 3 倍以下的罚款。

（5）违反《水土保持法》规定的造成水土流失危害的法律责任。违反本法规定，造成水土流失危害的，依法承担民事责任；构成违反治安管理行为的，由公安机关依法给予治安管理处罚；构成犯罪的，依法追究刑事责任（见表 5-8）。

表5-8　水土保持相关的法律法规汇总表

序号	法规名称	发文机关、文号	生效日期
1	《中华人民共和国水土保持法（2010年修订）》	全国人民代表大会常务委员会（主席令第三十九号）	2011年3月1日
2	《中华人民共和国水土保持法实施条例（2011年修订）》	国务院	2011年1月8日
3	《开发建设项目水土保持方案编报审批管理规定（2005年修正）》	水利部令第24号	2005年7月8日

（九）防洪批复文件

根据《中华人民共和国防洪法》（以下简称《防洪法》）、《水利部关于加强洪水影响评价管理工作的通知》（水汛〔2017〕359号）（以下简称《洪水影响评价通知》）的相关规定（见表5-9），在洪泛区、蓄滞洪区内建设天然气管道项目的，天然气管道建设单位应当编制洪水影响评价报告，提出防御措施，办理防洪工程设施验收。

表5-9　防洪工程相关的法律法规汇总表

序号	法规名称	发文机关	生效日期
1	《中华人民共和国防洪法（2016年修正）》	全国人民代表大会常务委员会	2016年7月2日
2	《水利部关于加强非防洪建设项目洪水影响评价工作的通知》	水利部	2017年11月6日
3	《非防洪建设项目洪水影响评价报告审批》	水利部	—

1. 防洪批复概述

我国防洪减灾体系的重要组成部分是蓄滞洪区、洪泛区。加强洪水影响评价管理，是保障和提高江河防灾减灾能力的现实要求，也是实现我国防洪减灾从控制洪水向管理洪水转变的重大举措。

其中，防洪区是指洪水泛滥可能淹及的地区，分为洪泛区、蓄滞洪区和防洪保护区。洪泛区，是指尚无工程设施保护的洪水泛滥所及的地区；蓄滞洪区，是指包括分洪口在内的河堤背水面以外临时贮存洪水的低洼地区及湖泊等；防洪保护区，是指在防洪标准内受防洪工程设施保护的地区。

《防洪法》对于在洪泛区、蓄滞洪区内建设非防洪建设项目，作出了具体的规定，要求建设单位应当就洪水对建设项目可能产生的影响和建设项目对防洪可能产生的影响作出评价，编制洪水影响评价报告，提出防御措施。例如，在蓄滞洪区内建设的油田或管道的，其洪水影响评价报告应当包括建设单位自行安排的防洪避洪方案。

2. 天然气建设项目防洪批复文件

（1）建设单位应办理非防洪建设项目洪水影响评价报告审批的申请。根据《非防洪建设项目洪水影响评价报告审批》的规定，工程项目在以下区域进行建设施工的，应当向水行政主管部门进行申请：长江流域荆江分洪区，黄河流域北金堤分洪区，淮河流域蒙洼、城西湖、洪泽湖周边圩区（含鲍集圩），海河流域永定河泛区、小清河分洪区、东淀、文安洼、贾口洼、团泊洼、恩县洼内的大中型非防洪建设项目；跨流域的大中型非防洪建设项目。

申请材料应当包括洪水影响评价报告审批申请表、洪水影响评价报告、建设项目可行性研究报告（项目申请报告、备案材料）及与第三者达成的协议或有关文件等。

（2）洪水影响评价报告的编制。建设单位应当按照最新的《洪水影响评价报告编制导则》要求，编制洪水影响评价报告。洪水影响评价报告应当包括：建设项目概况以及与建设项目有关的防洪工程现状和规划情况；建设项目对防洪可能造成影响的分析、预测和评估；洪水对建设项目可能造成影响的分析、预测和评估；消除、减免对防洪影响的措施及技术论证；防洪自保措施及其技术论证；洪水影响评价结论等内容。

洪水影响评价报告可由建设项目法人自行编制或委托其他法人单位编制，审批机关不得干预。

（3）洪水影响评价报告的审查单位。根据《水利部关于加强非防洪建设项目洪水影响评价工作的通知》的规定，建设单位应在建设项目开工前，报请有审批权限的水行政主管部门或流域机构完成洪水影响评价报告审批；洪水影响评价报告未经审查批准的，建设单位不得开工建设。各级水行政主管部门应按照权限审批相应的非防洪建设项目洪水影响评价报告。

国务院或国家防汛抗旱总指挥部决策运用、流域防汛抗旱总指挥部商地方人民政府决策运用、对流域防洪有重要作用的蓄滞洪区、洪泛区内的大中型建设项目，以及跨流域及本流域内跨省级行政区域的建设项目洪水影响评价报告由流域机构负责审批，并报水利部备案。

其他建设项目的洪水影响评价报告由地方水行政主管部门负责审批，并报有关流域机构备案。地方分级审批权限及国家蓄滞洪区名录外的蓄滞洪区、洪泛区由各省（自治区、直辖市）水行政主管部门确定，报有关流域机构备案。

国家对投资项目报建审批有具体规定的，按照规定执行。已签署水工程建设规划同意书的各类水工程，不再进行洪水影响评价报告审批。

（4）洪水影响评价报告的审查期限。根据《水行政许可实施办法》第三十三条的规定，水行政主管部门自受理之日起 20 个工作日内作出审批决定，如建设项目取、用、排水等环节特殊、复杂，可以延长 10 个工作日。其中，办理过程中所需的听证、实地勘察、技术审查、申请人修改报告等，不计入时限。

（5）天然气管道项目的防洪工程设施应当办理验收。在蓄滞洪区内建设的油田、铁路、公路、矿山、电厂、电信设施和管道，其洪水影响评价报告应当包括建设单位自行安排的防洪避洪方案，在建设项目投入生产或者使用时，其防洪工程设施应当经水行政主管部门验收。

3. 法律责任

（1）未依法办理洪水影响评价报告的法律责任。根据《防洪法》第五十八条，在洪泛区、蓄滞洪区内建设非防洪建设项目，未编制洪水影响评价报告或者洪水影响评价报告未经审查批准开工建设的，责令限期改正；逾期不改正的，处 5 万元以下的罚款。

（2）未依法办理防洪工程设施验收的法律责任。根据《防洪法》第五十八条，防洪工程设施未经验收，即将建设项目投入生产或者使用的，责令停止生产或者使用，限期验收防洪工程设施，可以处 5 万元以下的罚款。

（十）压覆重要矿产资源审批手续的办理

根据《矿产资源法》、《矿产资源法实施细则》和"137 号文"等相关规定，在建设项目开展前，建设单位必须向自然资源主管部门了解拟建工程所在地的矿产资源规划、矿产资源分布和矿业权设置情况。涉及压覆重要矿产资源的，需要办理相应的批准手续。未经批准压覆重要矿产资源的，将会承担相应的法律责任。

1. 建设项目压覆矿产资源的办理流程

天然气管道项目压覆重要矿产资源的，应取得省级以上自然资源主管部门的审批。办理流程包括查询矿产资源情况、编制矿产资源评价报告并审查、签署压覆矿补充协议、取得压覆矿审批文件、勘查区块或矿区范围变更登记。

（1）压覆矿产资源查询。根据"137号文"的规定，建设项目选址前，建设单位应向项目所在地的省级自然资源主管部门了解矿产资源规划、矿产资源分布和矿业权设置情况。建设项目压覆区与勘查区块范围或矿区范围重叠但不影响矿产资源正常勘查开采的，不做压覆处理。市（县）级自然资源主管部门出具未压覆矿产资源的证明文件，省级自然资源主管部门出具未压覆重要矿产资源的证明文件。

（2）编制压覆重要矿产资源评估报告。如拟建工程确需压覆重要矿产资源的，建设单位应根据有关工程建设规范确定建设项目压覆重要矿产资源的范围，委托具有相应地质勘查资质的单位编制"建设项目压覆重要矿产资源评估报告"。报告编制完成后，提交省自然资源主管部门组织专家审查，出具审查意见。

（3）压覆重要矿产资源储量评估。根据《自然资源部关于推进矿产资源管理改革若干事项的意见（试行）》（自然资规〔2019〕7号）、《自然资源部办公厅关于矿产资源储量评审备案管理若干事项的通知》（自然资办发〔2020〕26号）的规定，建设项目压覆重要矿产，应当编制符合相关标准规范的矿产资源储量报告，申请评审备案；建设单位申请储量评审备案，应提交矿产资源储量评审备案申请、矿产资源储量信息表和建设项目压覆重要矿产资源评估报告，取得压覆矿产资源储量评审意见书。

（4）签署压覆补偿协议。若天然气管道工程建设项目压覆已设置矿业权矿产资源的，在办理审批手续前，新的土地使用权人还应同时与矿业权人签订协议。协议应包括矿业权人同意放弃被压覆矿区范围及相关补偿内容等内容。补偿的范围原则上应包括矿业权人被压覆资源储量在当前市场条件下所应缴的价款（无偿取得的除外），以及所压覆的矿产资源分担的勘查投资、已建的开采设施投入和搬迁相应设施等直接损失。

在司法实践中，因矿业权补偿问题发生的纠纷不胜枚举，所以建设单位在与矿业权人签署协议时，应当做好协议审核工作和谈判磋商工作，必要时可聘请专业律师参与谈判和磋商，合理分配双方权利义务，防范法律风险。

（5）压覆重要矿产资源的审批。根据"137号文"的规定，建设项目压覆重要矿产资源由省级以上国土资源行政主管部门审批。压覆石油、天然气、放射性矿产，或压覆《矿产资源开采登记管理办法》附录所列矿种（石油、天然气、放射性矿产除外）累计查明资源储量数量达大型矿区规模以上的，或矿区查明资源储量规模达到大型并且压覆占1/3以上的，由自然资源部负责审批。

压覆矿评估报告经审查后，经认定涉及压覆矿产资源，确实无法避让，且"审查意见"已原则同意压覆的建设项目，建设单位应在项目完成立项审批后，及时按要求向省级以上自然资源主管部门申请办理压覆矿产资源审批手续。符合审批条件的，有关部门予以批复，出具建设项目压覆重要矿床（矿产资源）批复文件；不符合条件的，有关部门印发《不予行政许可决定书》。

目前，多个省份都出台了有关压覆矿的管理办法或通知，如河北省、河南省等，各省需要办理手续和要求有所差别，建设单位需根据拟建项目工程所在地的要求办理。根据自然资源主管部门的相关规定，办理建设项目压覆矿产资源报送的材料如下：①必须报送的材料：建设单位关于压覆重要矿产资源的申请函、省级国土资源主管部门初审意见、建设项目压覆矿产资源不可避免性论证材料、压覆重要矿产资源评估报告及评审意见书（纸质及电子版）；②建设项目压覆已设置矿业权矿产资源的，还应包括报送的材料，如建设单位与被压覆矿业权人签订的协议、被压覆矿业权人有效期内的勘查许可证或采矿许可证复印件。自然资源部办理压覆矿审批的流程，如图5-4所示。

（6）压覆矿产资源储量信息录入。根据"137号文"的规定，建设单位应在收到同意压覆重要矿产资源的批复文件后45个工作日内，到项目所在地省级自然资源行政主管部门办理压覆重要矿产资源储量登记手续。45个工作日内不申请办理压覆重要矿产资源储量登记手续的，审批文件自动失效。

申请人补充修改材料
（10个工作日内提交）

申请人窗口提交
申请材料

申请人补正材料
（10个工作日内提交）

符合接件要求
或可当场修改

否 → 如果材料不齐全，一次性告知申请人补齐全部资料；如不属于本部门职权范围，不予受理

是

受理审查
（5个工作日）

符合受理范畴
且符合受理要求

否 → 不符合受理要求的，出具补正告知书；补正仍未符合要求的，出具补充修改材料告知书

否 → 不符合受理范畴或经一次补正、一次补充修改仍未符合要求的，出具不予受理决定书告知书

是

部内审查
（20个工作日）

需补充修改或说明问题的，出具补充修改材料告知书

经一次补充修改或说明仍不符合压覆要求的，出具不予压覆决定书

否 ← 符合压覆要求

是

批复后10个工作日内通知申请人

申请人取得批复文件，办结

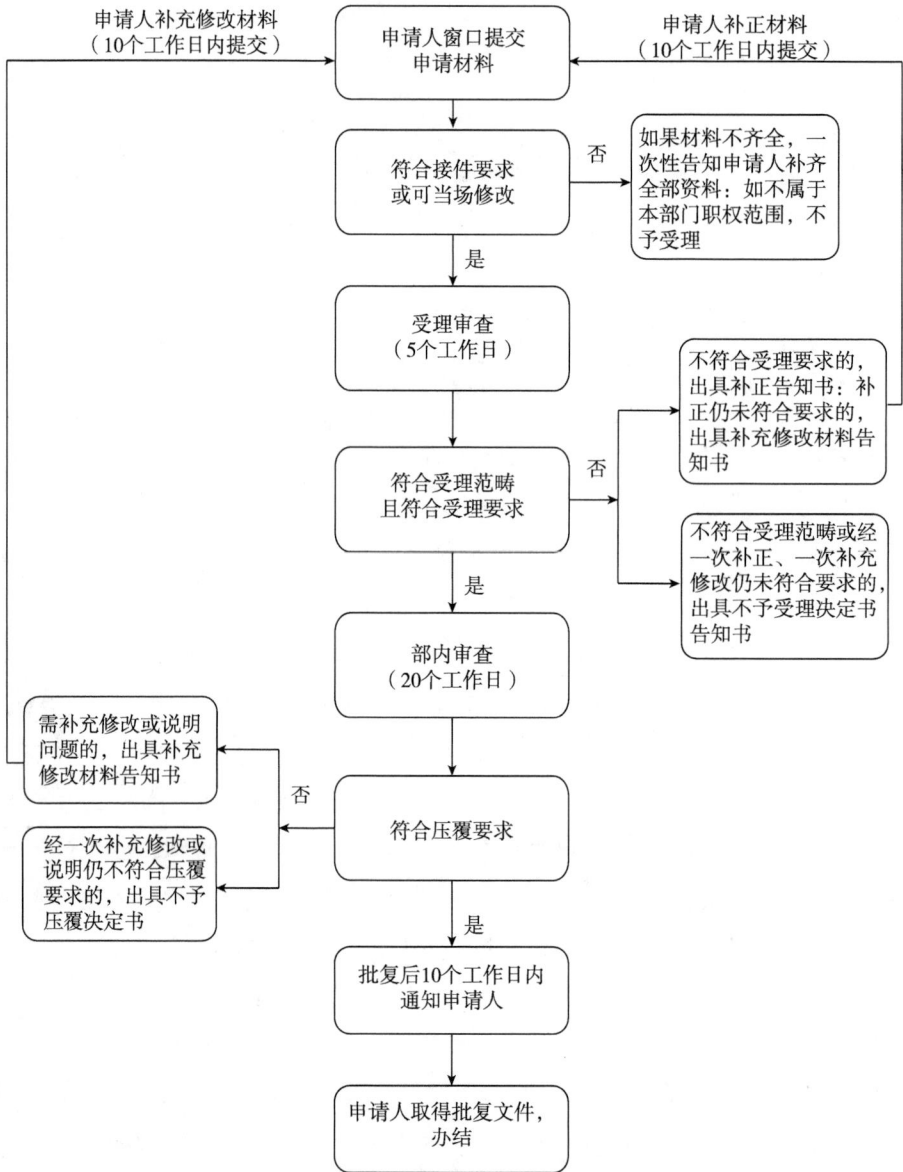

图5-4　自然资源部办理压覆矿审批流程

　　虽然"137号文"尚未失效，但根据自然资源部发布的《关于推进矿产资源管理改革若干事项的意见（试行）》（自然资规〔2019〕7号）以及自然资办函〔2020〕710号文的规定，自2020年5月1日起，取消矿产资源储量

登记事项。

根据新法优于旧法的原则，建设单位不需要再办理矿产资源储量登记。建设项目压覆重要矿产资源审批通过后，自然资源主管部门应将相关信息录入矿产资源储量数据库，并同时发送建设单位和相关矿业权人。取消压覆矿产资源储量登记后，以压覆重要矿产资源批复文件作为转发用地批复及供地的条件。

2. 法律责任

天然气管道建设项目应当按照上述规定办理相应的压覆矿手续，未依法办理的，可能承担的法律责任如下。

（1）单位和个人进入他人依法设立的国有矿山企业和其他矿山企业矿区范围内采矿的，责令停止开采、赔偿损失，没收采出的矿产品和违法所得，可以并处罚款；拒不停止开采，造成矿产资源破坏的，依照刑法有关规定对直接责任人员追究刑事责任。

（2）根据《矿产资源法实施细则》第四十二条，未取得采矿许可证擅自采矿的，擅自进入国家规划矿区、对国民经济具有重要价值的矿区和他人矿区范围采矿的，擅自开采国家规定实行保护性开采的特定矿种的，处以违法所得 50% 以下的罚款；超越批准的矿区范围采矿的，处以违法所得 30% 以下的罚款；采取破坏性的开采方法开采矿产资源，造成矿产资源严重破坏的，处以相当于矿产资源损失价值 50% 以下的罚款。

综上所述，天然气管道建设项目涉及压覆重要矿产资源的，应当按照法定程序和要求进行矿产资源查询、编制压覆评估报告、签订补偿协议、办理审批手续，未依法办理的，可能会面临用地手续无法办理、承担相应法律责任的风险（见表 5-10）。

表 5-10　矿产资源相关的法律法规汇总

序号	法规名称	发文机关	文号	生效日期
1	《中华人民共和国矿产资源法》	全国人大常委会	—	2009 年 8 月 27 日

续表

序号	法规名称	发文机关	文号	生效日期
2	《中华人民共和国矿产资源法实施细则》	国务院	国务院令第一百五十二号	1994 年 3 月 26 日
3	《矿产资源开采登记管理办法》	国务院	—	2014 年 7 月 29 日
4	《国土资源部关于进一步做好建设项目压覆重要矿产资源审批管理工作的通知》	国土资源部（已撤销）	国土资发〔2010〕137 号	2010 年 9 月 8 日
5	《国土资源部关于矿产资源储量评审备案与登记、建设项目压覆矿产资源审批、矿业权价款评估备案等事项相关资料实行政务大厅接转和发送的公告》	国土资源部（已撤销）	国土资源部公告 2015 年第 2 号	2015 年 1 月 14 日
6	《自然资源部办公厅关于做好建设项目压覆重要矿产资源审批服务的通知》	自然资源部	自然资办函〔2020〕710 号	2020 年 5 月 1 日
7	《自然资源部办公厅关于矿产资源储量评审备案管理若干事项的通知》	自然资源部	自然资办发〔2020〕26 号	2020 年 5 月 19 日

（十一）职业病危害相关手续的办理

根据《职业病防治法》和《建设项目职业病防护设施"三同时"监督管理办法》（以下简称《管理办法》）的相关规定，可能产生职业病危害的建设项目，建设项目的投资、管理单位（以下简称为建设单位）在可行性研究阶段，应当进行职业病危害预评价，编制预评价报告并组织评审。在项目开工建设前，应当进行职业病防护设施设计并组织评审；未通过评审的，不得开工建设。在工程项目试运行及投产前，应当进行职业病危害控制效果评价，并组织职业病防护设施验收，职业病防护设施必须做到与主体工程同时设计、同时施工、同时投入生产和使用（以下简称"三同时"）。建设单位未依法依规办理各项手续的，将会承担相应的法律责任。

1. 建设项目职业病危害预评价

（1）职业病危害概述。根据《管理办法》的规定，可能产生职业病危害的建设项目，是指存在或者产生职业病危害因素分类目录所列职业病危害因素的建设项目。建设项目职业病危害分为一般、较重和严重 3 个类别，国家有关部门对职业病危害严重建设项目实施重点监督检查。

现行有效的《职业病危害因素分类目录》（国卫疾控发〔2015〕92号）是由国家卫生和计划生育委员会（已撤销）、人力资源和社会保障部、国家安全生产监督管理总局（已撤销）、中华全国总工会于2015年11月17日联合发布的。天然气管道建设项目若可能产生目录所列的职业病危害因素的，建设单位应当在建设项目的可行性论证阶段进行职业病危害预评价，编制预评价报告。

（2）职业病危害预评价报告的编制。建设项目职业病危害预评价报告主要包括如下内容：①建设项目概况，主要包括项目名称、建设地点、建设内容、工作制度、岗位设置及人员数量等；②建设项目可能产生的职业病危害因素及其对工作场所、劳动者健康影响与危害程度的分析与评价；③对建设项目拟采取的职业病防护设施和防护措施进行分析、评价，并提出对策与建议；④评价结论，明确建设项目的职业病危害风险类别及拟采取的职业病防护设施和防护措施是否符合职业病防治有关法律、法规、规章和标准的要求。建设单位编制的预评价报告应具备如上内容，并符合相关法律、法规等规定的标准和要求。

（3）职业病危害预评价报告的评审。预评价报告编制完成后，建设单位应根据职业病危害程度按不同的要求进行评审并形成评审意见。

①一般危害或较重职业病危害的建设项目，其建设单位主要负责人或其指定的负责人（以下简称相关负责人）应当组织具有职业卫生相关专业背景的中级及中级以上专业技术职称人员或者具有职业卫生相关专业背景的注册安全工程师（以下简称职业卫生专业技术人员）对职业病危害预评价报告进行评审，并形成是否符合职业病防治有关法律、法规、规章和标准要求的评审意见。

②严重职业病危害的建设项目，相关负责人应当组织外单位职业卫生专业技术人员参加评审工作，并形成评审意见。

建设单位应当按照评审意见对职业病危害预评价报告进行修改完善，并对最终的职业病危害预评价报告的真实性、客观性和合规性负责。职业病危害预评价工作过程应当形成书面报告备查。

在建设项目职业病危害预评价报告通过评审后，若建设项目的生产规模、工艺等发生变更导致职业病危害风险发生重大变化的，建设单位应当对变更内容重新进行职业病危害预评价和评审。

（4）不得通过评审的情形。根据《管理办法》的规定，建设项目职业病危害预评价报告有如下情形的，不得通过评审。

①对建设项目可能产生的职业病危害因素识别不全，未对工作场所职业病危害对劳动者健康影响与危害程度进行分析与评价的，或者评价不符合要求的。

②未对建设项目拟采取的职业病防护设施和防护措施进行分析、评价，对存在的问题未提出对策措施的。

③建设项目职业病危害风险分析与评价不正确的。

④评价结论和对策措施不正确的。

⑤不符合职业病防治有关法律、法规、规章和标准规定的其他情形的。

2. 建设项目职业病防护设施

（1）职业病防护设施概述。职业病防护设施，是指消除或者降低工作场所的职业病危害因素的浓度或者强度，预防和减少职业病危害因素对劳动者健康的损害或者影响，保护劳动者健康的设备、设施、装置、构（建）筑物等的总称。

可能产生职业病危害的建设项目，建设单位应在施工前进行职业病防护设施设计与评审；在施工过程中按照评审通过的设计组织防护设施的采购、施工；竣工后应当依法依规组织竣工验收，验收合格方可投入使用，做到防护设施与主体工程"三同时"。

（2）职业病防护设施设计。建设项目职业病防护设施设计应当包括下列内容：①设计依据；②建设项目概况及工程分析；③职业病危害因素分析及危害程度预测；④拟采取的职业病防护设施和应急救援设施的名称、规格、型号、数量、分布，并对防控性能进行分析；⑤辅助用室及卫生设施的设置情况；⑥对预评价报告中拟采取的职业病防护设施、防护措施及对策措施采纳情况的说明；⑦职业病防护设施和应急救援设施投资预算明细表；⑧职业病防护设施和应急救援设施可以达到的预期效果及评价。

（3）职业病防护设施设计的评审。根据《管理办法》的规定，职业病防护设施设计完成后，属于职业病危害一般或者较重的建设项目。相关负责人应当组织职业卫生专业技术人员对职业病防护设施设计进行评审，并形成评审意见；属于职业病危害严重的建设项目，相关负责人应当组织外单位职业卫生专业技术人员参加评审工作，并形成评审意见。评审完成后，建设单位应当按照评审意见对职业病防护设施设计进行修改完善。若完成评审后，建设项目的生产规模、工艺等发生变更，导致职业病危害风险发生重大变化的，建设单位应当对变更的内容重新进行职业病防护设施的设计和评审。

（4）不得通过评审的情形。根据《管理办法》的规定，建设项目职业病防护设施设计有如下情形的，不得通过评审和开工建设：①未对建设项目主要职业病危害进行防护设施设计或者设计内容不全的；②职业病防护设施设计未按照评审意见进行修改完善的；③未采纳职业病危害预评价报告中的对策措施，且未作充分论证说明的；④未对职业病防护设施和应急救援设施的预期效果进行评价的；⑤不符合职业病防治有关法律、法规、规章和标准规定的其他情形的。

（5）职业病危害控制效果评价报告。在建设项目完工后需要进行试运行的，其配套建设的职业病防护设施必须与主体工程同时投入试运行。根据《管理办法》的规定，试运行时间应当不少于 30 日，最长不得超过 180 日。国家有关部门另有规定或者特殊要求的行业除外。

建设项目在竣工验收前或者试运行期间，建设单位应当进行职业病危害控制效果评价，编制评价报告。建设项目职业病危害控制效果评价报告主要包括如下内容：①建设项目概况；②职业病防护设施设计执行情况分析、评价；③职业病防护设施检测和运行情况分析、评价；④工作场所职业病危害因素检测分析、评价；⑤工作场所职业病危害因素日常监测情况分析、评价；⑥职业病危害因素对劳动者健康危害程度分析、评价；⑦职业病危害防治管理措施分析、评价；⑧职业健康监护状况分析、评价；⑨职业病危害事故应急救援和控制措施分析、评价；⑩正常生产后建设项目职业病防治效果预期分析、评价；⑪职业病危害防护补充措施及建议；⑫评价结论，明确建设项目的职业病危害风险类别，以及采取控制效果评价报告所提对策建议后，职业病防护设施和防护措施是否符合职业病防治有关法律、法规、规章和标准的要求。

（6）职业病防护设施竣工验收。根据《职业病防治法》及《管理办法》的规定，建设项目职业病防护设施必须与主体工程同时设计、同时施工、同时投入生产和使用，即"三同时"制度。建设单位在职业病防护设施验收前，应当编制验收方案，并在验收前 20 日将验收方案向管辖该建设项目的安全生产监督管理部门进行书面报告。

验收方案应当包括下列内容：①建设项目概况和风险类别，以及职业病危害预评价、职业病防护设施设计执行情况；②参与验收的人员及其工作内容、责任；③验收工作时间安排、程序等。属于职业病危害一般或者较重的建设项目，相关负责人应当组织职业卫生专业技术人员对职业病危害控制效果评价报告进行评审以及对职业病防护设施进行验收，并形成评审意见和验收意见。属于职业病危害严重的建设项目，相关负责人应当组织外单位职业卫生专业技术人员参加评审和验收工作，并形成评审和验收意见。

建设单位应当按照评审与验收意见对职业病危害控制效果评价报告和职业病防护设施进行整改完善。

建设单位应当将职业病危害控制效果评价和职业病防护设施验收工作过程形成书面报告备查，其中职业病危害严重的建设项目应当在验收完成之日起 20 日内，向管辖该建设项目的安全生产监督管理部门提交书面报告。职业病防护设施未按照规定验收合格的，不得投入生产或者使用。

（7）不得通过评审、验收的情形。建设项目职业病危害控制效果评价报告不得通过评审、职业病防护设施不得通过验收的情形如下：①评价报告内容要求的；②评价报告未按照评审意见整改的；③未按照建设项目职业病防护设施设计组织施工，且未充分论证说明的；④职业病危害防治管理措施不符合本办法第二十二条要求的；⑤职业病防护设施未按照验收意见整改的；⑥不符合职业病防治有关法律、法规、规章和标准规定的其他情形的。

3. 合并办理职业病危害及安全相关手续

根据《管理办法》的规定，建设单位可以将建设项目职业病危害预评价和安全预评价、职业病防护设施设计和安全设施设计、职业病危害控制效果评价和安全验收评价合并出具报告或者设计，并对职业病防护设施与安全设施一并组织验收。

4. 法律责任

对于可能产生职业病危害的建设项目，建设单位未按照前述法律法规办理职业病危害相关手续的，根据《职业病防治法》及《管理办法》的规定，可能承担的法律责任如下：

（1）建设单位有下列行为之一的，由安全监督管理部门给予警告，责令限期改正；逾期不改正的，处 10 万元以上 50 万元以下的罚款；情节严重的，责令停止产生职业病危害的作业，或者提请有关人民政府按照国务院规定的权限责令停建、关闭：①未按照规定进行职业病危害预评价的；②建设项目的职业病防护设施未按照规定与主体工程同时设计、同时施工、同时投入生产和使用的；③建设项目的职业病防护设施设计不符合国家职业卫生标准和卫生要求的；④未按照规定对职业病防护设施进行职业病危害控制效果评价的；⑤建设项目竣工投入生产和使用前，职业病防护设施未按照规定验收合格的。

（2）建设单位有下列行为之一的，由安全生产监督管理部门给予警告，责令限期改正；逾期不改正的，处 5 000 元以上 3 万元以下的罚款：①未按照管理办法的规定，对职业病危害预评价报告、职业病防护设施设计、职业病危害控制效果评价报告进行评审或者组织职业病防护设施验收的；②职业病危害预评价、职业病防护设施设计、职业病危害控制效果评价或者职业病防护设施验收工作过程未形成书面报告备查的；③建设项目的生产规模、工艺等发生变更导致职业病危害风险发生重大变化的，建设单位对变更内容未重新进行职业病危害预评价和评审，或者未重新进行职业病防护设施设计和评审的；④需要试运行的职业病防护设施未与主体工程同时试运行的；⑤建设单位未按照管理办法的相关规定公布有关信息的。

（3）建设单位在职业病危害预评价报告、职业病防护设施设计、职业病危害控制效果评价报告编制、评审以及职业病防护设施验收等过程中弄虚作假的，由安全生产监督管理部门责令限期改正，给予警告，可以并处 5 000 元以上 3 万元以下的罚款。

（4）建设单位未按照规定及时、如实报告建设项目职业病防护设施验收方案，或者职业病危害严重建设项目未提交职业病危害控制效果评价与职业病防护设施验收的书面报告的，由安全生产监督管理部门责令限期改正，给予警告，可以并处 5 000 元以上 3 万元以下的罚款。

综上所述，对于可能产生职业病危害的天然气管道建设项目，建设单位应在根据项目不同阶段按照法定要求及程序办理各项评价报告、防护设施设计、控制效果评价报告等文件，并组织进行相应评审，同时落实职业病危害防护设施与主体工程"三同时"制度，避免有关手续的缺失而承担法律责任（见表5-11）。

表5-11　职业病危害相关的法律法规汇总表

序号	法规名称	发文机关	文号	生效日期
1	《中华人民共和国职业病防治法（2018年修正）》	全国人民代表大会常务委员会	—	2018年12月29日
2	《建设项目职业病防护设施"三同时"监督管理办法》	国家安全生产监督管理总局令第90号	国家安全生产监督管理总局令第90号	2017年5月1日
3	职业病危害因素分类目录（2015）	国家卫生和计划生育委员会（已撤销）、人力资源和社会保障部、国家安全生产监督管理总局（已撤销）、中华全国总工会	国卫疾控发〔2015〕92号	2015年11月17日

（十二）地质灾害危险性评估

根据《地质灾害防治条例》（以下简称《条例》）、《国务院关于加强地质灾害防治工作的决定》（以下简称《决定》）的相关规定，在地质灾害易发区内进行工程项目建设的，要严格按规定开展地质灾害危险性评估，严防人为活动诱发地质灾害，天然气管道建设单位应当在可行性研究阶段进行地质灾害危险性评估。

1. 建设项目地质灾害概述

我国是世界上地质灾害较严重、受威胁人口较多的国家之一。我国的地质条件复杂，构造活动频繁。《条例》中所称的地质灾害，包括自然因素或者人为活动引发的危害人民生命和财产安全的山体崩塌、滑坡、泥石流、地面塌陷、地裂缝、地面沉降等与地质作用有关的灾害。地质灾害隐患多、分布广，且隐蔽性、突发性和破坏性强，防范难度大。

地质灾害按照人员伤亡、经济损失的大小分为 4 个等级：特大型（死亡 30 人以上或者直接经济损失 1 000 万元以上的）、大型（死亡 10 人以上 30 人以下或者直接经济损失 500 万元以上 1 000 万元以下的）、中型（死亡 3 人以上 10 人以下或者直接经济损失 100 万元以上 500 万元以下的）、小型（死亡 3 人以下或者直接经济损失 100 万元以下的）。

《条例》对于发生地质灾害的两种情况的责任承担分别作出了以下规定。

（1）因自然因素造成的地质灾害的防治经费，在划分中央和地方事权和财权的基础上，分别列入中央和地方有关人民政府的财政预算。

（2）因工程建设等人为活动引发的地质灾害的治理费用，按照谁引发、谁治理的原则由责任单位承担。

2. 天然气建设项目地质灾害危险性评估

（1）建设项目单位应当依法进行地质灾害危险性评估。《条例》对于在地质灾害易发区内的工程建设项目，应当在可行性研究阶段进行地质灾害危险性评估，并将评估结果作为可行性研究报告的组成部分；可行性研究报告中未包含地质灾害危险性评估结果的，其可行性研究报告不予以批准。

地质灾害危险性评估工作分级进行，对承担地质灾害危险性评估工作的单位实行资质管理制度，报告应经具有资格的资质灾害防治专家进行审查，对评估成果实行备案制度。

评估成果根据评估级别的不同分别由县级、市级和省级国土资源行政主管部门认定，并按要求抄报部、省、市级国土资源主管部门。不符合条件的，国土资源行政主管部门不予办理建设用地审批手续。地质灾害危险性评估包括下列内容：

①阐明工程建设区和规划区的地质环境条件基本特征。

②分析论证工程建设区和规划区各种地质灾害的危险性，进行现状评估、预测评估和综合评估。

③提出防治地质灾害措施与建议，并作出建设场地适宜性评价结论。

（2）地质灾害危险性评估单位。我国对于从事地质灾害危险性评估的单位实行资质管理制度。地质灾害危险性评估单位应当具备下列条件，经省级以上人民政府国土资源主管部门资质审查合格，取得国土资源主管部门颁发的相应等级的资质证书后，方可在资质等级许可的范围内从事地质灾害危险性评估业务。

①有独立的法人资格。

②有一定数量的工程地质、环境地质和岩土工程等相应专业的技术人员。

③有相应的技术装备。地质灾害危险性评估单位进行评估时，应当对建设工程遭受地质灾害危害的可能性和该工程建设中、建成后引发地质灾害的可能性做出评价，提出具体的预防治理措施，并对评估结果负责。

（3）地质灾害危险性评估时的"三个禁止"。地质灾害危险性评估单位进行评估时，禁止从事以下行为：

①禁止地质灾害危险性评估单位超越其资质等级许可的范围，或者以其他地质灾害危险性评估单位的名义承揽地质灾害危险性评估业务。

②禁止地质灾害危险性评估单位允许其他单位以本单位的名义承揽地质灾害危险性评估业务。

③禁止任何单位和个人伪造、变造、买卖地质灾害危险性评估资质证书。

（4）配套建设地质灾害治理工程应当进行验收。对经评估认为可能引发地质灾害或者可能遭受地质灾害危害的建设工程，应当配套建设地质灾害治理工程。地质灾害治理工程的设计、施工和验收应当与主体工程的设计、施工、验收同时进行。配套的地质灾害治理工程未经验收或者经验收不合格的，主体工程不得投入生产或者使用。

（5）地质灾害的责任承担。建设单位在项目工程建设的过程中，引发了地质灾害，由建设责任单位承担治理责任。责任单位由地质灾害发生地的县级以上人民政府国土资源主管部门，负责组织专家对地质灾害的成因进行分析论证后认定。如建设单位对地质灾害的治理责任认定结果有异议的，可以依法申请行政复议或者提起行政诉讼。

3. 法律责任

（1）未对工程建设进行治理而引发的地质灾害进行治理的法律责任。违反《条例》规定，建设单位对工程建设等人为活动引发的地质灾害不予治理的，由县级以上人民政府国土资源主管部门责令限期治理；逾期不治理或者治理不符合要求的，由责令限期治理的国土资源主管部门组织治理，所需费用由责任单位承担，处 10 万元以上 50 万元以下的罚款；给他人造成损失的，依法承担赔偿责任。

（2）在地质灾害危险区进行工程建设可能引发地质灾害活动的法律责任。违反《条例》规定，在地质灾害危险区内爆破、削坡、进行工程建设以及从事其他可能引发地质灾害活动的，由县级以上地方人民政府国土资源主管部门责令停止违法行为，对单位处 5 万元以上 20 万元以下的罚款，对个人处 1 万元以上 5 万元以下的罚款；构成犯罪的，依法追究刑事责任；给他人造成损失的，依法承担赔偿责任。

（3）未依法进行地质灾害危险性评估的法律责任。违反《条例》规定，有下列行为之一的，由县级以上人民政府国土资源主管部门或者其他部门依据职责责令停止违法行为，对地质灾害危险性评估单位、地质灾害治理工程勘察、设计或者监理单位处合同约定的评估费、勘察费、设计费或者监理酬金 1 倍以上 2 倍以下的罚款，对地质灾害治理工程施工单位处工程价款 2% 以上 4% 以下的罚款，并可以责令停业整顿，降低资质等级；有违法所得的，没收违法所得；情节严重的，吊销其资质证书；构成犯罪的，依法追究刑事责任；给他人造成损失的，依法承担赔偿责任。

①在地质灾害危险性评估中弄虚作假或者故意隐瞒地质灾害真实情况的；

②在地质灾害治理工程勘查、设计、施工以及监理活动中弄虚作假、降低工程质量的；

③无资质证书或者超越其资质等级许可的范围承揽地质灾害危险性评估、地质灾害治理工程勘查、设计、施工及监理业务的；

④以其他单位的名义或者允许其他单位以本单位的名义承揽地质灾害危险性评估、地质灾害治理工程勘查、设计、施工和监理业务的。

（4）伪造、变造、买卖地质灾害危险性评估资质证书的。违反《条例》规定，伪造、变造、买卖地质灾害危险性评估资质证书、地质灾害治理工程勘查、设计、施工和监理资质证书的，由省级以上人民政府国土资源主管部门收缴或者吊销其资质证书，没收违法所得，并处 5 万元以上 10 万元以下的罚款；构成犯罪的，依法追究刑事责任。

（5）侵占、损毁、损坏地质灾害监测设施或者地质灾害治理工程设施的法律责任。违反《条例》规定，侵占、损毁、损坏地质灾害监测设施或者地质灾害治理工程设施的，由县级以上地方人民政府国土资源主管部门责令停止违法行为，限期恢复原状或者采取补救措施，可以处 5 万元以下的罚款；构成犯罪的，依法追究刑事责任（见表5-12）。

表5-12　与地质灾害防治相关的法律法规汇总表

序号	法规名称	发文机关	文号	生效日期
1	《地质灾害防治条例》	国务院	国务院第394号	2004年3月1日

（十三）消防手续的办理

根据《消防法》《建设工程消防设计审查验收管理暂行规定》的相关规定，建设单位依法对建设工程消防设计、施工质量负首要责任。天然气属于易燃、易爆气体，天然气的充装站、供应站、调压站属于特殊工程项目，应当依法依规进行消防设计审查，在项目竣工后应当依法组织消防验收，未依法办理消防相关手续的，建设单位将会面临承担相应法律责任的风险。

1. 消防设计审查

（1）概述。根据《消防法》《建设工程消防设计审查验收管理暂行规定》的相关规定，建设工程的消防设计、施工必须符合国家工程建设消防技术标准，建设、设计、施工、工程监理单位对建设工程的消防设计、施工质量负责。

特殊工程实施消防设计审查制度，易燃、易爆气体和液体的充装站、供应站、调压站属于特殊工程，建设单位应当向消防设计审查验收主管部门申请消防设计审查；未经消防设计审查或审查不合格的，施工单位不得施工。特殊工程外其他建设工程，建设单位申请施工许可或者申请批准开工报告时，应当提供满足施工需要的消防设计图纸及技术资料。未提供满足施工需要的消防设计图纸及技术资料的，有关部门不得发放施工许可证或者批准开工报告。

因此，天然气充装站、供应站、调压站的建设单位应当依法申请消防设计审查，通过审查后方可进行施工。建设单位申请消防设计审查，应提交的材料如下：①消防设计审查申请表；②消防设计文件；③依法需要办理建设工程规划许可的，应当提交建设工程规划许可文件；④依法需要批准的临时性建筑，应当提交批准文件。

特殊建设工程具有下列情形之一的，建设单位除提交上述材料外，还应当同时提交特殊消防设计技术资料：①国家工程建设消防技术标准没有规定，必须采用国际标准或者境外工程建设消防技术标准的；②消防设计文件拟采用的新技术、新工艺、新材料不符合国家工程建设消防技术标准规定的。特殊消防设计技术资料，应当包括特殊消防设计文件，设计采用的国际标准、境外工程建设消防技术标准的中文文本，以及有关的应用实例、产品说明等资料。

对特殊消防设计技术资料，消防设计审查验收主管部门应当自受理消防设计审查申请之日起5个工作日内，将申请材料报送省、自治区、直辖市人民政府住房和城乡建设主管部门组织专家评审。

（2）主管部门出具审查意见。消防设计审查验收主管部门应当自受理消防设计审查申请之日起，15个工作日内出具书面审查意见。需要组织专家评审的，专家评审时间不超过20个工作日。

建设单位提交的特殊消防设计技术资料由省、自治区、直辖市人民政府住房和城乡建设主管部门组织召开专家评审会进行评审。评审专家应当符合相关专业要求，总数不得少于7人，且独立出具评审意见。特殊消防设计技术资料经3/4以上评审专家同意即为评审通过。评审专家有不同意见的，应当注明。省、自治区、直辖市人民政府住房和城乡建设主管部门应当将专家评审意见，书面通知报请评审的消防设计审查验收主管部门，同时报国务院住房和城乡建设主管部门备案。

符合下列条件的，消防设计审查验收主管部门应当出具消防设计审查合格意见：①申请材料齐全、符合法定形式；②设计单位具有相应资质；③消防设计文件符合国家工程建设消防技术标准（特殊消防设计技术资料需要通过专家评审）。不符合条件的，消防设计审查验收主管部门应当出具消防设计审查不合格意见，并说明理由。

消防设计文件经审查后，建设、设计、施工单位不得擅自修改，确需修改的，建设单位应当重新申请消防设计审查。

2. 消防验收

（1）概述。特殊建设工程竣工后，建设单位应当向消防设计审查验收主管部门申请消防验收；未经消防验收或者消防验收不合格的，禁止投入使用。特殊工程外的其他建设工程实行备案抽查制度，其他建设工程经依法抽查不合格的，应当停止使用。

建设单位组织竣工验收时，应查验如下内容：①完成工程消防设计和合同约定的消防各项内容。②有完整的工程消防技术档案和施工管理资料（含涉及消防的建筑材料、建筑构配件和设备的进场试验报告）。③建设单位对工程涉及消防的各分部分项工程验收合格；施工、设计、工程监理、技术服务等单位确认工程消防质量符合有关标准。④消防设施性能、系统功能联调联试等内容检测合格。经查验不符合要求的建设工程，建设单位不得编制工程竣工验收报告。

建设单位申请消防验收，应提交如下材料：①消防验收申请表；②工程竣工验收报告；③涉及消防的建设工程竣工图纸。

（2）主管部门出具消防验收意见。消防设计审查验收主管部门应当自受理消防验收申请之日起 15 日内出具消防验收意见。对符合下列条件的，应当出具消防验收合格意见。①申请材料齐全、符合法定形式；②工程竣工验收报告内容完备；③涉及消防的建设工程竣工图纸与经审查合格的消防设计文件相符；④现场评定结论合格。对不符合条件的，消防设计审查验收主管部门应当出具消防验收不合格意见，并说明理由。

实行规划、土地、消防、人防、档案等事项联合验收的建设工程，消防验收意见由地方人民政府指定的部门统一出具。

其他建设工程竣工验收合格之日起 5 个工作日内，建设单位应当报消防设计审查验收主管部门备案。备案应当提交如下材料：①消防验收备案表；②工程竣工验收报告；③涉及消防的建设工程竣工图纸。

消防设计审查验收主管部门收到备案材料后，对备案材料齐全的，应当出具备案凭证；备案材料不齐全的，应当一次性告知需要补正的全部内容。

3. 未依法办理消防手续的法律责任

根据《消防法》《建设工程消防设计审查验收管理暂行规定》的相关规定，建设单位未依法办理相关手续，可能承担的法律责任如下：

（1）依法应当进行消防验收的建设工程，未经消防验收或者消防验收不合格的，禁止投入使用；其他建设工程经依法抽查不合格的，应当停止使用。建设单位未依照相关规定在验收后报住房和城乡建设主管部门备案的，由住房和城乡建设主管部门责令改正，处 5 000 元以下罚款。

（2）依法应当进行消防设计审查的建设工程，未经依法审查或者审查不合格，擅自施工的；依法应当进行消防验收的建设工程，未经消防验收或者消防验收不合格，擅自投入使用的；住房和城乡建设主管部门、消防救援机构按照各自职权责令停止施工、停止使用或者停产停业，并处 3 万元以上 30 万元以下罚款。

天然气管道供应站、调压站等建设单位在建设过程中，应依法依规进行消防设计审查，取得消防验收主管部门的审核同意后方可进行施工；在项目竣工后，应依法进行消防验收，避免消防手续的缺失而承担相应的法律责任（见表 5-13）。

表 5-13　消防相关的法律法规汇总表

序号	法规名称	发文机关	文号	生效日期
1	《中华人民共和国消防法（2019 年修订）》	全国人民代表大会常务委员会	—	2019 年 4 月 23 日
2	《建设工程消防设计审查管理暂行规定》	住房和城乡建设部	住房和城乡建设部令第 51 号	2020 年 6 月 1 日

（十四）防雷装置

根据《中华人民共和国气象法》《气象灾害防御条例》《防雷减灾管理办法》《防雷装置设计审核和竣工验收规定》等相关法律法规及规范的规定，油库、气库、油（气）管道站场、阀室等爆炸和火灾危险环境及设施的防雷装置应当经过设计审核和竣工验收，未进行设计审查后审查不合格的不得施工，未经竣工验收或验收不合格的，不得投入使用。天然气管道工程建设单位在建设站场、阀室、气库等建筑物、场所和设施过程中，应依法办理防雷装置设计审查及验收，并将防护设施与主体工程同时设计、施工、投入使用，防范防雷手续缺失而引发的法律责任。

1. 防雷装置设计审查

（1）概述。雷电灾害将会对各类建（构）筑物、场所和设施将会造成极其严重后果，为最大限度地降低雷电灾害损失，建设单位在施工建设过程中应当按照国家有关标准及法律法规的规定进行防雷设计审查，安装雷电防护装置。

（2）申请防雷装置设计审查。新建、改建、扩建建（构）筑物设计文件审查时，应当同时申请防雷装置设计审核。申请防雷装置初步设计审核应提交的材料如下：①"防雷装置设计审核申请书"；②总规划平面图设计单位和人员的资质证和资格证书的复印件；③防雷装置初步设计说明书、初步设计图纸及相关资料；④需要进行雷电灾害风险评估的项目，应当提交雷电灾害风险评估报告。

建设单位申请防雷装置施工图设计审核应当提交以下材料：①"防雷装置设计审核申请书"；②设计单位和人员的资质证和资格证书的复印件；③防雷装置施工图设计说明书、施工图设计图纸及相关资料；④设计中所采用的防雷产品相关资料；⑤经当地气象主管机构认可的防雷专业技术机构出具的防雷装置设计技术评价报告；⑥防雷装置未经过初步设计的，应当提交总规划平面图；⑦经过初步设计的，应当提交"防雷装置初步设计核准意见书"。

防雷工程的施工单位应当按照审核同意的设计方案进行施工，并接受当地气象主管机构监督管理。在施工中变更和修改设计方案的，应当按照原申请程序重新申请审核。

（3）主管部门出具审查意见。县级以上地方气象主管机构负责本行政区域内的防雷装置的设计审核。符合要求的，由负责审核的气象主管机构出具核准文件；不符合要求的，负责审核的气象主管机构提出整改要求，退回申请单位修改后，重新申请设计审核。未经审核或者未取得核准文件的设计方案，不得交付施工。

气象主管机构应当在收到全部申请材料之日起 5 个工作日内，作出受理或者不予受理的书面决定，并对决定受理的申请出具"防雷装置设计审核受理回执"。对不予受理的，应当书面说明理由。

气象主管机构应当在受理之日起 20 个工作日内完成审核工作。经审核符合要求的，颁发"防雷装置设计核准意见书"。施工单位应当按照经核准的设计图纸进行施工；在施工中需要变更和修改防雷设计的，应当重新申请设计审核；经审核不符合要求的，出具"防雷装置设计修改意见书"，申请单位进行设计修改后，按照原程序重新申请设计审核。

2. 防雷装置竣工验收

防雷装置实行竣工验收制度。建设单位应当向气象主管机构提出申请，填写"防雷装置竣工验收申请书"。新建、改建、扩建建（构）筑物竣工验收时，建设单位应当通知当地气象主管机构同时验收防雷装置。

建设单位进行防雷装置竣工验收应当提交以下材料：①"防雷装置竣工验收申请书"；②"防雷装置设计核准意见书"；③施工单位的资质证和施工人员的资格证书的复印件；④取得防雷装置检测资质的单位出具的"防雷装置检测报告"；⑤防雷装置竣工图纸等技术资料；⑥防雷产品出厂合格证、安装记录和符合国务院气象主管机构规定的使用要求的证明文件。

防雷装置竣工验收申请符合条件的，当地气象主管机构应当受理。收申请材料不齐全或者不符合法定形式的，在收到申请材料之日起 5 个工作日内一次告知申请单位需要补正的全部内容，并出具"防雷装置竣工验收资料补正通知"。逾期不告知的，收到申请材料之日起即视为受理。

气象主管机构应当在收到全部申请材料之日起 5 个工作日内，按照《中华人民共和国行政许可法》第三十二条的规定，根据本规定的受理条件作出受理或者不予受理的书面决定，并对决定受理的申请出具"防雷装置竣工验收受理回执"。对不予受理的，应当书面说明理由。

防雷装置竣工验收内容：①申请材料的合法性；②安装的防雷装置是否符合国家有关标准和国务院气象主管机构规定的使用要求；③安装的防雷装置是否按照核准的施工图施工完成。

负责验收的气象主管机构接到申请后，应当根据具有相应资质的防雷装置检测机构出具的检测报告进行核实。气象主管机构应当在受理之日起 10 个工作日内作出竣工验收结论。防雷装置经验收符合要求的，出具"防雷装置验收意见书"。验收不符合要求的，出具"防雷装置整改意见书"；整改完成后，按照原程序重新申请验收。未取得验收合格文件的防雷装置，不得投入使用。

3. 法律责任

负有防雷设施设计审查及验收的单位未依法依规办理相关手续应承担的法律责任如下：

（1）申请单位隐瞒有关情况、提供虚假材料申请设计审核或者竣工验收许可的，有关气象主管机构不予受理或者不予行政许可，并给予警告。

（2）申请单位以欺骗、贿赂等不正当手段通过设计审核或者竣工验收的，有关气象主管机构按照权限给予警告，撤销其许可证书，可以处 1 万元以上 3 万元以下罚款；构成犯罪的，依法追究刑事责任。

（3）防雷装置设计未经当地气象主管机构审核或者审核未通过，擅自施工的；或防雷装置未经当地气象主管机构验收或者未取得验收文件，擅自投入使用的，县级以上气象主管机构按照权限责令改正，给予警告，可以处 5 万元以上 10 万元以下罚款；给他人造成损失的，依法承担赔偿责任，构成犯罪的，依法追究刑事责任。

（4）应当安装防雷装置而拒不安装的；使用不符合使用要求的防雷装置或者产品的；已有防雷装置，拒绝进行检测或者经检测不合格又拒不整改的，县级以上气象主管机构按照权限责令改正，给予警告，可以处 1 万元以上 3 万元以下罚款；给他人造成损失的，依法承担赔偿责任；构成犯罪的，依法追究刑事责任。

（5）违反《防雷装置设计审核和竣工验收规定》，导致雷击造成火灾、爆炸、人员伤亡以及国家财产重大损失的，由主管部门给予直接责任人行政处分；构成犯罪的，依法追究刑事责任。

综上所述，天然气管道建设单位在工程建设过程中应当严格依法办理防雷设施设计审查，安装防护装置，使用符合要求的防雷装置或产品，并依法进行防雷设施装置竣工验收（见表 5-14），落实"三同时制度"，避免相关手续的缺失而承担法律责任。

表 5-14　防雷装置相关的法律法规汇总表

序号	法规名称	发文机关	文号	生效日期
1	《中华人民共和国气象法》（2016 年修正）	全国人大常委会	—	2016 年 11 月 7 日
2	《气象灾害防御条例》（2017 年修订）	国务院	—	2017 年 10 月 7 日
3	《防雷减灾管理办法》（2013 年修订）	中国气象局	中国气象局令第 24 号	2013 年 6 月 1 日
4	《防雷装置设计审核和竣工验收规定》（2011 年修订）	中国气象局	中国气象局令第 21 号	2011 年 9 月 1 日

防雷设计审查办理流程图，如图 5-5 所示。

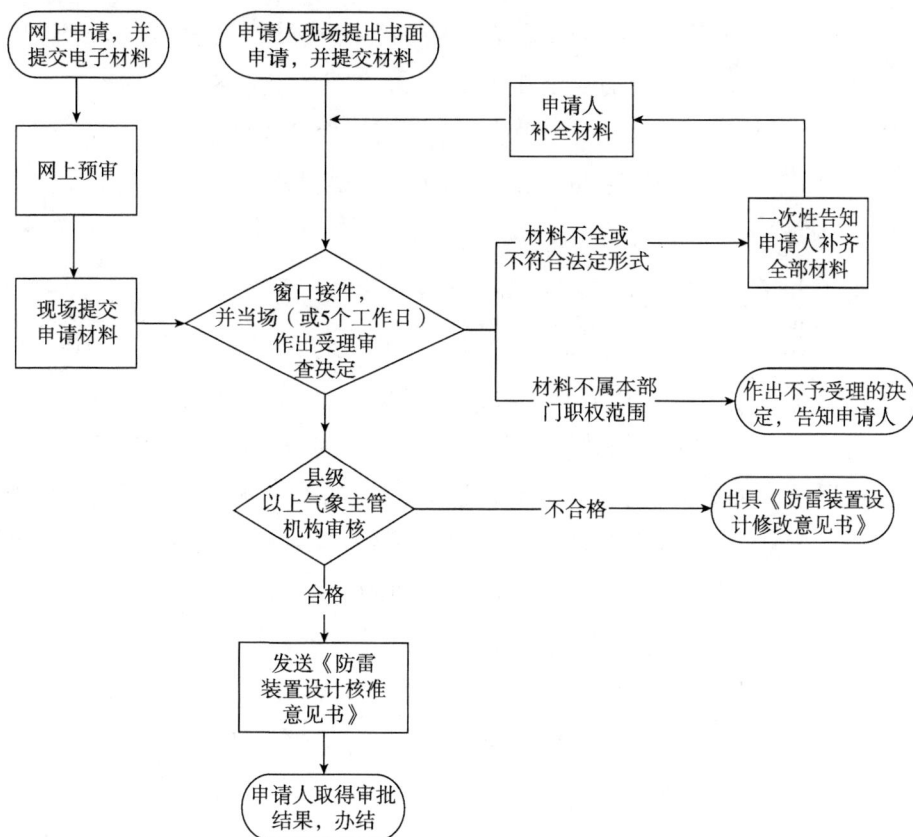

图 5-5　防雷设计审查办理流程图

（十五）特种设备安全管理

由于特种设备对人身和财产安全有较大危险性，根据《特种设备安全法》《特种设备安全监察条例》《特种设备使用管理规则》等有关法律法规及规范的规定，我国对特种设备实行目录管理，由特种设备安全监察机构实施监督管理，与天然气管道相关的特种设备主要是压力管道及其安全保护装置和附属设施。

根据国家市场监督管理总局 2023 年 3 月 15 日公布的《关于 2022 年全国特种设备安全状况的通告》①，2022 年，全国共发生特种设备事故和相关事故 108 起、死亡 101 人；与 2021 年相比，事故数量减少 2 起、降幅 1.82%，死亡人数增加 2 人、增幅 2.02%。其中，压力管道事故 2 起，死亡 2 人。因此，天然气管道单位等特种设备的使用单位应提高安全意识，依法依规办理特种设备使用登记，配备相应的安全管理人员，并按照有关规定进行检验和维修养护，确保特种设备安全，最大限度地降低事故发生的可能性。使用单位未依法依规履行相关法定义务的，将会承担相应的民事、行政乃至刑事法律责任。

1. 特种设备使用登记

（1）登记对象。特种设备，是指对人身和财产安全有较大危险性的锅炉、压力容器（含气瓶）、压力管道、电梯、起重机械、客运索道、大型游乐设施、场（厂）内专用机动车辆，以及法律、行政法规规定的其他特种设备。

根据《特种设备安全法》《特种设备安全监察条例》及《特种设备使用管理规则》的规定，使用单位应在特种设备投入使用前或者投入使用后 30 日内，向负责特种设备安全监督管理的部门办理使用登记，取得使用登记证书。登记标志应当置于或附着于该特种设备的显著位置。

与天然气管道相关的特种设备主要是压力管道。压力管道是指由管道组成件、管道支承件、安全保护装置和附属设施等组成的系统，用于输送气体

---

① 国家市场监督管理总局. 关于 2022 年全国特种设备安全状况的通告 ［R/OL］. http://gkml. samr.gov.cn/nsjg/tzsbj/202103/t20210315_ 326902.html.

或者液体的管状设备；安全保护装置指压力管道上连接的安全阀、压力表、爆破片和紧急切断阀等；附属设施指阴极保护装置、压气站、泵站、阀站、调压站、监控系统等；管道的划分界限为：管道与设备焊接连接的第一道环向焊缝、螺纹连接的第一个接头、法兰连接的第一个法兰密封面、专用连接件的第一个密封面。

压力管道按用途可分为长输管道、公用管道、工业管道和动力管道。长输管道（GA）是指在产地、储存库、油气使用单位之间的用于输送原油、成品油、天然气等介质的压力管道①；公用管道（GB）系指城市或乡镇范围内的用于公用事业或民用的燃气管道和热力管道②；工业管道（GC）系指企业、事业单位所属的用于输送工艺介质的工艺管道、公用工程管道及其他辅助管道③；动力管道（GD）系指火力发电厂界区内以蒸汽、水和易燃易爆、有毒及腐蚀性液体或气体为介质的管道④。

根据特种设备安全监察局 2020 年 11 月 16 日发布的《关于压力管道气瓶安全监察工作有关问题的通知》（质检办特〔2015〕675 号）第一条第（八）款的规定，长输（油气）管道和公用管道使用登记已列入行政许可改革范围，总局和各地质监部门暂停办理长输（油气）管道、公用管道的使用登记。工业管道仍须按《压力管道使用登记管理规则》（TSG D5001—2009）的规定办理使用登记。

根据特种设备安全监察局的回复⑤，目前特种设备安全监察局已经按照前述通知执行，暂停办理长输管道使用登记，压力管道的安装施工、监督检验等仍需按照有关规定执行。

2017 年 5 月 17 日，质检总局特种设备局曾发布关于对《长输管道使用管理办法（试行）》（征求意见稿）征求意见的函（质检特函〔2017〕28 号）。征求意见的管理办法中有关于长输管道登记的规定，但此管理办法仅为征求

---

① 见《压力管道规范——长输管道（GB/T 34275—2017）》。
② 见《压力管道规范——公用管道（GB/T 38942—2020）》。
③ 见《压力管道规范——工业管道（GB/T 20801.1—2020）》。
④ 见《压力管道规范——动力管道（GB/T 32270—2015）》。
⑤ 特种设备安全监察局. 互动回复［Z/OL］. http：//gzhd.samr.gov.cn：8500/robot/publicComments.html?relayId=8de7a89e9c4445339ba8f 8ea87711c7f.

意见稿，并未颁布实施。

虽然《特种设备安全法》《特种设备安全监察条例》等相关法律法规规定压力管道需要办理登记，但在实操中，登记部门已经暂停办理长输管道和公用管道的登记，对于如何办理行政许可也尚未出台具体规定。故下文所述为工业管道使用登记的办理手续，待长输管道和公用管道行政许可的相关规定出台后，我们再进行阐述。

（2）登记手续办理。使用登记程序包括申请、受理、审查和颁发使用登记证，登记方式分为按台（套）办理和按单位办理。

①申请。使用单位应按照《特种设备使用管理规则》（TSG 08—2017）及《压力管道使用登记管理规则》（TSG D5001—2009）要求提供资料，如使用登记表、有关主体身份证明、特征设备产品合格证明、监督检验证明、"压力管道基本信息汇总表——工业管道"、"气瓶基本信息汇总表"等材料。

登记单位收到申请后，能够当场办理的，应当当场作出受理或者不予受理的书面决定；不能当场办理的，应当在 5 个工作日内作出受理或者不予受理的书面决定。申请资料不齐或者不符合规定时，应当一次性告知需要补正的全部内容。

②审查发证。自受理之日起 15 个工作日内，登记机关应当完成审查、发证或者出具不予登记的决定；对于一次申请登记数量超过 50 台或者按单位办理使用登记的可以延长至 20 个工作日。不予登记的，出具不予登记的决定，并且书面告知不予登记的理由。

登记机关对申请资料有疑问的，可以对特种设备进行现场核查。进行现场核查的，办理使用登记日期可以延长至 20 个工作日。

准予登记的特种设备，登记机关应当按照《特种设备使用登记证编号编制方法》编制使用登记证编号，签发使用登记证，并且在使用登记表最后一栏签署意见、盖章。

2. 特种设备使用单位的其他义务

特种设备使用单位还需遵守《特种设备法》及《特种设备安全监察条例》的相关规定，履行如下职责和义务。

（1）使用取得许可生产并经检验合格的特种设备，禁止使用国家明令淘汰和已经报废的特种设备。投入使用前，应核对是否附有安全技术规范要求的设计文件、产品质量合格证明、安装及使用维修说明、监督检验证明等文件。

（2）在特种设备投入使用前或者投入使用后 30 日内，向负责特种设备安全监督管理的部门办理使用登记，取得使用登记证书。登记标志应当置于该特种设备的显著位置。

（3）建立岗位责任、隐患治理、应急救援等安全管理制度，制定操作规程，保证特种设备安全运行。

（4）建立特种设备安全技术档案。

（5）设置特种设备安全管理机构，或者配备专职、兼职的特种设备安全管理人员。

（6）对特种设备进行经常性维护保养和定期自行检查，并作出记录；对特种设备的安全附件、安全保护装置进行定期校验、检修，并作出记录。

（7）按照安全技术规范的要求，在检验合格有效期届满前一个月向特种设备检验机构提出定期检验要求，将定期检验标志置于该特种设备的显著位置。未经定期检验或者检验不合格的特种设备，不得继续使用。

（8）特种设备出现故障或者发生异常情况，应当对其进行全面检查，消除事故隐患，方可继续使用。

（9）特种设备事故发生后，事故发生单位应当立即启动事故应急预案，组织抢救，防止事故扩大，减少人员伤亡和财产损失，并及时向事故发生地县以上特种设备安全监督管理部门和有关部门报告。

3. 法律责任

如前所述，特种设备的使用单位应按照相关规范办理使用登记，并依法依规履行相应的义务，确保特种设备的安全，进行定期检验，避免发生特种设备事故。使用单位未履行相应法律义务的，可能承担的法律责任如下：

（1）特种设备使用单位有下列情形之一的，由特种设备安全监督管理部门责令限期改正；逾期未改正的，处 2 000 元以上 2 万元以下罚款；情节严重的，责令停止使用或者停产停业整顿。

①特种设备投入使用前或者投入使用后 30 日内，未向特种设备安全监督管理部门登记，擅自将其投入使用的；

②未建立特种设备安全技术档案的；

③未依照相关规定，对在用特种设备进行经常性日常维护保养和定期自行检查的，或者对在用特种设备的安全附件、安全保护装置、测量调控装置及有关附属仪器仪表进行定期校验、检修，并作出记录的；

④未按照安全技术规范的定期检验要求，在安全检验合格有效期届满前1个月向特种设备检验检测机构提出定期检验要求的；

⑤使用未经定期检验或者检验不合格的特种设备的；

⑥特种设备出现故障或者发生异常情况，未对其进行全面检查、消除事故隐患，继续投入使用的；

⑦未制订特种设备事故应急专项预案的；

⑧未对电梯进行清洁、润滑、调整和检查的；

⑨未按照安全技术规范要求进行锅炉水（介）质处理的；

⑩特种设备不符合能效指标，未及时采取相应措施进行整改的；

⑪特种设备使用单位使用未取得生产许可的单位生产的特种设备或者将非承压锅炉、非压力容器作为承压锅炉、压力容器使用的，由特种设备安全监督管理部门责令停止使用，予以没收，处2万元以上10万元以下罚款。

（2）特种设备使用单位有下述情形之一的，特种设备安全监督管理部门责令限期改正；逾期未改正的，责令停止使用有关特种设备，处1万元以上10万元以下罚款。

①使用特种设备未按照规定办理使用登记的；

②未建立特种设备安全技术档案或者安全技术档案不符合规定要求，或者未依法设置使用登记标志、定期检验标志的；

③未对其使用的特种设备进行经常性维护保养和定期自行检查，或者未对其使用的特种设备的安全附件、安全保护装置进行定期校验、检修，并作出记录的；

④未按照安全技术规范的要求及时申报并接受检验的；

⑤未按照安全技术规范的要求进行锅炉水（介）质处理的；

⑥未制订特种设备事故应急专项预案的。

（3）特种设备存在严重事故隐患，无改造、维修价值，或者超过安全技术规范规定的使用年限，特种设备使用单位未予以报废，并向原登记的特种设备安全监督管理部门办理注销的，由特种设备安全监督管理部门责令限期改正；逾期未改正的，处 5 万元以上 20 万元以下罚款。

（4）特种设备使用单位有下列行为之一的，特种设备安全监督管理部门责令停止使用有关特种设备，处 3 万元以上 30 万元以下罚款。

①使用未取得许可生产，未经检验或者检验不合格的特种设备，或者国家明令淘汰、已经报废的特种设备的；

②特种设备出现故障或者发生异常情况，未对其进行全面检查、消除事故隐患，继续使用的；

③特种设备存在严重事故隐患，无改造、修理价值，或者达到安全技术规范规定的其他报废条件，未依法履行报废义务，并办理使用登记证书注销手续的。

（5）特种设备生产、经营、使用单位有下列情形之一的，责令限期改正；逾期未改正的，责令停止使用有关特种设备或者停产停业整顿，处 1 万元以上 5 万元以下罚款。

①未配备具有相应资格的特种设备安全管理人员、检测人员和作业人员的；

②使用未取得相应资格的人员从事特种设备安全管理、检测和作业的；

③未对特种设备安全管理人员、检测人员和作业人员进行安全教育和技能培训的。

（6）发生特种设备事故，有下列情形之一的，对单位处 5 万元以上 20 万元以下罚款；对主要负责人处 1 万元以上 5 万元以下罚款；主要负责人属于国家工作人员的，并依法给予处分。

①发生特种设备事故时，不立即组织抢救或者在事故调查处理期间擅离职守或者逃匿的；

②对特种设备事故迟报、谎报或者瞒报的。

（7）发生事故，对负有责任的单位除要求其依法承担相应的赔偿等责任外，依照下列规定处以罚款。

①发生一般事故，处 10 万元以上 20 万元以下罚款；

②发生较大事故，处 20 万元以上 50 万元以下罚款；

③发生重大事故，处 50 万元以上 200 万元以下罚款。

（8）对事故发生负有责任的单位的主要负责人未依法履行职责或者负有领导责任的，依照下列规定处以罚款；属于国家工作人员的，并依法给予处分。

①发生一般事故，处上一年年收入 30%的罚款；

②发生较大事故，处上一年年收入 40%的罚款；

③发生重大事故，处上一年年收入 60%的罚款。

由于压力管道等特种设备具有较大的危险性，一旦发生事故会对公众的生命及财产安全造成巨大损失，因此对特种设备实施严格的管理，特种设备的使用单位必须依法依规履行各项法定义务和职责（见表 5-15），最大限度地防范特种设备事故的发生，在事故时依法向有关主管部门报告，避免未履行相应义务而承担法律责任。

表 5-15　特种设备相关的法律法规汇总表

序号	法规名称	发文机关	文号	生效日期
1	《中华人民共和国特种设备安全法》	全国人大常委会	主席令第四号	2014 年 1 月 1 日
2	《特种设备安全监察条例》（2009 年修订）	国务院	—	2009 年 5 月 1 日
3	《特种设备使用管理规则》	国家质量监督检验检疫总局（已撤销）	TSG 08—2017	2017 年 1 月 16 日
4	质检总局关于实施新修订的《特种设备目录》若干问题的意见	国家质量监督检验检疫总局（已撤销）	国质检特〔2014〕679 号	2014 年 12 月 29 日
5	《关于压力管道气瓶安全监察工作有关问题的通知》	国家质量监督检验检疫总局（已撤销）	质检办特〔2015〕675 号	2020 年 11 月 16 日

（十六）涉路施工许可

根据《公路法》《公路安全保护条例》《路政管理规定》等相关法律法规的规定，跨越、穿越公路埋设管线等设施以及在公路用地范围内埋设管线等设施的，建设单位应事先征得交通主管部门的同意，取得主管部门的涉路施工许可方可进行施工活动，对公路造成损坏的，还应给予补偿。

1. 涉路工程概述

根据《公路法》的规定，公路包括公路桥梁、公路隧道和公路渡口，公路按其在公路路网中的地位分为国道、省道、县道和乡道，并按技术等级分为高速公路、一级公路、二级公路、三级公路和四级公路。具体划分标准由国务院交通主管部门规定。

任何单位和个人负有保护公路的义务，不得破坏、损坏或者非法占用公路、公路用地及公路附属设施。建设单位在跨越、穿越公路修建桥梁、渡槽或者架设、埋设管线等设施的，以及在公路用地范围内架设、埋设管线、电缆等设施的，应当事先经有关交通主管部门同意，影响交通安全的，还须征得有关公安机关的同意；所修建、架设或者埋设的设施应当符合公路工程技术标准的要求。对公路造成损坏的，应当按照损坏程度给予补偿。

2. 天然气管道工程涉路施工许可手续的办理

（1）建设单位申请涉路施工。根据《公路法》《公路安全保护条例》及《路政管理规定》的相关规定，建设单位进行下列涉路施工活动，应当向公路管理机构提出申请书和设计图：①因修建铁路、机场、供电、水利、通信等建设工程需要占用、挖掘公路、公路用地或者使公路改线；②跨越、穿越公路修建桥梁、渡槽或者架设、埋设管道、电缆等设施；③在公路用地范围内架设、埋设管道、电缆等设施；④利用公路桥梁、公路隧道、涵洞敷设电缆等设施；⑤利用跨越公路的设施悬挂非公路标志；⑥在公路上增设或者改造平面交叉道口；⑦在公路建筑控制区内埋设管道、电缆等设施。

建设单位提交涉路施工提交的申请书包括以下主要内容：①主要理由；②地点（公路名称、桩号及与公路边坡外缘或者公路界桩的距离）；③安全保障措施；④施工期限；⑤修复、改建公路的措施或者补偿数额。

建设单位申请进行涉路施工活动的建设单位应当向公路管理机构提交如下材料：①符合有关技术标准、规范要求的设计和施工方案；②保障公路、公路附属设施质量和安全的技术评价报告；③处置施工险情和意外事故的应急方案。

因此，天然气管道建设单位在穿越公路埋设管线，在公路建筑控制区内埋设管道等设施的，应当按照相关法律法规的规定提出涉路施工申请，并提交相关材料，取得主管部门的许可后方可施工；施工应符合相应的公路工程技术标准的相关要求。

（2）公路管理机构审核批准。根据《公路法》的规定，国务院交通主管部门主管全国公路工作。县级以上地方人民政府交通主管部门主管本行政区域内的公路工作；但是，县级以上地方人民政府交通主管部门对国道、省道的管理、监督职责由省、自治区、直辖市人民政府确定。乡、民族乡、镇人民政府负责本行政区域内的乡道的建设和养护工作。县级以上地方人民政府交通主管部门可以决定由公路管理机构依照规定行使公路行政管理职责。

根据《路政管理规定》的规定，各级公路管理机构的路政管理许可权限如下：①属于国道、省道的，由省级人民政府交通主管部门或者其设置的公路管理机构办理；②属于县道的，由市（设区的市）级人民政府交通主管部门或者其设置的公路管理机构办理；③属于乡道的，由县级人民政府交通主管部门或者其设置的公路管理机构办理。

交通主管部门或者其设置的公路管理机构自接到申请书之日起，15 日内应当作出决定。作出批准或者同意的决定的，应当签发相应的许可证；作出不批准或者不同意的决定的，应当书面告知，并说明理由。影响交通安全的，应当征得公安机关交通管理部门的同意；涉及经营性公路的，应当征求公路经营企业的意见。

3. 法律责任

天然气管道在建设过程中涉及穿越公路或在公路控制范围内进行施工活动的，应当按照前述规定向公路管理机构提出申请，取得路政许可后方可进行施工。根据《公路法》的规定，建设单位未经同意或者未按照公路工程技术标准的要求埋设管线等设施的，交通主管部门有权责令停止违法行为，可以处以 3 万元以下的罚款；根据《公路法》《公路安全保护条例》的规定，建设单位在公路建筑控制区内修建、扩建建筑物、地面构筑物或者未经许可埋设管道、电缆等设施的；公路管理机构责令限期拆除，可以处 5 万元以下的罚款。逾期不拆除的，由公路管理机构拆除，有关费用由违法行为人承担。天然气管道建设单位在进行涉路施工时，要依法办理路政许可手续，未依法办理的，可能会承担相应的法律责任（见表5-16）。

表5-16　公路相关的法律法规汇总表

序号	法规名称	发文机关	文号	生效日期
1	《中华人民共和国公路法》（2017年修正）	全国人大常委会	—	2017年11月5日
2	《公路安全保护条例》	国务院令	国务院令第593号	2011年7月1日
3	《路政管理规定》（2016年修正）	交通运输部	—	2016年12月10日

（十七）涉及铁路施工

根据《石油天然气保护法》《铁路法》《铁路安全管理条例》《高速铁路安全防护管理办法》《油气输送管道与铁路交汇工程技术及管理规定》等相关法律法规、工程技术管理的规定，天然气管道建设过程中，需要穿越铁路的，应当征得铁路运输企业同意并签订安全协议，遵守保证铁路安全的国家标准、行业标准和施工安全规范，采取措施防止影响铁路运输安全；未取得同意擅自从事施工活动的，危害铁路安全的，将会承担相应的行政、民事乃至是刑事法律责任。因此，了解相关规定，知悉法律风险，对建设单位而言具有十分重要的意义。

1. 管道涉铁路工程概述

天然气长输管线里程长，跨越多个行政区划，线性分布的特点使得管线工程易出现与其他建设工程交叉、并行的情况，因而在建设过程中，如何依法依规与处理与其他建设工程的关系对建设单位而言也是较为重要的问题。

(1)《石油天然气管道保护法》的规定

根据《石油天然气管道保护法》的规定，管道建设工程与其他建设工程的相遇时，处理原则如下：有法律规定的，依照法律规定处理；没有法律规定的，建设工程双方按照如下原则处理，后开工的工程要服从先开工或已建成的建设工程；同时开工建设的，后批准的服从先批准的。

因此，后开工或者后批准的建设工程，应当符合先开工、已建成或者先批准的建设工程的安全防护要求；需要先开工、已建成或者先批准的建设工程改建、搬迁或者增加防护设施的，后开工或者后批准的建设工程一方应当承担由此增加的费用。

（2）《铁路法》《铁路安全管理条例》的规定。根据《铁路法》的规定，铁路包括国家铁路、地方铁路、专用铁路和铁路专用线。国家铁路由国务院铁路主管部门管理；地方铁路由地方人民政府管理；专用铁路由企业或者其他单位管理，专为本企业或者本单位内部提供运输服务；铁路专用线由企业或者其他单位管理的与国家铁路或者其他铁路线路接轨的岔线。

关于天然气管道工程与铁路工程相遇的关系问题，根据《铁路法》《铁路安全管理条例》的相关规定，在铁路线路上埋置管道设施，穿凿通过铁路路基的地下坑道，或在铁路安全保护区内进行建造建筑物、构筑物等设施，取土、挖砂、挖沟、采空作业或者堆放、悬挂物品，必须征得铁路运输企业同意，签署安全协议，并按照保证铁路安全的国家标准、行业标准和施工安全规范，采取安全防护措施；违反规定进行施工活动，给铁路运输企业造成损失的，应当赔偿损失。

（3）《高速铁路安全防护管理办法》的规定。针对设计开行时速250千米以上（含预留），并且初期运营时速200千米以上的客运列车专线铁路（以下称高速铁路），《高速铁路安全防护管理办法》作出了特殊规定。

跨越、下穿或者并行高速铁路线路的油气、供气供热、供排水、电力等管线规划、设计、施工应当满足相关国家标准、行业标准及管理规定。施工前应当向铁路运输企业通报，与铁路运输企业协商一致后方可施工，必要时铁路运输企业可以派员进行安全防护。对跨越高速铁路的电力线路，应当采取可靠的防坠落措施。

跨越、下穿高速铁路的油气、供气供热、供排水等管线应当设置满足国家相关技术规范和标准要求的安全保护设施。在下穿时，优先选择在铁路桥梁、预留管线涵洞、综合管廊等既有设施处穿越；在特殊条件下，需穿越路基时，应当进行专项设计，满足路基沉降的限制指标。并行高速铁路的油气、供气供热、供排水等管线敷设时，最小水平净距应当满足相关国家标准、行业标准和安全保护要求。油气、供气供热、供排水、电力等管线的产权单位或者经营企业应当加强检查维护管理，确保状态良好。铁路运输企业应当积极配合。

2. 油气管线与铁路交会的协商机制

根据国家能源局、国家铁路局 2015 年 10 月 28 日发布的《油气输送管道与铁路交汇工程技术及管理规定》国能油气〔2015〕392 号，管道企业与铁路运输企业应建立日常协商机制，协商解决工程建设与运营中有关事项。

（1）可行性研究阶段。在工程可行性研究阶段，应充分调研沿线铁路、管道现状分布及规划情况，管道企业和铁路运输企业应积极配合对方，提供有关信息。

根据调研结果，提出新建工程与既有设施交会关系的处理方案，并征求对方意见；对方企业在接到征求意见函件后，应于 30 日（工作日）内书面回复。

（2）工程设计。当管道和铁路工程交会时，应对既有设施的状态进行评价，并根据评价结果提出设计方案。建设方应在初步设计阶段向对方企业提交设计方案，并就建设项目概况、技术参数、交叉位置描述、拟订通过方案、并行间距等作出说明。

在保证安全的前提下，管道与铁路相互交叉应优先选用对既有设施扰动小、施工便利、经济性好的技术方案。并应在接到交叉设计方案后 30 日（工作日）内回复书面意见。

当管道与铁路交会段同为新建、改（扩）建工程时，双方企业应按照确保安全、互相有利、节省投资和缩短工期的原则，合理选择设计施工方案。

在符合相关法律法规、强制性标准条文和相关规定的条件下，为统一管道穿跨越既有铁路工程或铁路跨越既有管道工程的技术方案，双方共同组织编制交叉穿跨越的标准设计图，并编制概算定额；经双方行业专家审查后，在建设项目中推广使用，作为交会工程设计和概算取费的依据。

（3）迁移交会段设施。当受地形、地物和周边条件等限制，需要迁移交会段既有设施时，建设单位应向产权单位提出书面请求，说明迁移需求和理由。

产权单位应积极配合建设单位组织编制迁移方案，在接到迁移方案后30日（工作日）内完成审查并出具处理意见。

（4）工程建设、验收。交会工程因施工需要在铁路线路或管道保护区内进行勘探、取土、弃土、堆料、设置临时设施、临时占用对方用地等活动，应经对方企业同意，采取保护措施，并接受对方企业的全过程安全监管和监督，工程施工结束后恢复原貌。

当施工过程中，确需在相关法律法规明确的铁路或管道限制爆破区域内进行爆破作业时，除应遵循国家法律法规以及有关强制性标准要求外，建设单位应提前将爆破方案提交对方企业审查，对方同意后方可实施。

交会工程施工由项目建设单位负责实施，对方企业配合。交会工程竣工后，应由双方共同进行工程验收，竣工资料由双方存档。

3. 法律责任

在天然气管道工程与铁路并行或交会时，天然气管道的建设单位未依法依规办理相关手续，可能承担的法律责任如下：

（1）未经铁路运输企业同意或者未签订安全协议，在铁路线路安全保护区内建造建筑物、构筑物等设施，取土、挖砂、挖沟、采空作业或者堆放、悬挂物品，或者违反保证铁路安全的国家标准、行业标准和施工安全规范，影响铁路运输安全的，由铁路监督管理机构责令改正，可以处10万元以下的罚款。

（2）在铁路线路安全保护区及其邻近区域建造或者设置的建筑物、构筑物、设备等进入国家规定的铁路建筑限界，或者在铁路线路两侧建造、设立生产、加工、储存或者销售易燃、易爆或者放射性物品等危险物品的场所、仓库不符合国家标准、行业标准规定的安全防护距离的，由铁路监督管理机构责令改正，对单位处5万元以上20万元以下的罚款，对个人处1万元以上5万元以下的罚款。

综上所述，天然气管道与铁路工程交会时，建设单位应取得铁路运输企业的同意并签署安全协议，合法合规建设，防范可能出现的法律风险，避免违法施工而承担相应的法律责任（见表5-17）。

表 5-17　涉及铁路施工相关的法律法规汇总表

序号	法规名称	发文机关	文号	施行日期
1	《中华人民共和国石油天然气管道保护法》	全国人大常委会	主席令第三十号	2010 年 10 月 1 日
2	《中华人民共和国铁路法》（2015 年修正）	全国人大常委会	—	2015 年 4 月 24 日
3	《铁路安全管理条例》	国务院	国务院令第 639 号	2014 年 1 月 1 日
4	《高速铁路安全防护管理办法》	交通运输部	交通运输部令 2020 年第 8 号	2020 年 7 月 1 日
5	《油气输送管道与铁路交汇工程技术及管理规定》	国家能源局国家铁路局	国能油气〔2015〕392 号	2015 年 10 月 28 日

（十八）穿越河流审查手续的办理

根据《水法》《防洪法》《河道管理条例》及《河道内建设项目管理的有关规定》等相关法律法规规章的规定，天然气管道工程需要在河道管理范围内进行建设的，其建设方案应当取得有关水行政主管部门的审查同意，并按照有关技术要求、防洪标准、航运要求进行工程建设，保持河势稳定和行洪、航运通畅；未取得水行政主管部门的审核同意擅自开工建设的，将会承担相应的法律责任。

1. 天然气管道穿越河流施工概述

根据河道管理相关法律法规及规章的规定，在河道管理范围内进行工程建设的，工程建设方案应取得主管部门的审查同意；未经审查同意的，不得开工建设。建设完成后，经河道主管部门验收合格后方可启用，具体法律依据如下所示。

（1）《水法》第三十八条：在河道管理范围内建设桥梁、码头和其他拦河、跨河、临河建筑物、构筑物，敷设跨河管道、电缆，应当符合国家规定的防洪标准和其他有关的技术要求，工程建设方案应当依照防洪法的有关规定报经有关水行政主管部门审查同意。

（2）《防洪法》第二十七条：建设跨河、穿河、穿堤、临河桥梁、码头、道路、渡口、管道、缆线、取水、排水等工程设施，应当符合防洪标准、岸线规划、航运要求和其他技术要求，不得危害堤防安全、影响河势稳定、妨碍行洪畅通；其工程建设方案未经有关水行政主管部门根据前述防洪要求审查同意的，建设单位不得开工建设。

前款工程设施需要占用河道、湖泊管理范围内土地，跨越河道、湖泊空间或者穿越河床的，建设单位应当经有关水行政主管部门对该工程设施建设的位置和界限审查批准后，方可依法办理开工手续；安排施工时，应当按照水行政主管部门审查批准的位置和界限进行。

(3)《河道管理条例》第十一条：修建开发水利、防治水害、整治河道的各类工程和跨河、穿河、穿堤、临河的桥梁、码头、道路、渡口、管道、缆线等建筑物及设施，建设单位必须按照河道管理权限，将工程建设方案报送河道主管机关审查同意。未经河道主管机关审查同意的，建设单位不得开工建设。

建设项目经批准后，建设单位应当将施工安排告知河道主管机关。

(4)《河道管理范围内建设项目管理的有关规定》（水政〔1992〕7 号）第三条：河道管理范围内的建设项目，必须按照河道管理权限，经河道主管机关审查同意后，方可开工建设。

第十二条：河道管理范围内的建筑物和设施竣工后，应经河道主管机关检验合格后方可启用。建设单位应在竣工验收 6 个月内向河道主管机关报送有关竣工资料。

2. 河道管理范围内建设项目工程建设方案的审查

根据前文对相关法律法规的梳理可知，天然气管道工程在河道范围内施工的，应当将工程建设方案报有关主管部门审查同意，办理的基本流程如下（见图 5-6）：①申请。申请人递交纸质申请材料，并进行网上申报。②受理。行政许可受理窗口接收申请材料。审批机关应当自收到申请之日起 5 个工作日内对申请作出处理，将受理通知书或不予受理决定书或补正通知书或不受理告知书送达申请人。③审查。由受理的流域管理机构根据国家有关规定对申请材料进行审查，对需要组织开展实地核查、听证等事项的，由该流域管理机构行政许可窗口部门告知申请人。④许可决定。经审查，符合条件的，

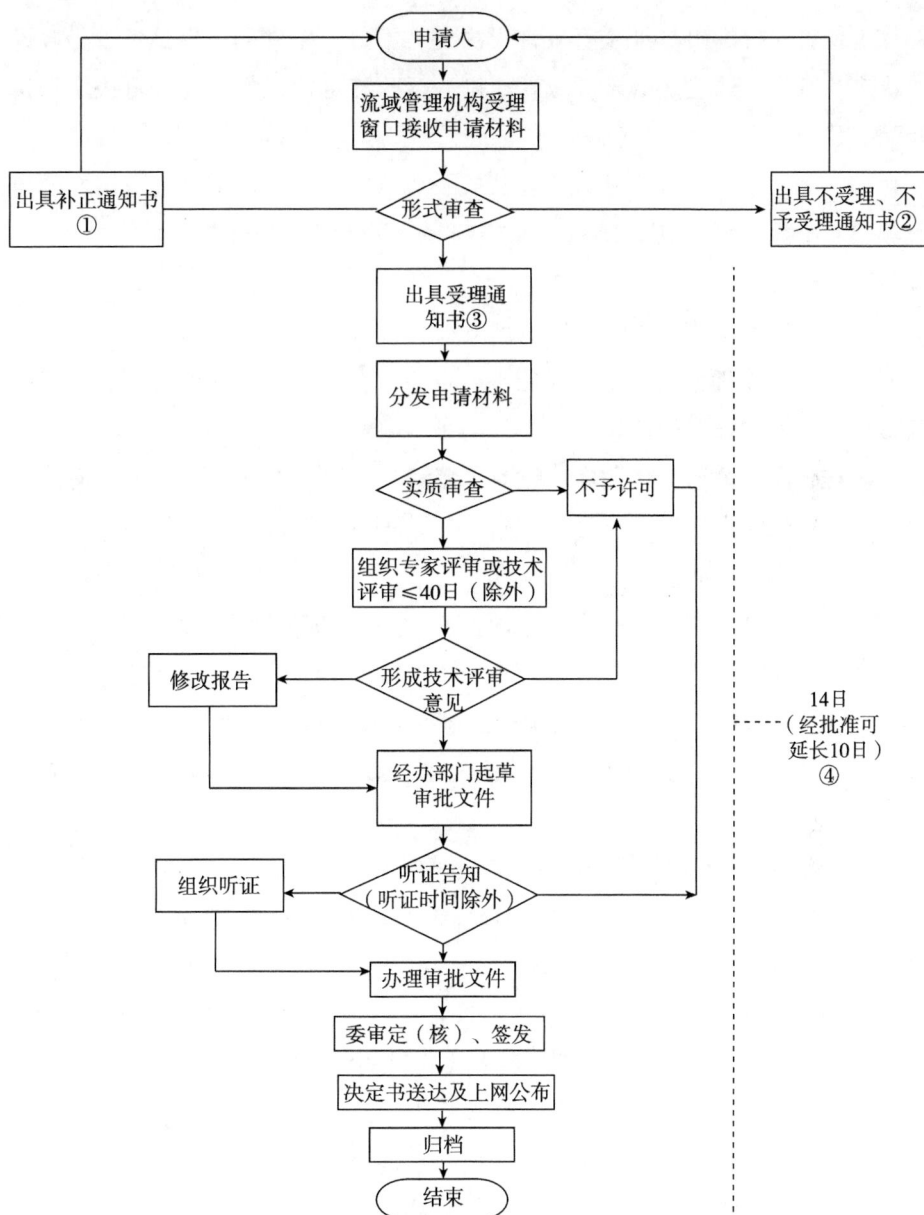

图 5-6 天然气管道工程在河道范围内的施工办理流程

备注：①申请材料不齐全；申请材料不符合法定形式；接收材料 5 日内告知补正。②申请事项依法不需要取得行政许可（不受理）；申请事项不属于各流域机构法定职权范围或者具备依法不得提出行政许可情况的（不予受理）。③申请事项属于各流域机构职权范围；申请材料完整、齐全（含补正后）；申请材料符合法定形式。④承诺办结时限 14 日，法定办结时限 20 日，以上日期均指工作日。

由该流域管理机构出具准予行政许可决定；不符合条件的，出具不予行政许可决定。⑤许可送达。由该流域管理机构行政许可窗口部门将许可决定送达申请人。

（1）审查机关。根据相关法律法规及规章的规定，河道管理范围内的建设项目，必须按照河道管理权限，经河道主管机关审查同意后，方可开工建设。

以下河道管理范围内的建设项目由水利部所属的流域机构（以下简称流域机构）实施管理，或者由所在的省、自治区、直辖市的河道主管机关根据流域统一规划实施管理：

①在长江、黄河、松花江、辽河、海河、淮河、珠江主要河段的河道管理范围内兴建的大中型建设项目，主要河段的具体范围由水利部划定；

②在省际边界河道和国境边界的河道管理范围内兴建的建设项目；

③在流域机构直接管理的河道、水库、水域管理范围内兴建的建设项目；

④在太湖、洞庭湖、鄱阳湖、洪泽湖等大湖、湖滩地兴建的建设项目。

其他河道范围内兴建的建设项目由地方各级河道主管机关实施分级管理。分级管理的权限由省、自治区、直辖市水行政主管部门会同计划主管部门规定。

（2）申请条件及禁止性要求。

①申请条件。所申请的河道管理范围内建设项目工程建设方案审批属于各流域管理机构权限范围，建设单位应根据各级主管机关的审查权限向有审批权限的部门提出申请；项目申请报送程序符合规定，申请材料齐全完整，符合法定形式。建设单位应按照有关规定报送相关文件。

②禁止性要求。不符合水法律法规、生态敏感区相关法律法规以及生态红线管控要求；不符合江河流域综合规划、防洪规划、河道治理规划、岸线保护与开发利用规划等规划要求；不符合防洪标准和有关技术要求；对河道泄洪能力、河势稳定、河道冲淤变化、堤防护岸和其他水工程安全、防汛抢险、第三人合法水事权益存在不利影响，或有不利影响采取相应补救措施不能消除或减轻至可接受范围；建设项目防御洪涝的设防标准与措施不适当。

（3）申请材料。根据《河道内建设项目管理的有关规定》以及水利部河道管理范围内建设项目工程建设方案审批服务指南的规定，建设单位申请审查应提供的材料如表5-18所示。

表5-18　河道内建设项目施工提交材料

序号	提交材料名称	原件/复印件	纸质份数
1	申请书	原件	2份
2	建设项目所依据的文件	复印件	1份
3	建设项目涉及河道与防洪部分的初步方案	原件	2份
4	防洪评价报告	原件	2份
5	与有利害关系的第三方达成的协议或该第三方的承诺函	原件	1份

（4）主管机关审查。河道主管机关接到建设单位申请后，应在法定期限内进行审查。审查主要内容为：①是否符合江河流域综合规划和有关的国土及区域发展规划，对规划实施有何影响；②是否符合防洪标准和有关技术要求；③对河势稳定、水流形态、水质、冲淤变化有无不利影响；④是否妨碍行洪、降低河道泄洪能力；⑤对堤防、护岸和其他水工程安全的影响；⑥是否妨碍防汛抢险；⑦建设项目防御洪涝的设防标准与措施是否适当；⑧是否影响第三方合法的水事权益；⑨是否符合其他有关规定和协议。

流域机构在对重大建设项目进行审查时，还应征求有关省、自治区、直辖市的意见。

主管部门承诺自受理之日起14个工作日内（法定办结时限为20个工作日）作出行政许可决定（依法需要进行听证和专家评审等所需时间除外）；在14个工作日内不能作出决定的，经本行政机关负责人批准，可以延长10个工作日，并告知申请人。

专家评审或者技术评估所需时间不得超过40个工作日（企业投资项目不超过30个工作日），但是，根据专家评审或者技术评估的初步意见，申请人对有关申请材料进行补充或者修改的时间除外。

（5）审查结果通知。河道主管机关应在法定期限内将审查意见书面通知申请单位，同意兴建的，应发给审查同意书，并抄送上级水行政主管部门和建设单位的上级主管部门。建设单位在取得河道主管机关的审查同意书后，方可开工建设。

审查同意书可以对建设项目设计、施工和管理提出有关要求。

河道主管机关对建设单位的申请进行审查后，作出不同意建设的决定，或者要求就有关问题进一步修改补充后再行审查的，应当在批复中说明理由和依据。建设单位对批复持有异议的，可依法提出行政复议申请。

3. 法律责任

天然气管道建设单位依法依规办理在河道范围内工程建设方案审查批准手续的，其可能承担的法律责任如下：

（1）根据《防洪法》的规定，未经水行政主管部门对其工程建设方案审查同意或者未按照有关水行政主管部门审查批准的位置、界限，在河道、湖泊管理范围内从事工程设施建设活动的，责令停止违法行为，补办审查同意或者审查批准手续。工程设施建设严重影响防洪的，责令限期拆除；逾期不拆除的，强行拆除，所需费用由建设单位承担；影响行洪但尚可采取补救措施的，责令限期采取补救措施，可以处1万元以上10万元以下的罚款。

（2）违反《河道管理条例》的规定，未经批准或者不按照国家规定的防洪标准、工程安全标准整治河道或者修建水工程建筑物和其他设施的；未经批准或者不按照河道主管机关的规定在河道管理范围内采砂、取土、淘金、弃置砂石或者淤泥、爆破、钻探、挖筑鱼塘的；未经批准在河道滩地存放物料、修建厂房或者其他建筑设施的；县级以上地方人民政府河道主管机关除责令其纠正违法行为、采取补救措施外，可以并处警告、罚款、没收非法所得；对有关责任人员，由其所在单位或者上级主管机关给予行政处分；构成犯罪的，依法追究刑事责任。

（3）违反《河道管理条例》规定的，按规定处罚；构成犯罪的，依法追究刑事责任：损毁堤防、护岸、闸坝、水工程建筑物，损毁防汛设施、水文监测和测量设施、河岸地质监测设施以及通信照明等设施；在堤防安全保护区内进行打井、钻探、爆破、挖筑鱼塘、采石、取土等危害堤防安全的活动的；县级以上地方人民政府河道主管机关除责令其纠正违法行为、赔偿损失、采取补救措施外，可以并处警告、罚款；应当给予治安管理处罚的，按照

《中华人民共和国治安管理处罚法》进行处罚。

（4）未按《河道管理范围内建设项目管理的有关规定》在河道管理范围内修建建设项目的，县级以上地方人民政府河道主管机关可根据《河道管理条例》责令其停止建设、限期拆除或采取其他补救措施，可并处 1 万元以下罚款。

综上所述，天然气管道建设单位需要在河道管理范围内进行天然气管道工程建设的，应当将建设方案报送有关主管部门审核，并按照相关防洪标准及技术要求等进行建设，未经审查同意的，不得开工，擅自建设的将会承担相应的法律责任。因此，天然气管道工程建设单位施工过程中应按照法定要求和程序办理相关手续，最大限度地防范可能出现的法律风险（见表 5-19）。

表 5-19　河道管理相关的法律法规汇总表

序号	法规名称	发文机关	施行日期
1	《中华人民共和国水法》（2016 年修正）	全国人大常委会	2016 年 07 月 02 日
2	《中华人民共和国防洪法》（2016 年修正）	全国人大常委会	2016 年 07 月 02 日
3	《中华人民共和国河道管理条例》（2018 年修正）	国务院	2018 年 03 月 19 日
4	《河道管理范围内建设项目管理的有关规定》（2017 年修正）	水利部	2017 年 12 月 22 日

（十九）文物保护

根据《中华人民共和国文物保护法》（以下简称《文物保护法》）、《文物保护法实施条例》、《水下文物保护管理条例》等相关法律法规的规定，天然气管道工程需要在文物保护范围内或文物保护建设控制地带进行工程建设的，须取得文物保护行政主管部门的同意；未取得文物行政主管部门的审批擅自建设，毁损文物的，将会承担相应的法律责任。

1. 工程建设文物保护概述

（1）文物保护范围。根据《文物保护法》的规定，文物保护单位的保护范围内不得进行其他建设工程或者爆破、钻探、挖掘等作业。但是，因特殊情况需要在文物保护单位的保护范围内进行其他建设工程或者爆破、钻探、挖掘等作业的，必须保证文物保护单位的安全，并经核定公布该文物保护单位的人民政府批准，在批准前应当征得上一级人民政府文物行政部门同意；在全国重点文物保护单位的保护范围内进行其他建设工程或者爆破、钻探、挖掘等作业的，必须经省、自治区、直辖市人民政府批准，在批准前应当征得国务院文物行政部门同意。

（2）文物保护建设控制地带。除保护范围外，根据保护文物的实际需要，经省、自治区、直辖市人民政府批准，可以在文物保护单位的周围划出一定的建设控制地带。在文物保护单位的建设控制地带内进行建设工程，不得破坏文物保护单位的历史风貌；工程设计方案应当根据文物保护单位的级别，经相应的文物行政部门同意后，报城乡建设规划部门批准。

在文物保护单位的保护范围和建设控制地带内，不得建设污染文物保护单位及其环境的设施，不得进行可能影响文物保护单位安全及其环境的活动。对已有的污染文物保护单位及其环境的设施，应当限期治理。

根据国务院2016年5月16日发布的《关于印发清理规范投资项目报建审批事项实施方案的通知》（国发〔2016〕29号），为简化报批手续，工程建设文物保护方面的行政许可由4项整合为1项：将"文物保护单位的保护范围内进行其他建设工程或者爆破、钻探、挖掘等作业的许可""文物保护单位的建设控制地带内进行建设工程的许可""进行大型基本建设工程前在工程范围内有可能埋藏文物的地方进行考古调查、勘探的许可""配合建设工程进行考古发掘的许可"4项，合并为"建设工程文物保护和考古许可"1项。

（3）大型基本工程建设的考古调查、勘探。根据《文物保护法》的规定，进行大型基本建设工程，建设单位应当事先报请省、自治区、直辖市人民政府文物行政部门，组织从事考古发掘的单位，在工程范围内有可能埋藏文物的地方进行考古调查、勘探。

考古调查、勘探中发现文物的，由省、自治区、直辖市人民政府文物行政部门根据文物保护的要求，会同建设单位共同商定保护措施；遇有重要发现的，由省、自治区、直辖市人民政府文物行政部门及时报国务院文物行政部门处理。

2. 审批手续的办理流程

根据《文物保护法》的规定，在不同文物保护级别范围内进行建设的，审批机关有所不同。在全国重大文物保护单位保护范围进行工程建设的，需要省级人民政府批准，批准前应征得国家文物局的同意；其他文物保护范围内的工程建设，由核定公布文物保护单位的人民政府批准，批准前应征得上一级政府文物主管部门的同意。因各省市对于文物保护的具体规定不一，限于篇幅无法对各省的规定逐一进行梳理，本文仅对省级和国家重点文物相关工程建设审批手续的办理流程进行阐述。

（1）省级和全国重点文物保护单位保护范围内其他建设工程或者爆破、钻探、挖掘等作业审批。

①基本办理流程。其流程为：由项目所在地省级人民政府通过国家文物局网报网审平台提交申请材料—受理申请材料—组织专业机构或者专家评审（必要时组织实地核查）—审核申请材料—提出审查意见及理由—局内审核—作出准予许可或者不予许可的决定。

②办理材料目录。

a. 省级人民政府征求意见的文件。内容包括建设单位名称、建设项目、建设地点、建设规模、必须进行该工程的理由说明。

b. 建设工程的规划、设计方案。内容包括 1/500 或者 1/2 000 现状地形图（标出涉及的文物保护单位保护范围），建设工程设计方案还需上报相关建筑的总平面图、平面、立面、剖面图。

c. 工程对文物可能产生破坏或影响的评估报告及为保护文物安全及历史、自然环境所采取的相关措施。

d. 省级文物行政部门制定的该文物保护单位的具体保护措施；涉及世界文化遗产的，须提供申报文本或有关说明材料。

e. 涉及地下埋藏文物的，须提供考古勘探发掘资料。

f. 通过"全国投资项目在线审批监管平台"（http://www.tzxm.gov.cn）登记获取的项目统一代码。

（2）全国重点文物保护单位建设控制地带内建设工程。

①基本办理流程。由项目建设单位通过国家文物局网报网审平台提交申请材料—受理申请材料—组织专业机构或者专家评审（必要时组织实地核查）—审核申请材料—提出审查意见及理由—局内审核—作出准予许可或者不予许可的决定。

②办理材料目录。

a. 申请书。内容包括建设单位名称及法人登记证明、文物名称、工程名称、地点、规模。

b. 建设工程的规划、设计方案。内容包括 1/500 或者 1/2 000 现状地形图（标出涉及文物保护单位保护范围和建设控制地带），建设工程设计方案还需上报相关建筑的总平面图、平面、立面、剖面图。

c. 工程对文物可能产生破坏或影响的评估报告及为保护文物安全及历史、自然环境所采取的相关措施。

d. 省级文物行政部门制定的该文物保护单位的具体保护措施；涉及世界文化遗产的，须提供申报文本或有关说明材料。

e. 涉及地下埋藏文物的，须提供考古勘探发掘资料。

f. 省级文物行政部门的意见。

g. 通过"全国投资项目在线审批监管平台"（http://www.tzxm.gov.cn）登记获取的项目统一代码。

3. 法律责任

根据《文物保护法》的规定，建设单位未依法办理相关审批手续，擅自进行工程建设，有可能承担法律责任。有下列行为之一，尚不构成犯罪的，由县级以上人民政府文物主管部门责令改正，造成严重后果的，处 5 万元以上 50 万元以下的罚款；情节严重的，由原发证机关吊销资质证书：①擅自在文物保护单位的保护范围内进行建设工程或者爆破、钻探、挖掘等作业的；②在文物保护单位的建设控制地带内进行建设工程，其工程设计方案未经文物行政部门同意、报城乡建设规划部门批准，对文物保护单位的历史风貌造成破坏的；③擅自迁移、拆除不可移动文物的；④擅自修缮不可移动文物，明显改变文物原状的；⑤擅自在原址重建已全部毁坏的不可移动文物，造成文物破坏的；⑥施工单位未取得文物保护工程资质证书，擅自从事文物修缮、迁移、重建的。刻划、涂污或者损坏文物尚不严重的，或者损毁文物保护单位标志的，由公安机关或者文物所在单位给予警告，可以并处罚款。

在文物保护单位的保护范围内或者建设控制地带内，建设污染文物保护单位及其环境的设施的，或者对已有的污染文物保护单位及其环境的设施未在规定的期限内完成治理的，由环境保护行政部门依照有关法律、法规的规定给予处罚。

综上所述，天然气管道工程建设涉及在文物保护的，建设单位应法定要求和程序办理相关审批手续（见表5-20），取得许可后方可进行建设，未经批准擅自建设的，将会承担相应的法律责任。

表5-20　文物保护相关的法律法规汇总表

序号	法规名称	发文机关	施行日期
1	《中华人民共和国文物保护法》（2017年修正）	全国人大常委会	2017年11月5日
2	《中华人民共和国文物保护法实施条例》（2017年第二次修订）	国务院	2017年10月7日
3	国务院关于印发清理规范投资项目报建审批事项实施方案的通知（国发〔2016〕29号）	国务院	2016年5月19日

（二十）占用林地手续的办理

根据《森林法》《中华人民共和国森林法实施条例》《建设项目使用林地审核审批管理办法》等相关法律法规的规定，天然气管道建设单位应当取得人民政府林业主管部门的同意，未取得人民政府林业主管部门的审批擅自占用林地的，依照《土地管理法》的有关规定处罚，承担相应的法律责任。

1. 工程建设占用林地概述

我国法律规定的建设项目使用林地，是指企业在开展工程项目建设时，在林地上建造永久性、临时性的建筑物、构筑物，以及其他改变林地用途的建设行为。包括：进行勘查、开采矿藏和各项建设工程占用林地；建设项目临时占用林地；森林经营单位在所经营的林地范围内修筑直接为林业生产服务的工程设施占用林地。

我国《森林法》规定，建设工程项目应当不占或者少占林地。必须使用林地的，应当符合林地保护利用规划，合理和节约利用林地。我国针对建设项目使用林地实行总量控制和定额管理，限制使用生态区位重要和生态脆弱地区的林地，限制使用天然林和单位面积蓄积量高的林地，限制经营性建设项目使用林地。

天然气企业在开展工程项目建设时，如果该项目为国务院批准、同意的建设项目，国务院有关部门和省级人民政府及其有关部门批准的基础设施、公共事业、民生建设项目，则可以使用Ⅱ级及其以下保护林地。如果该项目为油气管线等线性工程等建设项目配套的采石（沙）场、取土场使用林地应当按照主体建设项目使用林地范围执行，但不得使用Ⅱ级保护林地中的有林地。其中，在国务院确定的国家所有的重点林区（以下简称重点国有林区）内，不得使用Ⅲ级以上保护林地中的有林地。

2. 建设项目占用林地手续的办理

（1）天然气建设项目占用林地应当取得"林地审核同意书"。天然气企业在建设天然气管道工程需要占用或者征收、征用林地时，应当向县级以上人民政府林业主管部门提出用地申请；跨县级行政区域的，分别向林地所在地的县级人民政府林业主管部门提出申请。经审核同意后，按照国家规定的标准预交森林植被恢复费，领取使用林地审核同意书。用地单位凭使用"林地审核同意书"依法办理建设用地审批手续。占用或者征收、征用林地未经林业主管部门审核同意的，土地行政主管部门不得受理建设用地申请。

占用或者征收、征用防护林林地或者特种用途林林地面积10公顷（0.1平方千米）以上的，用材林、经济林、薪炭林林地及其采伐迹地面积35公顷（0.35平方千米）以上的；其他林地面积70公顷（0.7平方千米）以上的，由国务院林业主管部门审核；占用或者征收、征用林地面积低于上述规定数量的，由省、自治区、直辖市人民政府林业主管部门审核。占用或者征收、征用重点林区的林地的，由国务院林业主管部门审核。

（2）天然气管道建设项目需采伐的应取得"林木采伐许可证"。用地单位需要采伐已经批准占用或者征收、征用的林地上的林木时，应当向林地所在地的县级以上地方人民政府林业主管部门或者国务院林业主管部门申请"林木采伐许可证"。

申请"林木采伐许可证",除应当提交申请采伐林木的所有权证书或者使用权证书外,还应当按照下列规定提交其他有关证明文件:①国有林业企业事业单位还应当提交采伐区调查设计文件和上年度采伐更新验收证明;②其他单位还应当提交包括采伐林木的目的、地点、林种、林况、面积、蓄积量、方式和更新措施等内容的文件。

林木采伐许可证的式样由国务院林业主管部门规定,由省、自治区、直辖市人民政府林业主管部门印制。

(3)天然气管道建设项目应当经县级以上人民政府林业主管部门批准。

需要临时占用林地的,应当经县级以上人民政府林业主管部门批准。临时占用林地的期限不得超过两年,并不得在临时占用的林地上修筑永久性建筑物;占用期满后,用地单位必须恢复林业生产条件。占用林地和临时占用林地的用地单位或者个人提出使用林地申请,应当填写使用林地申请表,同时提供下列材料:

①用地单位的资质证明。

②建设项目有关批准文件。包括可行性研究报告批复、核准批复、备案确认文件、"勘查许可证"、"采矿许可证"、项目初步设计等批准文件;属于批次用地项目,提供经有关人民政府同意的批次用地说明书并附规划图。

③拟使用林地的有关材料。包括林地权属证书、林地权属证书明细表或者林地证明;属于临时占用林地的,提供用地单位与被使用林地的单位、农村集体经济组织或者个人签订的使用林地补偿协议或者其他补偿证明材料;涉及使用国有林场等国有林业企事业单位经营的国有林地,提供其所属主管部门的意见材料及用地单位与其签订的使用林地补偿协议;属于符合自然保护区、森林公园、湿地公园、风景名胜区等规划的建设项目,提供相关规划或者相关管理部门出具的符合规划的证明材料,其中涉及自然保护区和森林公园的林地,提供其主管部门或者机构的意见材料。

④建设项目使用林地可行性报告或者林地现状调查表。临时占用的林地在批准期限届满后仍需继续使用的,应当在届满之日前3个月,由用地单位

向原审批机关提出延续临时占用申请，并且提供有关补偿材料。原审批机关应当按照本办法规定的条件进行审查，作出延续行政许可决定。天然气管道建设项目在有效期内未取得建设用地批准文件也未申请延期的，准予行政许可决定书失效。

3. 法律责任

天然气管道工程的建设单位需要按照前述规定办理占用林地的相关手续，根据《森林法》《中华人民共和国森林法实施条例》《建设项目使用林地审核审批管理办法》等相关法律法规的规定，未依法办理以上手续及未完成更新造林承担的具体法律责任如下：

（1）建设单位未经县级以上人民政府林业主管部门审核同意，擅自改变林地用途的，由县级以上人民政府林业主管部门责令限期恢复植被和林业生产条件，可以处恢复植被和林业生产条件所需费用3倍以下的罚款。虽经县级以上人民政府林业主管部门审核同意，但未办理建设用地审批手续擅自占用林地的，依照《土地管理法》的有关规定处罚。在临时使用的林地上修建永久性建筑物，或者临时使用林地期满后一年内未恢复植被或者林业生产条件的，可以恢复植被和林业生产条件所需费用3倍以下的罚款。

（2）天然气建设单位在未取得"林木采伐许可证"从而盗伐林木的，由县级以上人民政府林业主管部门责令限期在原地或者异地补种盗伐株数1倍以上5倍以下的树木，并处盗伐林木价值5倍以上10倍以下的罚款。天然气建设单位违反法律规定，伪造、变造、买卖、租借采伐许可证的，由县级以上人民政府林业主管部门没收证件和违法所得，并处违法所得1倍以上3倍以下的罚款；没有违法所得的，可以处2万元以下的罚款。如盗伐林木违反治安管理行为的，依法给予治安管理处罚；构成犯罪的，依法追究刑事责任。

（3）天然气建设单位违反《森林法》的规定，未完成更新造林任务的，由县级以上人民政府林业主管部门责令限期完成；逾期未完成的，可以处未完成造林任务所需费用2倍以下的罚款；对直接负责的主管人员和其他直接责任人员，依法给予处分。

综上所述，天然气管道项目建设单位应当按照法定要求和程序办理占用林地的相关手续，并严格按照有关《森林法》的规定进行更新造林，施工过程中注重生态环境保护，合法合规建设以有效规避相关法律风险。

（二十一）占用草原手续的办理

根据《中华人民共和国草原法》（以下简称《草原法》）、《草原征占用审核审批管理规范》（以下简称《草原征用管理规范》）等相关法律法规的规定，天然气管道建设单位应当取得县级以上人民政府草原主管部门的同意，未取得人民政府主管部门的审批擅自占用草原的，依照相关的法律规定进行处罚，承担相应的法律责任。

1. 工程建设占用草原概述

《草原法》所称的草原，是指天然草原和人工草地。我国对草原实行科学规划、全面保护、重点建设、合理利用的方针，促进草原的可持续利用和生态、经济、社会的协调发展，实行基本草原保护制度，严格控制草原转为其他用地。

天然气企业在开展工程项目建设时应当不占或者少占草原，严格执行生态保护红线管理有关规定，原则上不得占用生态保护红线内的草原，确需征收、征用或者使用草原的，必须经省级以上人民政府草原行政主管部门审核同意后，依照有关土地管理的法律、行政法规办理建设用地审批手续。除国务院批准同意的建设项目，国务院有关部门、省级人民政府及其有关部门批准同意的基础设施、公共事业、民生建设项目和国防、外交建设项目外，不得占用基本草原。

天然气企业因工程项目建设征收、征用集体所有的草原的，应当依照《中华人民共和国土地管理法》的规定给予补偿；因建设使用国家所有的草原的，应当依照国务院有关规定对草原承包经营者给予补偿。因建设征收、征用或者使用草原的，应当缴纳草原植被恢复费。草原植被恢复费专款专用，由草原行政主管部门按照规定用于恢复草原植被，任何单位和个人不得截留、挪用。草原植被恢复费的征收、使用和管理办法，由国务院价格主管部门和国务院财政部门会同国务院草原行政主管部门制定。

2. 建设项目占用草地手续的办理

（1）天然气建设项目征占用草原应当符合的条件。天然气企业在建设天然气管道工程项目时需临时占用草原的，由县级以上地方林业和草原主管部门依据所在省、自治区、直辖市确定的权限分级审批。临时占用草原的期限不得超过两年，并不得在临时占用的草原上修建永久性建筑物、构筑物；占用期满，使用草原的单位或者个人应当恢复草原植被并及时退还。

天然气企业在建设天然气管道工程项目时，确需征收、征用或者使用草原的面积超过 70 公顷（0.7 平方千米）的，由国家林业和草原局审核；征收、征用或者使用草原 70 公顷及其以下的，由省级林业和草原主管部门审核。

天然气企业在征收、征用或者使用草原时应当符合以下条件：

①符合国家的产业政策，国家明令禁止的项目不得征占用草原；

②符合所在地县级草原保护建设利用规划，有明确的使用面积或者临时占用期限；

③对所在地生态环境、畜牧业生产和农牧民生活不会产生重大不利影响；

④征占用草原应当征得草原所有者或者使用者的同意；征占用已承包经营草原的，还应当与草原承包经营者达成补偿协议；

⑤临时占用草原的，应当具有恢复草原植被的方案；

⑥申请材料齐全、真实；

⑦法律、法规规定的其他条件。

（2）天然气建设项目占用草原应当填写"草原征占用申请表"。天然气企业在建设天然气管道工程需要占用或者征收、征用草地时，应当向具有审核审批权限的林业和草原主管部门提出草原征占用申请，并按照林业和草原主管部门的规定填写"草原征占用申请表"。"草原征占用申请表"包含草原征占用类别、拟征占用草原具体用途、拟征占用草原的时限、拟征占用草原的基本情况、补偿安置和应缴费用、涉及生态保护红线情况等相关情况。

林业和草原主管部门应当自受理申请之日起 20 个工作日内完成审核或者审批工作。20 个工作日内不能完成的，经本部门负责人批准，可延长 10 个工作日，并告知申请人延长的理由。

申请单位或者个人应当按照批准的面积征占用草原，不得擅自扩大面积。因建设项目设计变更确需扩大征占用草原面积的，应当依照规定权限办理征占用审核审批手续。减少征占用草原面积或者变更征占用位置的，向原审核审批机关申请办理变更手续。

（3）天然气管道工程建设项目需填写"征占用草原现场查验表"。国务院或者国务院有关部门批准的油气管线建设项目中的桥梁、隧道、围堰、导流（渠）洞、进场道路和输电设施等控制性单体工程和配套工程，根据有关开展前期工作的批文，可以向省级林业和草原主管部门申请控制性单体工程和配套工程先行使用草原。在整体项目申请时，应当附具单体工程和配套工程先行征收、征用或者使用草原的批文及其申请材料，按照规定权限一次申请办理征收、征用或者使用草原审核手续。

天然气企业应当组织开展矿藏开采和工程建设等征收、征用或者使用草原现场查验，人员应当不少于三人，其中应当包括两名以上具有中级以上职称的相关专业技术人员。被申请征收、征用或者使用草原的摄像或者照片资料和地上建筑、基础设施建设的视频资料，可以作为"征占用草原现场查验表"的附件。

天然气企业向具有审核审批权限的林业和草原主管部门提出草原征占用申请。经审核同意的，林业和草原主管部门应当按照《草原法》的规定，向申请人收取草原植被恢复费；经审核不同意的，向申请人发放不予行政许可决定书，告知不予许可的理由。申请人在获得准予行政许可决定书后，依法向自然资源主管部门申请办理建设用地审批手续。建设用地申请未获批准的，林业和草原主管部门退还申请人缴纳的草原植被恢复费。

3. 法律责任

天然气管道工程的建设单位需要按照前述规定办理占用草原的相关手续，根据《草原法》《草原征占用审核审批管理规范》等相关法律法规的规定，未依法办理以上手续承担的具体法律责任如下。

（1）建设单位无权批准征收、征用、使用草原的单位非法批准征收、征用、使用草原的，超越批准权限非法批准征收、征用、使用草原的，或者违反法律规定的程序批准征收、征用、使用草原，构成犯罪的，依法追究刑事责任；尚不够刑事处罚的，依法给予行政处分。非法批准征收、征用、使用草原的文件无效。非法批准征收、征用、使用的草原应当收回，当事人拒不归还的，以非法使用草原论处。

（2）未经批准或者采取欺骗手段骗取批准，非法使用草原，构成犯罪的，依法追究刑事责任；尚不够刑事处罚的，由县级以上人民政府草原行政主管部门依据职权责令退还非法使用的草原，对违反草原保护、建设、利用规划擅自将草原改为建设用地的，限期拆除在非法使用的草原上新建的建筑物和其他设施，恢复草原植被，并处草原被非法使用前三年平均产值 6 倍以上 12 倍以下的罚款。

（3）非法开垦草原，构成犯罪的，依法追究刑事责任；尚不够刑事处罚的，由县级以上人民政府草原行政主管部门依据职权责令停止违法行为，限期恢复植被，没收非法财物和违法所得，并处违法所得一倍以上 5 倍以下的罚款；没有违法所得的，并处 5 万元以下的罚款；给草原所有者或者使用者造成损失的，依法承担赔偿责任。

（4）在临时占用的草原上修建永久性建筑物、构筑物的，由县级以上地方人民政府草原行政主管部门依据职权责令限期拆除；逾期不拆除的，依法强制拆除，所需费用由违法者承担。临时占用草原，占用期届满，用地单位不予恢复草原植被的，由县级以上地方人民政府草原行政主管部门依据职权责令限期恢复；逾期不恢复的，由县级以上地方人民政府草原行政主管部门代为恢复，所需费用由违法者承担。

（5）在荒漠、半荒漠和严重退化、沙化、盐碱化、石漠化、水土流失的草原，以及生态脆弱区的草原上采挖植物或者从事破坏草原植被的其他活动的，由县级以上地方人民政府草原行政主管部门依据职权责令停止违法行为，没收非法财物和违法所得，可以并处违法所得 1 倍以上 5 倍以下的罚款；没有违法所得的，可以并处 5 万元以下的罚款；给草原所有者或者使用者造成损失的，依法承担赔偿责任。

（6）未经批准或者未按照规定的时间、区域和采挖方式在草原上进行采土、采砂、采石等活动的，由县级人民政府草原行政主管部门责令停止违法行为，限期恢复植被，没收非法财物和违法所得，可以并处违法所得 1 倍以上 2 倍以下的罚款；没有违法所得的，可以并处 2 万元以下的罚款；给草原所有者或者使用者造成损失的，依法承担赔偿责任。

综上所述，天然气管道项目建设单位应当按照法定要求和程序办理占用草原的相关手续，并严格按照《草原法》的相关规定缴纳草原植被恢复费，施工过程中注重生态环境保护，合法合规建设以有效规避相关法律风险。

（二十二）竣工验收

竣工验收是项目建设的最后一道程序，是建设项目转入正式生产，办理固定资产转资手续的重要标志。天然气管道建设项目涉及的竣工验收主要包括环境保护设施验收、安全设施竣工验收、水土保持设施竣工验收、职业病防护设施竣工验收、消防验收、防雷装置验收等各项验收，未依法依规组织竣工验收的，将会承担相应的法律责任。

1. 建设工程竣工验收

根据《建设工程质量管理条例》的规定，建设单位在收到建设工程竣工报告后，应当组织设计、施工、工程监理等有关单位进行竣工验收。

建设工程竣工验收应当具备下列条件：

（1）完成建设工程设计和合同约定的各项内容；

（2）有完整的技术档案和施工管理资料；

（3）有工程使用的主要建筑材料、建筑构配件和设备的进场试验报告；

（4）有勘察、设计、施工、工程监理等单位分别签署的质量合格文件；

（5）有施工单位签署的工程保修书。

建设工程经验收合格的，方可交付使用。

根据《建设工程质量管理条例》第十七条，建设单位应当严格按照国家有关档案管理的规定，及时收集、整理建设项目各环节的文件资料，建立、健全建设项目档案，并在建设工程竣工验收后，及时向建设行政主管部门或者其他有关部门移交建设项目档案。

建设单位应当自建设工程竣工验收合格之日起15日内，将建设工程竣工验收报告和规划、公安消防、环保等部门出具的认可文件或者准许使用文件报建设行政主管部门或者其他有关部门备案。

建设行政主管部门或者其他有关部门发现建设单位在竣工验收过程中有违反国家有关建设工程质量管理规定行为的，责令停止使用，重新组织竣工验收。

建设单位有下列行为之一的，责令改正，处工程合同价款 2% 以上 4% 以下的罚款；造成损失的，依法承担赔偿责任：①未组织竣工验收，擅自交付使用的；②验收不合格，擅自交付使用的；③对不合格的建设工程按照合格工程验收的。

建设工程竣工验收后，建设单位未向建设行政主管部门或者其他有关部门移交建设项目档案的，责令改正，处 1 万元以上 10 万元以下的罚款。

2. 环境保护设施验收

天然气管道工程建设项目配套建设的环境保护设施，必须与主体工程同时设计、同时施工、同时投产使用。天然气管道工程属于需要编制环境影响报告书或报告表的工程。在工程竣工后，建设单位需按照国务院环境保护行政主管部门规定的标准和程序及《建设项目环境保护条例》的规定，对配套建设的环境保护设施进行验收，编制验收报告。建设单位在环境保护设施验收过程中，应当如实查验、监测、记载建设项目环境保护设施的建设和调试情况，不得弄虚作假。除按照国家规定需要保密的情形外，建设单位应当依法向社会公开验收报告。对于分期建设、分期投入生产或者使用的建设项目，其相应的环境保护设施应当分期验收。

环境保护设施经验收合格，方可投入生产或者使用；未经验收或者验收不合格的，不得投入生产或者使用；环境保护设施未经验收或者验收不合格，建设项目即投入生产或者使用，或者在环境保护设施验收中弄虚作假的，由县级以上环境保护行政主管部门责令限期改正，处 20 万元以上 100 万元以下的罚款；逾期不改正的，处 100 万元以上 200 万元以下的罚款；对直接负责的主管人员和其他责任人员，处 5 万元以上 20 万元以下的罚款；造成重大环境污染或者生态破坏的，责令停止生产或者使用，或者报经有批准权的人民政府批准，责令关闭。

建设单位未依法向社会公开环境保护设施验收报告的，由县级以上环境保护行政主管部门责令公开，处 5 万元以上 20 万元以下的罚款，并予以公告。

3. 安全设施竣工验收

根据《危险化学品建设项目安全监督管理办法》的规定，天然气管道工程建设项目竣工验收由建设单位依法组织实施，建设项目未经安全设施竣工验收的，不得投入生产（使用）。

建设项目投入生产和使用前，建设单位应当组织人员进行安全设施竣工验收，作出建设项目安全设施竣工验收是否通过的结论。参加验收人员的专业能力应当涵盖建设项目涉及的所有专业内容。

建设单位应当向参加验收人员提供下列文件、资料，并组织进行现场检查：①建设项目安全设施施工、监理情况报告；②建设项目安全验收评价报告；③试生产（使用）期间是否发生事故、采取的防范措施以及整改情况报告；④建设项目施工、监理单位资质证书（复制件）；⑤主要负责人、安全生产管理人员、注册安全工程师资格证书（复制件），以及特种作业人员名单；⑥从业人员安全教育、培训合格的证明材料；⑦劳动防护用品配备情况说明；⑧安全生产责任制文件，安全生产规章制度清单、岗位操作安全规程清单；⑨设置安全生产管理机构和配备专职安全生产管理人员的文件（复制件）；⑩为从业人员缴纳工伤保险费的证明材料（复制件）。

天然气管道建设项目竣工投入生产或者使用前，安全设施未经验收合格的，安全主管部门责令停止建设或者停产停业整顿，限期改正；逾期未改正的，处 50 万元以上 100 万元以下的罚款，对其直接负责的主管人员和其他直接责任人员处 2 万元以上 5 万元以下的罚款；构成犯罪的，依照刑法有关规定追究刑事责任。

4. 水土保持设施竣工验收

根据《水土保持法》的规定，依法应当编制水土保持方案的生产建设项目中的水土保持设施，应当与主体工程同时设计、同时施工、同时投产使用；生产建设项目竣工验收，应当验收水土保持设施；水土保持设施未经验收或者验收不合格的，生产建设项目不得投产使用。

水土保持设施未经验收或者验收不合格将生产建设项目投产使用的，由县级以上人民政府水行政主管部门责令停止生产或者使用，直至验收合格，并处 5 万元以上 50 万元以下的罚款。

5. 职业病防护设施竣工验收

根据《职业病防治法》及《建设项目职业病防护设施"三同时"监督管理办法》的规定，建设项目职业病防护设施必须与主体工程同时设计、同时施工、同时投入生产和使用。

建设单位在职业病防护设施验收前，应当编制验收方案，并在验收前 20 日，将验收方案向管辖该建设项目的安全生产监督管理部门进行书面报告。

验收方案应当包括下列内容：①建设项目概况和风险类别，以及职业病危害预评价、职业病防护设施设计执行情况；②参与验收的人员及其工作内容、责任；③验收工作时间安排、程序等。属于职业病危害一般或者较重的建设项目，相关负责人应当组织职业卫生专业技术人员对职业病危害控制效果评价报告进行评审以及对职业病防护设施进行验收，并形成评审意见和验收意见。属于职业病危害严重的建设项目，相关负责人应当组织外单位职业卫生专业技术人员参加评审和验收工作，并形成评审和验收意见。

建设单位应当按照评审与验收意见对职业病危害控制效果评价报告和职业病防护设施进行整改完善。

建设单位应当将职业病危害控制效果评价和职业病防护设施验收工作过程形成书面报告备查，其中职业病危害严重的建设项目应当在验收完成之日起 20 日内，向管辖该建设项目的安全生产监督管理部门提交书面报告。职业病防护设施未按照规定验收合格的，不得投入生产或者使用。

建设单位有下列行为之一的，由安全监督管理部门给予警告，责令限期改正；逾期不改正的，处 10 万元以上 50 万元以下的罚款；情节严重的，责令停止产生职业病危害的作业，或者提请有关人民政府按照国务院规定的权限责令停建、关闭：①未按照规定进行职业病危害预评价的；②建设项目的职业病防护设施未按照规定与主体工程同时设计、同时施工、同时投入生产和使用的；③建设项目的职业病防护设施设计不符合国家职业卫生标准和卫生要求的；④未按照规定对职业病防护设施进行职业病危害控制效果评价的；⑤建设项目竣工投入生产和使用前，职业病防护设施未按照规定验收合格的。

建设单位未按照规定及时、如实报告建设项目职业病防护设施验收方案，或者职业病危害严重建设项目未提交职业病危害控制效果评价与职业病防护设施验收的书面报告的，由安全生产监督管理部门责令限期改正，给予警告，可以并处 5 000 元以上 3 万元以下的罚款。

6. 消防验收

建设工程竣工后，建设单位应当向消防设计审查验收主管部门申请消防验收；未经消防验收或者消防验收不合格的，禁止投入使用。特殊工程外的其他建设工程实行备案抽查制度，其他建设工程经依法抽查不合格的，应当停止使用。

建设单位组织竣工验收时，应查验如下内容：①完成工程消防设计和合同约定的消防各项内容；②有完整的工程消防技术档案和施工管理资料（含涉及消防的建筑材料、建筑构配件和设备的进场试验报告）；③建设单位对工程涉及消防的各分部分项工程验收合格；施工、设计、工程监理、技术服务等单位确认工程消防质量符合有关标准；④消防设施性能、系统功能联调联试等内容检测合格。经查验不符合要求的建设工程，建设单位不得编制工程竣工验收报告。

建设单位申请消防验收，应提交如下材料：①消防验收申请表；②工程竣工验收报告；③涉及消防的建设工程竣工图纸。

消防设计审查验收主管部门应当自受理消防验收申请之日起 15 日内出具消防验收意见。对符合下列条件的，应当出具消防验收合格意见：①申请材料齐全、符合法定形式；②工程竣工验收报告内容完备；③涉及消防的建设工程竣工图纸与经审查合格的消防设计文件相符；④现场评定结论合格。对不符合条件的，消防设计审查验收主管部门应当出具消防验收不合格意见，并说明理由。

其他建设工程竣工验收合格之日起 5 个工作日内，建设单位应当报消防设计审查验收主管部门备案，备案应当提交如下材料：①消防验收备案表；②工程竣工验收报告；③涉及消防的建设工程竣工图纸。

依法应当进行消防验收的建设工程，未经消防验收或者消防验收不合格的，禁止投入使用；其他建设工程经依法抽查不合格的，应当停止使用。建设单位未依照相关规定在验收后报住房和城乡建设主管部门备案的，由住房和城乡建设主管部门责令改正，处 5 000 元以下罚款。

综上所述，天然气管道工程竣工后，应当依法组织竣工验收及各专项验收。未经依法验收的，不得投入使用；擅自投入使用的，将会承担相应的法律责任。天然气管道建设单位应当依法组织竣工验收，防范相关法律风险。

第六章

国外对天然气价格与运输的监管

第一节 国外天然气价格与运输监管制度

在国际天然气市场天然垄断的背景下，国际天然气市场难以形成统一的天然气定价和运输标准，对天然气国际市场的发育和投资造成了很大阻碍。

国际天然气市场的天然垄断，主要是因国际天然气分布不均、储量不均而形成的天然垄断。这种天然垄断，既会因为管道建设的局限性及输出国政策保守性等因素而加剧，也会因为液化天然气技术的突破、立法强制管道的市场开放等因素而缓和。

如果形成国际天然气输出国组织，促使天然气输出国协商达成固定的天然气价格，制定统一的运输标准，国际天然气交易的效率与确定性就可以大大提升。所以，大家都会关心的问题是：国际石油市场有欧佩克这样的石油输出国组织，国际天然气市场也可以有类似这样的组织吗？

不过，《华尔街日报》有文章认为："全球天然气储量远比石油储量更丰富、分布更分散，所以不论一个组织拥有多大存量的天然气，它都不得不依赖于外部投资，否则就不能完成天然气存量的开发与利用。"[1] 由此可见，形成有效的"天然气输出国组织"来统一国际天然气价格与运输标准，还为时尚早。

---

[1] VIJAY V V. Opinion, Abominable Gasman? [J]. WALL ST. J., 2006 (1): 30.

既然如此，可以先了解一下国际上天然气市场监管相对成熟完善的国家是如何监管天然气价格与运输的。下面将对国际上监管天然气价格与运输的背景做简要介绍，然后针对美国、欧盟、英国的天然气价格与运输监管做出整理。

一、天然气价格与运输监管的国际背景

（一）天然气价格与运输的监管模式

天然气价格与运输的监管，通常分为两种模式：一是实行天然气国有，由国家制定相关标准；二是实行天然气私有，国家对交易价格与运输进行干预。

1. 天然气国有模式下的国家管控

天然气国有主要分为两种情况：一是国家对天然气的所有权指的是国家向私人生产者购买天然气；二是国家享有天然气的生产权、运输权、交付权。

理论上，天然气国有的优势在于，可以集中控制宝贵的自然资源，统一安排生产、运输，实现最重要的国家目标。但是同样国有也会带来许多经济弊端。国家向终端用户提供天然气往往成本过高，而终端用户获得天然气付出的对价往往过低。毕竟，国家所有权可不是为有效生产和提供天然气服务的。国家所有权是以社会和谐，支持国家就业、刺激国家经济、促进外交政策等目的。

国家销售天然气的收入往往无法覆盖生产运输成本。于是，国家就需要从其他政府收入中提取资金进行补贴。国家补贴代表的是政府服务的政治性、社会性，这就意味着天然气交易的实际成本和收益始终不透明，人们无法正确衡量或评估天然气市场。

由于国家以低于其生产运输和交付成本的价格出售天然气，这一过程往往鼓励了用户的浪费，助长了环境危害，并扭曲了整个经济中的能源成本。除此之外，这些经济上的不利因素导致了国家长期缺乏资金，无法开发新的天然气，无法维护或扩大管道和天然气加工厂等基础设施，也无法将环境破坏程度降到最低。

重要的是，国家对天然气所有与输送责任，会造成一种公众观念，即天然气是或应该是一种低成本或无成本的公共权利。当政府为了收回成本或增加收入，开始将天然气销售价格提高到市场水平时，公众就会产生骚乱。所以，天然气国有模式意味着天然气既不受私人市场控制，也会脱离政治控制。

2. 国家干预下的天然气私有

天然气私有不同于天然气国有，美国和加拿大历史上允许私有的、追求利润的公司从事天然气生产、运输和交付，但天然气公司需要接受国家的监管。这种监管可能会把天然气的下游销售商当作私有的公用事业公司（public utilities）；把管道方当作私有的公共承运人（common carriers）（类似于电力供应商或公共汽车运输公司）。与一般的公用事业公司和公共承运人一样，北美的天然气管道方（pipelines）（运输天然气的管道的所有者或经营者）通常也会拥有某些特许权（franchise），比如，在指定地理区域内销售的专有权，以及获得跨越私人土地的非自愿通行权（rights of way）。作为对这种特许权的交换，天然气公司必须承担公共服务义务，并受到监管机构对其经营的限制。从历史上看，监管意味着私人销售商对天然气或天然气运输的收费价格仅限于规定的价格（tariffs）范围内。① 因此，销售商只能收回合规部分的成本加上合理的利润。

监管通常要通过一些较为复杂的过程，监管者在这些过程中接收信息，听取有关各方的意见，然后确定天然气交易中的规定价格、销售或运输的技术条件等要素。

受监管的天然气私有模式，优点是能控制销售商和运输商的垄断行为，同时调动私人资本来安装和经营生产、运输和交付天然气所需的系统；缺点是牺牲了竞争的潜在优势。监管会降低市场的灵活性，也同时产生高额的监

---

① WILLIAM H. Fundamentals of International Oil and Gas Law [M]. Tulsa：PennWell Corporation, 2016.

管成本。而且监管在一定程度上是由政治决定的，所以监管的结果难免带有政治色彩。

（二）天然气价格与运输监管需要克服的困难

天然气的定价和天然气运输是国有或私有监管模式中最关键的问题。不过，要想实现对价格与运输的有效监管，管网内输入输出量平衡问题和天然气质量控制问题，也是必须要解决的。

1. 管网内输入与输出量的平衡问题

由于天然气的运输特性，输入管网的天然气与下游用户取得肯定是不同的天然气。因此，在任何复杂的管道系统中，与其说是天然气的运输，不如说是天然气的置换（displacement）更为准确。那么当下游收到天然气量（take of the gas）与生产者或托运人注入天然气管网的量如果不一样，要怎么处理呢？

为了处理这种差异，需要一种平衡输入及输出的手段。平衡问题可能在许多情况下出现。例如，当两个或更多的当事人共有一个气井时，共有人之间可能会签订一个平衡协议（balancing agreement）（这在美国和加拿大很常见），规定当他们各自的采气量出现相对不平衡时应如何处理。

平衡协议还会应用在管网（grid）上。许多生产者向管网内销售，还有许多买家从管网里购买，这时就有一个明显的问题，即如何使下游买家购买的天然气与其实际收到的天然气质量相一致。

2. 天然气质量控制问题

另一个需要解决的问题是天然气质量问题。一口井生产出来的天然气与同一口井生产出来的天然气在井的寿命期内，其成分和热值可能不一样。天然气井的非甲烷产物（如乙烷、丁烷、丙烷）有的有价值，但有的（如水、硫磺）没有价值，甚至会损坏管道。

显然，必须制定出一套有可操作性的质量标准。这不仅是为了保护管道及其下游用户，也是为了确保生产者取得的价款，与其输出的符合统一标准的天然气质量相一致。

二、美国对天然气价格与运输的监管

在了解国际天然气市场的价格与运输背景后，我们发现了这些环节中存在的问题。为了寻找这些问题的有效解决途径，也为了反思既有解决方式的妥当性，有必要首先了解一些国际上先进国家的天然气价格与运输监管经验。

美国是天然气监管相对完善的国家。考虑到美国市场的国际地位及其较为成熟的天然气管理经验，本部分将对美国的天然气价格与运输监管展开介绍。

（一）美国天然气价格与运输监管对象

美国天然气行业的主体由私营和公有企业、政府监管机构、工业和居民消费者组成。美国国家和州政府的管辖范围有重叠和竞争，在每个国家和州政府内部，各种行政机构的管辖范围也有重叠和竞争。

对于美国的许多天然气价格与运输监管方式，只能从其历史发展的角度来解释。即使现在，美国对天然气的监管也只是反映了其不同部分通过时的各种公共政策需要，而并非一个逻辑上一致的监管计划。

在展开介绍前，我们首先需要知道美国天然气市场的监管对象主要有哪些，以便于我们更好地理解美国天然气价格与运输监管方式的历史演变。

美国天然气价格与运输监管制度根据监管对象的身份而有所不同。监管问题的复杂之处在于，自 20 世纪 90 年代初以来，这些不同的被监管方也都在变化。

主要的主体包括生产商（producer，从井口或附近开采天然气并在井口销售）、运输商或托运人（shipper，可以从生产商处购买天然气，然后通过管道将其运送给批发商或当地零售分销商）、管道（pipeline，这个术语通常不仅用于描述物理结构，而且还用于描述运输天然气管道的所有者或经营者。故下文用管道方取代原文管道的表述，以符合中文语言习惯）、当地分销公司（local distribution company，LDC）（从运输商处获取天然气并将其零售给最终用户，除了一些市镇所有的 LDC 外，美国其他 LDC 皆为以盈利为目的的私营公司)。

需要说明的是,监管制度也因天然气是在井口还是在井口下游运输的某个阶段(集输系统、传输系统或分销系统)而有所不同。

(二) 起步阶段的美国天然气价格与运输监管

天然气业务最初是地方性的。生产者将天然气出售给位于井口附近的用户,并通过短距离管道运输。如果说存在任何监管(早期的终端是工业或商业),那就是由运往和销售天然气的市政府负责监管。

随着市场和管道系统的进一步发展,天然气交易距离变长了、范围变广了。对天然气价格和运输的监管,也随之逐渐从市镇层面转移到个别州政府层面(或是市州结合的层面)。不过,如果天然气在跨州交易(interstate commerce)(买方与卖方分属不同州的天然气交易)中移转,根据美国宪法的联邦制概念,市和州无权对其进行监管,即使国家政府本身也无权进行监管。所以此时还谈不上从国家层面对天然气的销售和运输实行管制。

1. 管道方捆绑服务对天然气价格与运输的影响

从历史上看,在美国,管道方通常同时履行两种不同的职能:他们根据长期的天然气购买协议向生产商购买天然气,然后再通过管道方运输天然气,并转售给下游的买家。因此,他们的服务是捆绑式(bundled)的,即将所有的销售、运输和储存服务整合到管道公司中。管道方的下游买家通常是当地的分销公司——他们再把从管道公司获得的天然气转售给终端用户。

这种服务捆绑结构可能源于早期,面对不需要的来自石油钻井的天然气副产品时,早期的生产商可能会为单个买家建造和运营专门的天然气管道。因为一开始在美国,天然气是原油钻井所产生的不受欢迎、不重要的副产品。那时,没有管道系统运输天然就缺乏经济价值;没有管道系统,也就缺乏一个成熟的下游市场。或许就是在这种背景下,管道方的销售和运输功能开始捆绑起来。然而,随着管道发展为现代管网形式,下游买家不得不依赖管道方的捆绑服务这一事实产生了经济劣势。

下游买家(特别是大型工业和商业用户)不得不从运输天然气的管道方购买天然气,而不是从连接到管网的生产商和其他潜在卖家那里购买。即使管道方以外的销售商向下游终端用户提供更便宜的价格，终端用户也不能摆脱对管道运输的依赖。管道方要么不提供运输服务（除非与销售天然气相结合），要么在运输服务上对那些不购买其天然气的下游终端用户实行歧视。这种歧视可能包括管道方完全拒绝向非购买者提供运输服务，或偏爱买家客户而不是单纯的运输客户。例如，他可能会歧视性地优先向购买客户提供运输服务，或仅在可中断（interruptible）的基础上提供运输服务，而在管道供应能力不足的情况下，单纯的托运人将遭受供应中断。

19 世纪 80 年代初，能源经济学家已经开始相信，竞争会增加供应、降低价格，并使天然气市场更加有效。但是，管道方将销售和运输服务捆绑在一起的做法，使得买卖中的任何竞争都不可能发生。这无疑为市场发展埋下了隐患。

2. 跨州交易中天然气价格与运输的管制及其反思

20 世纪初中期，美国政府开始对跨州天然气交易进行监管。1938 年，国会颁布了《天然气法案》(the Natural Gas Act)[①]。该法案赋予联邦动力委员会(the Federal Power Commission) 监管跨州交易中天然气运输和销售的权力。联邦动力委员会现已改组为美国能源部的一部分，并更名为联邦能源管理委员会 (the Federal Energy Regulatory Commission)，后文简称 FERC。《天然气法案》保留了州和地方对仅用于州内交易（intrastate commerce）的天然气生产和运输的监管管辖权。

因为跨州交易与州内交易往往不能明确区别开，所以两者的管辖权区分也往往就不甚明确。起初，人们理解《天然气法案》不能对天然气生产商与分销商适用，即使生产和销售的天然气在跨州交易中流动或影响了跨州交易也不可以。由于在个别主要产气州，州内天然气的井口价格不受管制，所以多年来天然气定价完全不受管制，均由买卖双方通过天然气购买协议（gas purchase agreement）自由决定。

1954 年，美国最高法院在 Phillips Petroleum Co. 诉 Wisconsin 一案中认定，独立生产商在跨州交易中销售天然气用于转售，应受《天然气法案》保护。该判决开启了对大多数天然气生产商的定价以及天然气购买协议的其他

---

① U. S. Congress. Natural Gas Act (15 U. S. C. 717 et seq.)

条款和条件的全国性监管。具体来说，在进行销售或运输之前，在跨州交易中销售或运输天然气的一方，必须从联邦能源监管委员会（FPC/FERC）获得包含天然气销售或运输价格和其他条款的费用批准。要获得批准，费用必须反映服务成本加上根据繁复的规章确定的合理利润，而且通常要召开听证会。听证会上，FPC/FERC 的行政法法官会审查证据，有关各方可以出席、参与并表达反对或支持意见。

综上所述，我们可以总结为，在最高法院 1954 年 the Phillips Petroleum Co. 诉 Wisconsin 案后的 25 年间，美国政府开始对跨州交易天然气的价格和其他方面进行了监管。但是，这些监管成本高、效果差。例如，20 世纪 70 年代中期，FERC 将井口气价定得过低，导致天然气供应短缺。为应对天然气供应短缺，管道方（当时是生产商出售天然气的主要买家）与生产者签订了长期的照付不议（take-or-pay）的天然气购买协议，以保证自己得到足够的天然气供应。这些合同规定生产者有义务出售，管道方则有义务从生产者那里购买（获取）高额的最低数量的天然气，否则补足差额部分价款。

另外，美国国会为应对天然气短缺，于 1978 年制定了《天然气政策法案》（National Gas Policy Act），指示逐步放松对天然气的管制，希望市场的激励机制可以增加天然气产量。这项复杂的立法为 8 种不同类别的天然气分别设定了最高合法价格，一般根据通货膨胀率调整价格，并提高价格上限，帮助生产者收回因天然气收集、压缩和缴纳州税费等而产生的成本。立法还试图通过市场自发行为影响新生产的天然气价格，进而鼓励新的天然气生产。

（三）发展阶段的美国天然气价格与运输监管

新发现的天然气供应量急剧增加，新生产的天然气市场价格降到了现有的照付不议天然气购买协议规定的价格以下。但这导致买方的天然气管道方突然难以转售天然气，因此履行照付不议长期合同义务的负担瞬间加重。随之而来的，是违约的管道方和收不到款的生产商之间产生的大量诉讼。

此外，1978 年国会立法的关键条款复杂而模糊。它把天然气归入一个其所鼓励发展的类别，但天然气实际上属于另一个更有利可图的类别。简言之，虽然立法初衷是好的，但美国政府的监管造成了十余年的生产商与管道方的照付不议合同纠纷。这种管理将天然气归入其本不属于的类别，意在局部地放松天然气管制，反而却造成了理解混乱、额外诉讼和纠正错误这样的高昂代价。因此，FERC 对天然气价格与运输管制做了进一步调整。

1. 管道运输与销售解绑

既是为了解决"照付不议"的诉讼问题，也是为了继续《天然气政策法案》开始的放松管制，20 世纪 80 年代，FERC 允许成为单纯天然气运输者的管道方买断其照付不议的义务，并将买断成本增加到他们可以收取的运输费中。这一重要变化允许终端用户直接从生产商处购买天然气，并仅使用管道进行运输。

1985 年，FERC 第 436 号命令批准了所谓的"自主运输服务"（self-implementing transportation services），允许取得综合证明授权（blanket certificate authorization）的跨州管道方，自行开展或停止天然气运输服务。这意味着，只要管道方按照其向 FERC 备案的费用收取运输费，并遵守 FERC 的开放准入和一般费用政策，管道方就不必事先取得特定托运人的运输授权，而是按照先到先得的原则，向一切托运人提供运输服务，即与买卖环节脱钩（unbundled）的纯粹运输服务。

同时，FERC 的开放准入（open access）还要求管道方必须为一切能够支付费用的托运人运输天然气。管道方不能再以运输天然气数量、服务期限或最低限量等理由选择或拒绝客户。

2. 跨州交易中天然气价格管制解除

根据 FERC 第 436 号命令，如果管道方需要为某一客户的专属利益而建设管道设施，管道方是可以向该客户收取建设成本的。而且管道方还可以对运输服务设置合理的运营费用，只要这些费用可以作为管道费用的一部分被 FERC 备案和批准。

1989 年，国会向着 FERC 436 号令的方向进一步推进，颁布了《天然气井口价格取消管制法案》（*Natural Gas Wellhead Decontrol Act*）。该法案逐步取消了早期立法中的各类价格的法定上限，并规定 1993 年 1 月起取消有史以来对所有井口天然气价格的管制。该法案有效解除了 1993 年以后各州间井口天然气价格的管制，取消了 FERC 对跨州天然气交易价格的管制权。

（四）成熟阶段的美国天然气价格与运输监管

1. 管道方转变为单纯的运输商

1992年，FERC发布了第636号命令。第636号命令要求每条跨州管道将销售、运输和储存服务拆开。这有效地将管道方从天然气销售商转变为单纯的运输商。它对管道、对天然气行业的影响巨大，且持续至今。

同时，管道方不能在运输服务中歧视单纯的托运人（相对于管道方的买家而言）。这一非歧视禁令意味着，管道方再也不能一边畅通无阻地供应着买家的天然气，一边却拖拖拉拉地应付托运人。

现在，跨州天然气销售价格不是由监管机构制定的，而是由位于管网内任何地方的买方和卖方之间的谈判和竞争来确定。因此，FERC不再保护天然气买方免受天然气卖方收取的不公正和不合理价格的影响，也不再保证卖方将获得公正和合理的天然气价格。买家和卖家在谈判价格时必须自己保护自己。现在，天然气的销售和运输主要是由自由市场驱动的。所以，天然气生产商、管道方或买方，可以决定不向提供相似条件的某相对方出售、运输或购买天然气。他们有拒绝交易的权利。

2. 寻找最佳运输与定价方式

如果天然气的下游买方现在可以从位于管网任何地方的任何上游卖方那里购买天然气，那么显然，天然气运输不需要在卖方到买方之间直线移动。交付天然气的最低成本可能取决于能否找到某卖方和某买方之间运输段的最佳组合。天然气市场已经适应了这一新的现实。市场上的各主体能从电子公告牌上快速查到可供选择的运输路线与成本，还能咨询到可以计算出最佳定价的市场专家。

3. 放松对跨州天然气管道运输的管制

在目前的第636号命令制度下，虽然FERC不对跨州交易中销售天然气的价格进行监管，但它继续对此类天然气的管道运输进行监管。但即使是在运输方面，也出现了实质性的放松管制。

管道运输服务需要取得公共事业运营执照（certificate of public convenience

and necessity）。从事天然气运输的管道方仍然必须向 FERC 申请该执照，并向 FERC 提交其运输费用和运输条款所规定的费用。此外，每条管道的管道方还必须向 FERC 提交其所有合同的副本，当然也必须按照其提交的文件运营。

但是，管道的运输服务申请是可以自行完成的。不需要在运价生效前取得 FERC 的批准，而且只要管道符合 FERC 的一般开放准入和费用政策，管道方即可取得一系列的证明授权。对于跨州管道运输费用的变更，管道方须提前 30 天发布变更通知。这期间，FERC 可能要求管道方暂缓变更，以审查其是否公正合理、是否符合 FERC 的规定（FERC 休会期间，争议由 FERC 行政法法官主要基于书面证据进行裁判）。

运输服务申请针对的是每一条特定的管道，而不是每一项特定的交易。这意味着管道方和托运人可以根据自己的意愿，在不事先通知 FERC 的情况下，从相同或不同的交付点开始、停止、增加或减少运输服务。管道的运输服务必须在公平、开放的基础上提供。管道方在向某一托运人提供条款的同时，也必须向其他托运人提供相同服务的类似条款。FERC 的法规描述了如何计算最高和最低运输费用。在 FERC 备案的管道运输服务费用一般以距离、装运数量和管道成本为计算基础，但必须在 FERC 规定的范围内。运输费用、条款、托运人和管道方的安排，都通过运输和交换协议（transportation and exchange agreement）得以反映与确认。

总之，一直以来，美国对天然气价格与运输监管都非常复杂，这是由天然气行业本身的复杂性所导致的。美国对天然气的监管涵盖了若干方面，除了天然气的销售和运输，还包括管道建设、当地的分销公司、美国政府土地和外大陆架上的管道、天然气的进出口以及美国液化天然气（LNG）的进出口等许多方面。

三、欧盟对天然气价格与运输的监管

（一）欧洲国家内部的天然气市场垄断

从历史上看，欧洲国家各有各的天然气市场，但整个欧洲并没有一个整体的天然气市场。有些国家有大量管道网络；有些国家，如挪威，少得可怜；有些国家则完全没有。尽管欧洲有很多私营天然气公司在上游生产天然气，但在天然气运输、分配和零售环节，欧洲的国家往往把垄断性的所有权与控制权交给国家或地方政府运营的天然气公司。国家间签署的条约固然可以赋予一国管道为连接外国管道而穿越外国领土的过境权（注意，不是当地零售权）。但是，对天然气价格和运输的法律监管是国家性的，而国与国之间的情形又是那么不同，就像各国法律对国家许可的规定，各不相同。

简而言之，欧洲的各种天然气管道在分布上貌似成"网"，但实际互不连通。由于国家法律的差异和国家垄断，无论是欧洲的管道系统还是欧洲天然气市场，都没有在任何真正的经济意义上实现互联互通。构建整体化的天然气市场是实行标准化监管的前提。因此，进行一体化的天然气价格与运输监管，首先要打破垄断产生的壁垒。

（二）欧洲天然气定价与运输规则的透明化、开放化

欧盟法律致力于促进欧洲天然气定价与运输规则的自由开放，以扭转成员国的国家垄断现象，增进管网间的相互联系，推动一体化的欧洲天然气市场建设。现在，欧盟法律要求成员国开放其国家垄断企业和其他成员国的天然气公司之间的竞争，并且限制那些歧视其他成员国竞争对手的国家垄断企业取得政府补贴。

这些要求对欧盟成员国施加了压力，但没有强制要求它们改变或终结其国家天然气垄断。尽管如此，欧盟法律的这些要求，还是在一定程度上推动了 20 世纪 80 年代以来欧洲国家天然气垄断组织的私有化进程。

欧盟颁布的历次天然气指令（successive EU directives），也都对天然气价格与运输的管制进行调整，意在打破一体化市场建设的制度壁垒，密切欧洲各管网系统的相互联系。俗称为"1998 年天然气指令"（the 1998 Gas Directive）的《关于天然气内部市场共同规则的第 98/30 号指令》（*Directive 98/30 concerning common rules for the internal market in natural gas*）、"2003 年天然气指令"（the 2003 Gas Directive）和"2009 年天然气指令"（the 2009 Gas

Directive)，接连修订天然气内部市场的共同规则，要求成员国不断放开其在欧洲内部天然气市场。

1. 管道运输功能的独立

"1998 年天然气指令"涵盖了天然气和液化天然气的供应、运输、储存和分配，要求欧盟成员国确保其企业（undertakings）（通常是从事运输或交付业务的天然气公司）以商业性质运营，不得歧视不同用户。该指令并没有强求（require）在一个整合过的企业中将运输和存储功能与其他功能（如销售功能）分离开来，欧洲的管道方还是继续销售、运输和储存着天然气。这和美国不太一样，由于美国的管道功能分离要求（unbundling requirements），管道方现在只是运输，几乎不再销售天然气。不过，"1998 年天然气指令"还是从四个方面作出规定，以推动管道不同功能的分离。①

首先，它要求对符合条件的下游天然气购买者开放市场（market opening），以便买方能从其他卖方（非管道方）购买天然气。开放市场（market opening）意味着下游购买者可能选择其他卖方，因此，管道方就要能提供独立的运输服务（运输与销售功能不再捆绑）。当然，这需要慢慢来，初期目标是截至 2008 年，各国的市场开放度达到 33%。

其次，"1998 年天然气指令"要求管道方向有管道运输需求的其他卖方提供第三方准入（third-party access，TPA）（欧盟天然气指令的第三方准入 The EU Gas Directive's TPA 要求大致相当于美国 FERC 的开放准入要求）。这使得上游第三方卖家直接卖气给下游买家成为可能。可以想见，TPA 对上游卖家（包括海上生产商 offshore producers）与下游买家的磋商影响何其之大。

再次，"1998 年天然气指令"要求管道的各功能账目独立核算，综合天然气公司必须为销售、供应和运输这些不同的功能设立独立的内部账目（包括资产、负债、支出和收入）。账目独立核算也可以反作用于各功能的独立。对各功能单独的成本和利润核算，使各功能的账目透明化，管道方也会因而逐渐减少对"只运不买"用户（只托管道方运输而不从管道方购买天然气的用户）的歧视。

---

① Eugene D. Cross et al., EU Energy Law [R]. in Martha Roggenkamp et al., supra ch. 1.

最后，"1998 年天然气指令"要求欧盟成员国制定客观的设计和操作技术规则，以确保所有国家管道系统的可用性与非歧视性。共同的规则和标准不仅促进了一体化的管道网络发展，而且对下游买家是一种保障：他们订购与实际收到的天然气，与管网中任何其他来源的天然气质量一致。

"1998 年天然气指令"还要求对下列事项制定统一的国家规则，包括环境保护、争端解决、管道和天然气托运人之间的账目独立和透明度、管道安全导致的市场中断的应急安排、欧盟竞争法（EU competition laws）适用等。相较于"1998 年天然气指令"，"2003 年天然气指令"在管道功能的分离与账目独立核算、敏感竞争信息保密性等方面，规定得更细致。[①]"2009 年天然气指令"则取代了"2003 年天然气指令"，并允许欧盟成员国从下列 3 种规定的功能分离模式中择一适用：所有权分离模式（the ownership unbundling model）、管道系统独立运营模式（the independent system operator）、运输独立运营模式（the independent transmission operator）。[②]

2. 第三方卖家准入管道的规定

"1998 年天然气指令"提出，上游管道方应向需要使用管道运输的其他卖家提供第三方准入（third-party access，TPA）。在欧盟 1998 年、2003 年、2009 年"天然气指令"中，第三方准入（Third-party access）（TPA）都是市场自由化计划的一个关键组成。这部分规则的调整，也是"2003 年天然气指令"对 1998 年天然气指令的最大修订。

"1998 年天然气指令"包含了关于第三方准入（TPA）的重要的例外和限定。例如，对上游管道的 TPA 要求并不适用于气田内的生产管线（为了实现 TPA 的目的，指令中上游管道的定义与下游输气和配送管道不同）。另外，至少在下游管道方面，"1998 年天然气指令"允许成员国选择采用谈判准入（negotiated access）制度（欧盟各成员国的管道方应公开使用管道的主要商业条件，价格条款双方可以磋商）或监管准入（regulated access）制度（欧盟各成员国的监管机构公开价格相关条款以及供气条件，只要符合条件，都允许

---

① 2003 Gas Directive art. 18.

② 2009 Gas Directive art. 9-23.

进入)。

"2003 年天然气"指令取消了"1998 年天然气指令"对管道运输的谈判准入，改由欧盟成员国监管机构监管。由此看来，"2003 年天然气指令"一方面代表着早期美国式监管的一种回归，就是规范私有化公司在天然气市场的竞争；另一方面采用了美国式对管道运输的限制规范，各个管道公司只能在监管机构备案价格的基础上进行竞争，必须按照备案价格向托运人收取运费。

纵观上述三部欧盟天然气法令，我们会发现，管道容量有限或管道间缺少连接并不当然成为拒绝潜在第三方卖家准入的借口。事实上，这些指令考虑到了管道设备建造、升级的成本。我们也可以看出，欧盟成员国的监管机构可以（但不必）要求天然气托运人承担或分担管道连接和扩大容量的费用。如果管道方因为特殊原因拒绝第三方卖家准入，监管机构也能够原谅。(这些特殊原因包括管道方正在承担公共供气义务、存在财务上的困难、设备升级在经济层面缺乏可行性、设备规格在技术层面不兼容、管道需服役于低产量气田、还有其他公共利益考量因素等)。

3. 推动欧盟一体化天然气市场的持续努力

当然，无论何时，都可能有一些欧盟成员国比欧盟指令中要求的国家市场自由开放程度领先一步。例如，英国现有近乎完全自由的天然气市场、私有公司，并分离了运输和供气服务（至少对大型终端用户如此）。欧盟的努力还在继续。2011 年，欧盟在斯洛文尼亚设立了欧洲能源管制合作组织（ACER）（European Union Agency for the Cooperation of Energy Regulators）。

欧洲能源管制合作组织（ACER）通过对天然气价格、运输等环节的管制，发展和整合欧洲范围内的天然气管网，促进天然气批发交易的竞争。它助力和协调欧盟国家能源监管机构的工作，以推动欧盟天然气（和电力）一体化市场建立。欧洲能源管制合作组织（ACER）处理的重点事务，包括欧盟竞争法（EU competition laws）规定的内幕交易、市场操纵和滥用支配地位等事项。不过，对违法行为的执法权，还是很大程度为各成员国所保留，而且一直以来，各成员国执法往往"睁一只眼、闭一只眼"。

四、英国对天然气价格与运输的监管

(一) 背景——英国天然气产业的私有化

英国天然气产业的全面私有化始自《1986 年天然气法案》（the UK's Gas Act 1986）。在此之前，天然气的运输和分配系统为政府所有，而天然气的生产为私人所有。

英国的天然气产业私有化进程中有几个大节点。第一个节点是私有化。1986 年，英国政府对其拥有的具有垄断地位的天然气公司进行私有化，形成了一家颇具规模的私有天然气公司，仍然具有垄断地位。第二个节点是功能分离。根据欧盟法律对销售与运输功能分离的要求，1996 年，该公司分立为两个独立的实体：Centrica（一家天然气贸易公司）和 BG Group（生产、运输、储存天然气）。BG Group 后将运输业务分离出来，并入 Lattica 公司。Lattica 后与英国国家电网公司（National Grid Transco）合并。至此，英国天然气输配管网彻底独立于 BG Group（只从事生产和储存）。

随着英国天然气产业全面私有化，英国天然气公司由一个国有的天然气垄断性买家（原名 The British Gas Corporation）成为一个私有的天然气垄断性买家（后名 British Gas plc），保留和继承了原有的天然气订购合同。虽然新的私有公司没有在转型后取得任何一条近海管线，只负责从海岸线到终端用户的天然气供应和运输，但它拥有对英国近海生产商天然气的排他购买权。

(二) 英国政府对天然气市场的价格监管

英国天然气公司（British Gas plc）签过的合同均为长期合同，且合同约定有照付不议义务，因此，英国天然气公司要向生产商支付未提取天然气的价款。渐渐地，苦于英国天然气市场上的竞争者与日俱增，英国天然气公司不得不为其难以售出的天然气支付价款。[1] 这与 20 世纪 70 年代美国的情景十

---

[1] See Steven R. Dow, Energy Law in the United Kingdom, in Martha M. Roggenkamp et al., upra ch. 1 Additional Resources, at 1218-19.

分相似。对于小规模的终端用户，如居民用户，英国天然气公司维持住了垄断地位。但对于大型终端用户，独家供应的局面发生变化，因为这些用户开始自主向其他供应商购气。

英国天然气公司的垄断特性、公司的照付不议合同义务以及其对小规模终端用户的销售垄断，均成为英国政府监管英国天然气公司及其后来竞争对手的主要事实依据。

《1986 天然气法案》设立了天然气供应总署（the Director General of Gas Supply）。1999 年，天然气供应总署的办公机构合并成了一个专门的天然气与电力市场办公室（简称气电办）（Office of Gas and Electricity Markets），与英国经济竞争委员会（the UK's Competition Commission）一起，主要负责保障天然气行业的良性竞争。

气电办的监管包括运输价格标准制定与销售价格制定。制定运输价格标准是基于数年间的服务成本和投资回报；制定销售价格指的是对终端的消费者的销售价格，也就是小规模的终端用户，因为大型终端用户有独立谈判议价的能力。

（三）英国政府对天然气市场的运输监管

1. 第三方准入的放开

由于管道作为物理实体的存在客观上形成了一种天然垄断，所以理论上和实践中促进运输环节竞争都很困难。不过，通过要求管道公司放开第三方准入（TPA），可以模仿或复制向下游买家供气的竞争效果。

为了帮所有天然气供应商主张 TPA，《1986 天然气法案》处处都为供应商进入附近管道的谈判准备好了重要筹码。管道公司心里明白，除非达成第三方准入的双方合意，否则总署（the UK Director General）可能会以不利于管道公司的条件强制其允许第三方准入。

英国第三方准入的规定并不僵化，可以根据管道当前可用容量等条件灵活实施。如果总署发现管道容量还有空余，可以命令管道公司允许第三方准入，也可以用特殊条件限制管道公司的运输，如限制天然气运量或运输时间。总署可以制定运输价格标准，以反映运输服务的成本和资本回报，但进入管网的成本，实质上也从管道公司转移给了第三方供应商。所有这些规定都赋予了管道公司重要的谈判筹码，以保证管道公司与供应商在第三方准入谈判中拥有平等的地位。由于管道公司和供应商之间的谈判在私有化后变得过于冗长，政府在 1996 年发布了《近海基础设施实务守则》（an Offshore Infrastructure Code of Practice），其中规定了海上管道的自由化准入，还规定了商谈未果情况下第三方准入的条款与条件。

同年，英国政府又发布《天然气统一管网准则》（Uniform Network Codes），规定了没有天然气运输协议情形下相关细节。因近海天然气管道不归英国政府所有，《1998 年石油法案》（the Petroleum Act 1998）将第三方准入授权赋予了近海管道公司，前提是近海管道公司必须遵守 1996 年的《天然气统一管网准则》。

2. 运输功能的独立

将天然气业务进行输售分离，管道公司只负责运输，不再销售天然气，可以消除管道公司对"只运不买"（通过管道运输天然气，而不从管道所有者那里购买天然气）托运人排挤或打压的心理动机。因此，私有化后不久，在监管压力下，英国天然气公司将其管网（天然气运输）和供应（天然气销售）服务进行了拆分，建立了独立的部门。事实上，现在这些部门已作为法律意义上的独立实体而存在。Centrica 公司负责天然气供应业务，TransCo 公司负责天然气运输业务。

相较于欧盟 1998 年和 2003 年的"天然气指令"对成员国立法的要求，英国天然气公司在部门分拆过程中的步伐迈得更大。尽管"2009 年天然气指令"对分拆的要求严于 2003 年，但事实上，英国只需对独立的管网运营单位（Transmission System Operators）（TSO）的认证额外立法，就足以达到欧盟的最低要求。

3. 相关许可的批准

除了监管交易外，《1986 年天然气法案》（the UK's Gas Act 1986）设立的天然气供应总署（the Director General of Gas Supply）还负责批准许可。英国法律要求，公共天然气运输商（public gas transporters）（与管道公司一起安排天然气运输)、供应商(suppliers)(与终端用户签订合同、销售产品)和托运人(shippers)(与公共天然气运输商一起安排运输)应取得专门的许可证。现实中,大多数托运人同时也是供应商。此外,管道建设需要由能源部长(the energy minister)或其内阁上级(cabinet-level superior)即贸易和工业部主席(the president of the Department of Trade and Industry)批准。除监管天然气价格外,设立于1999年的天然气与电力市场办公室(简称"气电办")兼有发放许可证的职责。气电办起初的立法结构设计意在避免其受政治影响,世易时移,它的职责随后还涵盖了天然气节约促进、天然气供应保障、对弱势消费者如养老金领取者和残疾人的保护,以及始于英国1995年《天然气法案》的环保职责。

(四)反思

相较于欧洲其他国家,英国建立起了更为独立的管网运营单位(TSO)和更为透明的第三方准入框架(TPA)。英国政府对天然气市场的价格与运输监管,增强了市场流动性,形成了竞争较为充分的市场格局,值得我国借鉴。目前,我国天然气行业的市场主体相对较为单一,仍以三大国有石油公司主导,要突破这种格局,政府尚需放宽准入,使不同主体参与到天然气生产、运输、配送、终端消费环节,建立更为透明的天然气定价与运输规则。

第二节 中外天然气纠纷中对照付不议的理解与适用

一、照付不议(take-or-pay)概述

照付不议(take-or-pay)合同是目前国内、国际大宗能源及原料购销的主要合同形式,其与一般的买卖合同区别显著。在工业气体行业,从上游气源开始,衔接中游管网,延至终端工业用户,这种合同形式贯穿了整个行业的产业链条。照付不议最先由欧洲壳牌石油公司在对外能源销售市场运作中

采用。只要卖方执行了"照供不误",买方就要按照合同的不低于照付不议的量接收天然气,少接收的气量,要照付气费,留待次年提取(补提气),确保卖方的气源销售,降低卖方的大规模开采、运输气源的市场风险。①

天然气交易合同中的照付不议在英美法中应用已久,也已经成为我国天然气交易合同中的重要条款。2014年,我国国家能源局颁布《天然气购销合同(标准文本)》,作为行业合同范本,正式采用了国际通行的照付不议条款。该文本对照付不议所做的典型表述为,"根据约定,卖方每月向买方供应产品,买方应向卖方支付产品供应费,即使买方未提取产品,也应当按照约定的每月最低提取量支付费用"。

可以看出,买方无条件和不可撤销的付款义务是照付不议的核心。不过,该类合同的货款、违约金等核心条款主要和约定用气量相关,由于买卖双方信息不对称、力量对比悬殊等因素,易突出强调买方的照付不议义务而导致权利义务不对等的情形,因此在有关案件审理中,还需要法院进行利益衡量。

本文基于1980—2020年美国与欧洲的6个相关案件以及我国近3年照付不议有关民商事纠纷案例,梳理中外法律实务中有关照付不议的若干既有争议与判决说理,希望能够为我国天然气纠纷中照付不议条款理解与适用提供参考。

二、照付不议的功能

首先,照付不议合同的存在,能够为天然气卖方前期投入提供保障。我国最高人民法院曾在有关判决中提到:"大宗天然气交易合同,一般为中长期合同,为了稳定供求关系、平衡各方经济利益,采用'照供不误''照付不议'交易规则,是该行业的惯例做法,也是大宗天然气交易一般规律的反映。在该类合同中,供气方为确保合同约定气量'照供不误',前期需要进行相当大的投入采购气源、建设供气管网等设施设备,故用气方需按合同约定气量

---

① 戴铁龙,蔡永彤,燃气能源销售中"照付不议"合同若干问题研究 [J]. 能源研究与信息 2006, 22 (3): 170.

承担'照付不议'的合同责任。"① 确实，在巨大的前期投入背景下，照付不议能够使卖方感受到未来交易的稳定性、可控性。

其次，这是买方为卖方缓解资金压力的一种方式。针对关于照付不议中"买方付款义务过高且不合理"的质疑，瀚宇国际律师事务所伦敦办公室（London office of Squire Patton Boggs）能源争议解决律师（Ben Holland）曾在文章中指出，take-or-pay 条款确保即使在天然气市场需求下降的情况下，卖方仍然能收到每年其打入管道的合同约定量的价款。通过这种方式，买方为卖方分担前期预付的大量资金成本，能够一定程度保护卖方的合法利益。从创造安全现金流的商业目的看，卖方通过照付不议收到的资金会作为其融资安排的一部分，有助于偿还其项目融资贷款。②

因此，我们需要理解，take-or-pay 中的"pay"，并非过高的或不合情理的义务设置，而是出于现实需要。关于照付不议条款在项目融资中的作用，更详细的解释为："跨境长输天然气管道项目的融资渠道常通过国际银团贷款，由投资者设立项目公司，以项目运营权获取的现金流偿还银团贷款。融资架构的基本框架是投资者即债务人，投资者以自由资产对贷款进行担保和偿还，银行可以完全追索投资者。因为有了照付不议条款的存在，使得天然气生产链条的上下得以捆绑，风险得以保证和分摊，为改变上述融资贷款的传统结构提供了可能。在天然气管道项目中，可以由项目公司作为承担贷款义务的法律主体，银行取得偿债来源于项目公司实际运营产生的收益，而对投资者不再无限追索。"③

总之，照付不议条款既为卖方前期投入提供了保障，也是为了买卖双方共同分担前期的巨大资金成本。照付不议条款的本质是一种风险共担机制。这使它在能源行业的合同中有特殊的地位。

---

① 2018 年最高院，中国铝业股份有限公司贵州分公司、贵州广汇天然气有限公司供用气合同纠纷二审民事判决书。

② Enforceability of take-or-pay provisions in English law contracts-resolved, Ben Holland, Journal of Energy & Natural Resources Law, 2016, Volume 34, 2016-Issue 4, 443-453. http://dx.doi.org/10.1080/02646811.2016.1164554.

③ 张云梁，"照付不议"条款在跨国天然气贸易中的理解与应用 [J]. 科技与法律，2020：184.

三、照付不议的文本表述

照付不议的表述会反映出约定双方的地位、态度，阅读其表述内容，也能更直观地使读者感受到照付不议条款的具体草拟方式与需要明确的细节。

1969 年前后，美国的 EEX 公司与美国天然气管道公司（Natural Gas Pipeline Company of America，NGPL）签订了许多为期 20 年的合同，将 EEX 的各种租约（包括 6 个联邦 OCSLA 租约[①]）所涵盖的天然气出售给美国天然气管道公司（NGPL）。[②] 合同中包含照付不议的条款，要求美国天然气管道公司（NGPL）在每个特定时期购买最低数量的天然气，或者即使不提走天然气，也要支付最低数量的相应价款。不过，如果美国天然气管道公司（NGPL）已经为其没有提走的天然气付款，付款后 5 年内都可以用这笔款项抵扣超出合同约定最低数量的天然气的价款。超出合同约定最低数量的天然气被称为"补充天然气"（make-up gas）。但是，不论美国天然气管道公司（NGPL）在 5 年时间内用不用"补充天然气"，EEX 公司都不会退还美国天然气管道公司（NGPL）因照付不议义务所付的价款。

此外，为使照付不议条款下双方权利义务对等，EEX 公司同意将其全部天然气储备提供给美国天然气管道公司（NGPL）。[③] 在 EEX 公司和美国天然气管道公司（NGPL）签订合同的时代，这种照付不议条款在行业内相当普遍，"天然气销售合同通常都会包含一个标准的照付不议条款"[④]。虽然合同的年代比较早，但约定方式还是很灵活的。此外，合同的设计是在努力平衡买卖双方的利益，而不致过分偏向卖方。事实上，买方的照付不议与卖方的照供不误是一枚硬币的两面，在是否达到约定的照付不议量条件下，买卖双方都需要履行各自义务。这种同时约定双方义务的表述在近年我国天然气行业

---

① The Outer Continental Shelf Lands Act, 43 U. S. C. § 1331, et seq.

② 美国天然气管道公司（NGPL）是一个管道采购商，在州际商业中购买和运输天然气，再转售给当地的分销公司。有关合同规定，美国天然气管道公司（NGPL）是 EEX 公司生产天然气的独家购买者。

③ Eex Corp. v. US Dept. of Interior, 111 F. Supp. 2d 24（D. D. C. 2000）.

④ Diamond Shamrock v. Hodel, 853 F. 2d 1159, 1164（5th Cir. 1988）.

合同中也是清晰可见的。

比如，一项协议中对照付不议量的约定表述为："无论是否与本合同其他条款相违背，若用气方在一年期内的任一月实际提取的天然气量小于该月的照付不议量，则用气方在此后 12 个月内补足提取量；若供气方在一年期内的任一月实际供给的天然气量小于该月的照付不议量，则供气方根据用气方实际需要在合同期内补足提取量。照付不议量=月度计划用量×(1-10%)。照付不议量应扣除因不可抗力而造成的无法供应或接收的气量。"[1]

又如，在一份《照付不议天然气供用区间合同（2011—2015 年)》中，约定了卖方要按照买方年度合同量 90%~110%保证气源供气，否则将承担相应的"短缺交付"责任。天然气买卖实行"先款后气"结算制度，买方按半月结算，结算时间为每月 11 日早 8：00 和 26 日早 8：00。每月 12 日前向卖方申报次月用气计划，并在当月 5 日、20 日前按所申报用气计划量支付预付款（预付款=月计划量/2×气价)。如买方在约定的应付款日期未付出款项，则买方向卖方交付日万分之五的逾期付款违约金。该违约金应从各应付款项应付未付之日起一直计算到该款项由买方付出之日为止。[2]

2017 年，美国佛罗里达地区法院的一个案件[3]传达出这样一个信号：即使合同中没有"照付不议"这一表述明确出现，法院可以根据合同表述具体内容，认定合同条款实际创设了一种照付不议义务，且认可其表述的清晰性。该案中，（原告）卖方起诉（被告）买方，称买方违反远期超低硫柴油销售合同中约定的固定价格。被告主张，根据美国统一商法典（the Uniform Commercial Code，UCC)，损害赔偿金应基于原告实际损失。法院认为，the PRISM Agreement 合同条款实际上已经创设了一种照付不议的义务。这种合同是履行方式可选择的合同，买方可以选择提走或不提走燃料，但不管怎样，都必须支付合同约定的金额。被告主张缺少合同里缺失"补足条款"（make-

---

[1] 贵州省高级人民法院. 中国铝业股份有限公司贵州分公司、贵州广汇天然气有限公司供用气合同纠纷，(2018) 最高法民终 500 号。

[2] 太原市小店区人民法院，山西天然气有限公司与河津市鑫胜镁业有限公司买卖合同纠纷案，(2015) 小商初字第 00248 号。

[3] WORLD FUEL SERVICE INC v. JOHN E. RETZNER OIL COMPANY INC. CASE NO. 16-20787-CIV-SEITZ/TURNOFF United States District Court, S. D. Florida. Signed 01/17/2017.

up clause），不影响照付不议表述的清晰性。

买方试图通过后来签订的另一份合同中使用的"购买（purchase）"和"损害赔偿（damages）"这两个词来规避这些明确的条款（把"purchase"解释为"take and pay"，指出两者有其一未完成，就应视为违约，故应适用违约损害赔偿）。

法院认为，被告选择照付不议的义务，与原告以固定价格提供约定数量的天然气的义务，都已经在 the PRISM Agreement 中清晰约定。无论被告是否取走天然气，其支付义务都是明确无误的。在案件涉及多个合同文件的情况下，法庭判决以 the PRISM Agreement，也就是照付不议的表述出处为准，因此法庭将买方付款义务视为合同中对照付不议一贯到底的承诺，最终支持了原告的诉求。

四、照付不议在中国

当前，中国天然气市场飞速发展，在四大能源通道中，管输天然气和 LNG 贸易，含有照付不议条款的长期合同占据绝对主导地位，对国内天然气销售市场产生了重大影响。[①]

近年来，我国民事裁判对照付不议的接受度越来越高，或者说，法院更加普遍地支持了照付不议在民商事纠纷中的适用。即使案件中，卖方用较为牵强的说理，试图使之"违反基本国策"，以逃避"短缺交付"（照供不误）责任，法院也会以"协议中约定的'照付不议'条款，系双方真实意思表示，不损害国家、集体、他人合法权益，该条款有效"而不予支持。[②] 由于照付不议赋予了买方很重的义务，自然也会有买方试图规避这种义务。在 2018 年的一例案件中，买方的理由是"继续按照'照付不议'条款获取买方最低购买

---

① 李树峰，等. 国际天然气市场"照付不议"条款变化趋势及中国企业应对建议［J］. 国际石油经济，2019. 27（11）：57.
② 卖方主张"照付不议"条款里保证每月最低用气量的要求，明显违反我国节约能源的基本国策，违反《节约能源法》的相关规定，属于《中华人民共和国合同法》第五十二条规定的无效情形，因此该约定无效。详见 2020 江西省高级人民法院，福建省晋江市火炬建材有限公司、江西实华燃气集团有限公司买卖合同纠纷二审民事判决书。

量差量款，有违等价有偿原则和公平原则"。对此，法院结合涉案合同内容与双方实际履行情况，驳回了买方诉讼请求，因为"合同不存在权利、义务不对等情形，双方应对意思自治支配下的行为及其后果负责。"①

所以，当合同里明确约定了照付不议条款，买卖双方就都要严肃地对待它，不能够轻易使之无效。即使在后续补充协议签订时，没有继续约定照付不议条款，也不应想当然认为照付不议已经失效。在我国一起 2017 年案件中，当事人主张照付不议条款已被后续买卖合同否定，法院未予认可："因'照付不议'是大宗天然气交易行业惯例，且《技术协议》特别约定'照付不议'规则条款的优先适用效力，而后续合同并未明确排除《技术协议》确定的'照付不议'条款的适用，综合整个合同内容来看，被告认为后续买卖合同排斥《技术协议》所确定的'照付不议'条款的适用，缺乏充分的依据，显然不能成立。"②

另一方面，在适用过程中，如果照付不议合同中确实存在权利义务不对等的情形，法院也会从公平合理的角度出发，考虑合同履行情况、商业成本、行业利润等综合因素，平衡双方的权利义务，而非机械地适用。③ 比如，关于"照付不议"损失的认定，2020 年江西省高院在审理一起案件时认为，合同虽有约定，但该约定条款履行的前提是合同正常履行情况下没有达到最低用气量应负的合同义务。该案的事实是由于当地政府的查封行为，导致买方中途停止向卖方购买天然气。客观上，卖方已经在一定期间内向买方供气，买方也付清了该阶段的气款。在此情形下，如果要求买方仍要按照合同约定向卖方承担"照付不议"条款义务，会导致双方利益的严重失衡。④

---

① 参见 2018 厦门市中级人民法院，翔鹭石化股份有限公司、林德气体（厦门）有限公司供用气合同纠纷二审民事判决书。

② 参见 2017 贵州省高级人民法院，贵州广汇天然气有限公司与中国铝业股份有限公司贵州分公司、中国铝业股份有限公司供用气合同纠纷一审民事判决书。《技术协议》指涉案双方在最开始签订的《LNG 天然气供气技术协议》。

③ 2014 年的普莱克斯（上海）工业气体有限公司与长兴凯鸿新型墙体材料有限公司买卖合同纠纷案，为今后审理此类案件提供了有益的借鉴样本，具有典型意义，也因此被选为上海市浦东新区人民法院涉自贸试验区典型案例。

④ 因政府查封，导致买方没有取得卖方交付的天然气。后来由于种种原因，协议无法继续履行，卖方在买方要求下拆除气站。参见 2020 年江西省高级人民法院，福建省晋江市火炬建材有限公司、江西实华燃气集团有限公司买卖合同纠纷二审民事判决书。

五、英美法对 take-or-pay 里"pay"的性质争议

近 30 年间，美、英两国分别产生了对"照付不议"条款中支付义务的性质是债还是违约损害赔偿金的分歧。1993 美国 Roye Realty & Developing, Inc. v. Arkla, Inc.①，天然气买方 Arkla 主张，take-or-pay 条款的"pay"是一项违约赔偿条款。这个主张可能是因为损害赔偿要依据买方实际损失计算。这样计算出的金额，低于基于"照付不议"应付的价款，对买方更为有利。

俄克拉何马州最高法院认为，基于对"take-or-pay"的文义解释②，买方 Arkla 有可选择的第二种履约方式，如果没提天然气也没付价款（没有 take and pay），他只是没履行第一个可选义务（an alternative obligation），这还谈不到违约，因此不会产生违约赔偿。除非买方仍不履行另一个可选义务，即支付约定的数额，才是拒绝履行合同。因此，买方主张违约损害赔偿的阶段错误。

因此，"照付不议"（take-or-pay）合同的"pay"不是违约赔偿条款（救济），而是两种可选履约方式之一。法院驳回了买方的诉讼请求。

英国也有过对 take-or-pay 里"pay"的性质争议。

英国最高法院的态度是：take-or-pay 条款里，"pay"这项付款义务是"可强制执行的"（enforceable），因为它的性质是债。在英国法下，履行像"pay"这样一项付款义务，要么应视为债（primary obligation），要么应视为损害赔偿金（secondary obligation），但不能两者都是。如果履行这项义务是为了获取天然气或运输服务，显然是债（primary obligation），不是违约损害赔偿金③。一句话总结就是，照付不议条款中，支付义务的性质是债，不是违约损害赔偿金。此前英国有过关于罚金规则存废的争论，争论结果是英国法中罚

---

① Roye Realty & Developing, Inc. v. Arkla, Inc., 1993, 863 P. 2d 1150.

② Gene G. Boerner III, Roye Realty & Developing, Inc. v. Watson: Oklahoma Decides the Royalty Obligation on Take-or-Pay Settlements Using Plain Terms Analysis, 33 Tulsa L. J. 891 (2013).

③ Enforceability of take-or-pay provisions in English law contracts-resolved, Ben Holland, Journal of Energy & Natural Resources Law, 2016, Volume 34, 2016-Issue 4, 443-453. http://dx. doi. org/10. 1080/02646811.2016.1164554.

金规则应当存续，但只能适用于违约情形①。所以，take-or-pay 里"pay"的性质也不可能会是罚金。或许是由于大陆法与英美法的不同，以及中英文的语言表述特点，关于 take-or-pay 里"pay"的性质，并未检索到我国有过上述争议的案例。

六、照付不议合同履行中的问题

照付不议是天然气与液化天然气销售合同的典型特征，给买方提供了二选一的履行义务：要么提走天然气或液化天然气（且支付相应对价），或者支付合同约定的最低数额。对于卖方，也有按量供气的义务。在合同履行中，最常见的争议之一就是，出现特殊状况时，买方或卖方能否免除或是减轻自身的义务。

天然气销售合同中往往会约定不可抗力条款，而且买卖双方往往也会基于这一条款，主张能否免除自己的照付不议或照供不误义务。首先看一起买方主张不可抗力的案件，它的裁判精神是：买方因市场波动造成经济困难并非合同所约定的不可抗力，仍应履行照付不议合同义务。

1988 年美国 United States v. Panhandle Eastern Corp., 693 F. Supp. 88 (D. Del. 1988)，案涉合同约定了照付不议条款，但之后发生的不利经济形势使买方难以履行义务，因此买方主张不可抗力作为免责事由。

法院认为："根据合同中对不可抗力条款（合同第十三条）的约定来看，没有任何地方明确指出，高度不利的经济或市场条件可能构成不可抗力。相反，该条款明确将其适用性限制在实际影响用于履行合同的设施的事件上。第十三条规定，在恢复正常条件之前，只要其履行是实际可能的，双方的义务应继续有效。因此，第十三条明确规定，只有在发生影响到用于履行的设

---

① 2015 年英国 Cavendish Square Holdings BV v. Talal El Makdessi 案中，法庭认为，英国法的罚金规则只应适用于"一方不履行合同义务产生的救济"。缴纳罚金本身不能被当作一项需要履行的合同义务。对于合同，债的偿还属于 primary obligation（应当在先）；缴纳罚金（接受惩罚）属于 secondary obligation（应当在后）。英国最高法院最近的判决认为，英国法中罚金规则应当存续，但只能适用于违约情形。因此，罚金只能适用于损害赔偿，不能在债的关系里出现。

施，使履行实际上不可能的事件时，才能暂时解除合同义务。这并不一定意味着这些设施必须被实际摧毁。因此，第十三条考虑到了诸如罢工、停工或流行病等可能影响使用设施的事件。然而，所谓因市场波动造成的经济困难肯定不在第十三条的范围内。不愿意或没有能力支付金钱并不是影响设施使用以至于使合同的履行实际上无法进行的事件。

综上所述，法院认定，无论是市场条件造成的极端财务负担，还是未来政府行动的可能性，都不构成合同第十三条规定的不可抗力。这一认定在美国的法律和阿尔及利亚民法下都成立。因此这些因素都不能作为被告不履行'照付不议'义务的理由。"

中国照付不议合同履行纠纷中，出现过卖方以不可抗力主张免责的案例。虽然这不是一个发生在天然气交易领域内的案例，但它的启示对该领域同样有借鉴价值，那就是：将违反法律强制性规定的情形约定为不可抗力以图免责，该不可抗力条款无效。

（2020）浙江华峰氨纶股份有限公司、浙江诚名智能工程有限公司等与液化空气（辽阳）有限公司等破产债权确认纠纷案中，卖方因未获得安全生产许可（买方对此无过错），导致其自始无法履行供气义务。卖方于是以双方签订"氢气和蒸汽供应合同"中书面约定了"未获得安全许可"为"不可抗力"为由，主张免责，且主张买方仍应履行照付不议义务。

法院认为，获得安全生产许可是从事此类生产活动的前提，我国法律制度对此有强制性规定。[①] 对违法企业而言，不满足安全生产条件，无法获得安全许可，不属于企业在生产经营中不可预见、不可避免的客观情况，故不属于不可抗力。"氢气和蒸汽供应合同"中约定的不可抗力条款无效。

该案中，辽阳市中院没有采纳中国国际经济贸易仲裁委此前对该案的裁决。理由是"买方在卖方根本没有履行供气义务的情况下，按'照付不议'合同约定给付基本气费并赔偿卖方相关损失，有违公平原则。"因买方没有违约行为且合同无法履行，法院进一步判决买方有权单方解除合同。这又是一起综合考量各方因素后，为实现利益平衡，法院没有机械适用"照付不议"

---

① 参见《安全生产许可证条例》（中华人民共和国国务院令〔第 397 号〕）第二条。

条款的案例。根据实际情况，法院还大胆地赋予了守约方单方解除合同的权利。而在 15 年前的美国，针对约定有单边终止条件的合同中"照付不议"义务是否应在合同终止后延续，有过案例。

2005 年美国 ADVANCE RESEARCH CHEMICALS, INC., v. PRAXAIR, INC.，原告 ARC 与被告 Praxair 于 1998 年签署的《战略联盟协议》(the Strategic Alliance Agreement，SAA) 规定了最低照付不议 (minimum take‑or‑pay, MTOP) 的义务。被告请求法院认定在 2001 年之后的几年里，"照付不议"条款下没有可执行的协议存在，因此原告无权获得这些年的"照付不议"合同价款。另外，被告要求法院认定其在 2004 年终止 SAA 后的任何时期都不承担"照付不议"的付款义务。原告则要求法院认定被告有合同义务按照双方在 SAA 中规定的数量和费用承担 1998—2007 年的 MTOP（最低照付不议）义务。

根据案件基本情况，法院认定，1998—2004 年，SAA 合同里的"照付不议"条款存在可执行的合意。如果被告违约，原告将有权主张这期间的"照付不议"条款损失赔偿。但是，被告在 2004 年单方终止 SAA 合同后，不再于任何时段内承担"照付不议"义务。原告诉被告预期违约未得到法院支持，是因为 SAA 合同里允许单边终止合同。

最终，法院支持被告 2005—2007 年没有违约的简易判决动议，并驳回原告对被告 2005—2007 年违反 SAA 合同第 3.2 段而提起的简易判决动议。[1] 本案裁判要旨可一句话总结为：可单边终止的合同，终止后，"照付不议"义务随之终止。

第三节　跨境天然气管道项目与运输协议

一、跨境天然气管道项目

修建一条跨越不同国家的天然气管道，远非我们想象的那样简单，因为一个跨界天然气管道项目能否正常启动，取决于各参与方能否协商一致。

---

① 2005 WL 8175020. Only the Westlaw citation is currently available.

（一）跨境天然气管道项目的规划

一条跨越国界的跨境天然气管道背后，有许许多多条约与合同，其中的法律问题错综复杂且相互关联。这样一条跨境管道的修建项目，受到相关国家间现行贸易和投资条约的影响，并因此需要仔细地审查与修改。并且逆向协商也要同时进行——有关各方必须专门就有关国家和拟议项目的新条约和合同进行谈判，以解决管道的建设和运营问题，努力使新条约、新合同的形式和内容令所有跨境管道修建项目中的国家和私人参与者满意。

（二）投资跨境天然气管道的顾虑

相比于投资跨境石油管道和设施，国际性的石油与天然气公司对投资跨境天然气管道和基础设施一直比较抵触。其中有 3 个主要原因。首先是基础设施的开发成本。天然气基础设施的开发成本比石油基础设施的开发成本高出 30~40 倍。这是一个最难攻克的技术问题。其次是政治因素。天然气投资修建的固定设施很容易被当地政府征用，或沦为政治报复中的牺牲品。最后是国家对于销售给终端用户的监管往往会对投资者的收益造成限制，为安稳起见，投资者更希望亲自掌控从生产到零售分配的全部环节。

此外，天然气管道开发投资有时会面临"先有鸡还是先有蛋"的问题。具体而言，收回管道开发的成本，需先假定下游对天然气存在需求，但下游对天然气的需求，又必须建立在有管道供应天然气的假设之上。另外，一个天然气市场是管网化的还是孤立的，对该市场法律合同结构的影响巨大。比如，在一个单一化的市场中，投资人和贷款人可能会坚持签订长期的天然气供应合同，以保证能创造利润、回收成本；但如果有了管网和基础设施，管网中存在许多潜在的买家，投资人和贷款人就比较容易接受天然气的现货交易。

二、跨境天然气管道项目涉及的主要法律文件

跨境天然气管道项目参与方的数量非常多，成分非常复杂，如果哪一方在项目进程中拒绝让渡自己的任何利益，都可能导致项目胎死腹中。这就要

求每个参与方都应在个人利益、项目发展规划和现有国家法律中求同存异，通力合作，尽全力促成一个跨境天然气管道项目的成功。不难想象，其中必定会涉及大量艰难、耗时和昂贵的谈判、文件起草、证明提交的工作。

一般来说，跨境管道项目牵涉的法律文件中存在着三大类协议。

首先，所有受到影响的国家之间必须达成政府间的协议（条约）。

其次，管道实体和每个受到的影响国家的之间必须达成东道国协议。

最后，托运人（天然气生产商或所有人）、管道方和管道所经过的国家之间必须达成运输协议。当然，一些重要的问题还必须依靠补充合同解决。这些问题包括生产的充足性与销售的合理性、融资与参与，以及设施建设与运转等。

（一）政府间协议（条约）

在政府间协议（条约）中，每个国家都要承诺尽己所能支持跨境天然气管道项目。具体来说，每个国家都要同意批准政府间协议（使其有效并具有约束力）；颁布或修改所有必要的国家法律；保护国内的项目投资；签订所有必要的购买和运输合同；授予或取得土地权利或其他许可，以便在国家领土上敷设、建造和运营管道设施；保护项目设施和雇员的安全；安排融资（在可行的前提下）；使项目开展符合行政法规（如关税、环境保护、管道建设和运营）；对任何边界或其他争端定性并解决。

（二）东道国协议

在管道实体和被穿越国家之间的东道国协议中，东道国或国家天然气公司直接对管道负责，阐明并限制其对于管道的权利，制定参与分配管道收入或利润的条款，明确对设施及其运营的征税。东道国需要同意授予或获得通行权、颁发必要的许可；阐明取消或放弃的条件、后果和责任；解决天然气运输的商业和技术问题（如关税、取货、销售以及安全和环境监管）；对政局稳定、主权豁免、国家行为、争端解决条款作出承诺。不过，在法律体系和天然气管道行业高度发达的国家，如美国或英国，很可能已经存在一个普遍适用于管道的法律监管制度，规定了管道建设和运营的条款和条件。因此，单独的东道国协议可能是不必要的、不切实际的，甚至是被禁止的或限制的。

（三）运输协议

管道和天然气托运人之间运输协议的形式与内容取决于国家（或国家石油公司）是否正在参与管道项目或管道所运输的天然气项目，以及在已经发展起来的天然气和管道行业中是否有监管天然气运输的完善法律制度。

运输协议的形式和内容也取决于管道的功能，如管道是用于收集、传输还是分配天然气，以及当地的法律要求，如是否有必要给予第三方（开放）准入。关于协议的内容，运输协议必须约定运输天然气的数量、在每个时间阶段平衡输入量与输出量、天然气价格、托运人打进管道的天然气的质量和气压、存储和管道方提供的其他服务等。下面通过一个仲裁案件来具体感受国际天然气运输协议可能涉及的法律纠纷。

三、运输方在国际天然气运输协议纠纷中责任承担的案例

（一）案件概要

本案的当事人：乌克兰国家石油天然气公司（Naftogaz，乌克兰最大的石油和天然气生产商），以及俄罗斯天然气工业股份公司（Gazprom，世界上最大的天然气开采公司之一，由俄罗斯政府控股，俄罗斯的天然气开采方）。双方对签订的从俄罗斯和白俄罗斯通过乌克兰向欧洲运输天然气的长期运输协议提起仲裁。

仲裁请求发出近3年半后，2018年2月，斯德哥尔摩商会仲裁院（The Arbitration Institute of Stockholm Chamber of Commerce，SCC）第（2014）129号仲裁案对此作出了超过1000页的裁决。这也是过去一年中SCC仲裁金额最大的案件。

该裁决认为，尽管没有典型的照运不误（ship - or - pay）或照供不误（send - or - pay）条款，但俄罗斯天然气工业股份公司有义务每年交付最低数

量的天然气。当俄罗斯天然气工业股份公司未按最低数量交付时，乌克兰国家石油天然气公司有权获得违约损害赔偿。该裁决还确认，乌克兰国家石油天然气公司无权修改俄罗斯天然气工业股份公司根据相关合同应付的过境价格，因为不满足价格修改条款中规定的条件。虽然这只是针对一个具体案件的结果，但它提示所有天然气运输的参与方，在合同起草过程中要尽可能明确最低数量义务和违反这些义务的具体后果。

（二）背景介绍

乌克兰天然气传输系统是一个复杂的管道系统，从俄罗斯和白俄罗斯的"入口"，通过乌克兰，到乌克兰和罗马尼亚、匈牙利、斯洛伐克、波兰和摩尔多瓦之间边界的"出口"。该系统现在由乌克兰国家石油天然气公司的子公司天然气运输公司（Ukrtransgaz）运营。

2009 年，乌克兰国家石油天然气公司和俄罗斯天然气工业股份公司签订了一项长期协议，简称《过境合同》（the Transit Contract），旨在使用乌克兰天然气传输系统，将大量天然气通过乌克兰输送到欧洲。

在《过境合同》约定的 11 年期限内，根据该合同输送的天然气一度占到了俄罗斯出口到欧洲的天然气的 50%~60%，这使得乌克兰（用仲裁法庭的话说）成为"世界上最重要的天然气过境国"。

乌克兰国家石油天然气公司和俄罗斯天然气工业股份公司之间逐渐产生了一些与《过境合同》有关的争议。2014 年，乌克兰国家石油天然气公司开始申请仲裁（根据 SCC（斯德哥尔摩商会仲裁院）规则，并按照《过境合同》的要求，适用瑞典的程序法）。乌克兰国家石油天然气公司辩称：

（1）每年交付的过境天然气量低于《过境合同》商定的最低数量，Naftogaz 有权为这种交付不足获得损害赔偿；

（2）无论基于下列哪种依据，《过境合同》中规定的过境价格都应上调，而不应该下降：①《过境合同》中的价格修订条款；②由于定价条款不符合乌克兰法律（乌克兰最近进行了天然气市场部门的改革，以履行乌克兰对"天然气市场遵循欧盟第三能源一揽子指令（the EU's 3rd Energy Package Directives）"的承诺）或欧盟法律故而无效；③瑞典合同法。仲裁法庭支持了乌克兰国家石油天然气公司关于交货不足的索赔，并驳回了其关于价格修改的索赔。

（三）救济方式

照运不误（或照供不误）条款，要求托运人要么使用合同中约定的运输服务，要么无论如何都要付款。这是许多能源部门运输合同中的一个常见条款。这些规定为运营商（operator）提供了预先约定的"收入流"（income stream），构成了运营商融资安排的一部分。在英国法律中，不付款进入这个"收入流"可能被视为"债务"（协议中规定的一方应支付的明确金额，作为另一方履行特定义务的回报）。① 据此，不管实际已交付的天然气数量有多少，合同都会约定一个明确的应付金额。

在本案中，相关的运输合同并不包括照运不误（或照供不误）条款。然而，由于俄罗斯天然气工业股份公司的行为构成违约，乌克兰国家石油天然气公司仍然有权以利润损失的形式获得赔偿，因为俄罗斯天然气工业股份公司未能遵守每年交付最低数量天然气的合同义务。然而，损害赔偿的衡量标准是利润损失——通常会低于根据照运不误（或照供不误）条款所应支付的金额，因为利润只是根据此类条款所应支付金额的一个考虑因素。

虽然这项裁决可能会给那些合同中不包含照运不误（或照供不误）条款的管道运营商带来一些安慰，但这些运营商应该明确认识到提出债务支付要求（如根据照运不误条款）与提出违约赔偿要求（如乌克兰国家石油天然气公司在本仲裁中所做的）之间的区别。这些差异将根据法律适用而有所不同。例如，就英国法律合同而言："关于损害赔偿的规则不适用于对债务的索赔，如要求支付债务的索赔人仅需要证明他履行了义务或发生了该款项应支付的事件或条件；他不需要证明他因被告不支付而遭受的任何实际损失；因此，这与损害赔偿的整个概念无关；关于罚金的法律不适用于合同约定的应付金额；索赔人通常不需要履行减轻自身损失的义务；索赔人通常能够通过简易

---

① See Ashley and Holland, Enforceability of take-or-pay provisions in English law contracts – revisited (21013) 31 (2) J. E. R. L. 205. https://www.cms-lawnow.com/ealerts/2019/01/oil-gas-absence-of-send-or-pay-does-not-necessarily-avoid-liability.

判决满足诉求"①。在本仲裁中，乌克兰国家石油天然气公司的索赔是对利润损失的损害赔偿，而不是对所提供服务的付款的债务索赔。俄罗斯天然气工业股份公司要承担的是违约损害赔偿责任。

（四）现行法律和法律的改变

此外，这是一系列关于修改长期天然气运输协议中的合同约定价目表的案件中，最新的一起案件。[例如，见 PT Transportasi Gas Indonesia 诉 Conocophillips（Grissik）Ltd & Anor〔2016〕EWHC 2834（Comm）。这是英国商业法院的一项裁决，支持关于通过 Grissik-Singapore 管道运输天然气的协议中规定价格的仲裁裁决，涉案管道延伸至印度尼西亚②。另见挪威最高法院对 Gassled 的裁决。Gassled 是将天然气从北海和挪威海输送到挪威、英国和中欧的管道系统的所有者。③ 在该案中，法院认为挪威石油和能源部有权降低 Gassled 在新订单中对托运人的收费。] 该裁决再次提醒人们注意选择合同所适用法律的重要性。如果过境合同适用的是某国实体法，如乌克兰，那么仲裁庭很可能会裁定适用乌克兰竞争法。在可以自由商定合同适用法律的情况下，各方应仔细考虑采用哪种法律，以便最好地维护各自的立场。

由于过境合同适用瑞典法律，仲裁庭对根据乌克兰或欧盟法律宣布过境合同的条款无效或进行修改感到担忧，并表示这是"监管机构的事"。同时，在 2018 年 7 月的一份新闻稿中，乌克兰国家石油天然气公司证实，在收到裁决后的几个月里，它已经按照适当的程序，根据《过境合同》第 8.7 条要求修订价目表，并在与俄罗斯天然气工业股份公司无法达成协议时，随后将此

---

① Chitty on Contracts, 33rd Ed, 2018, Vol. 1 at para 26-009.

② Annual Review of Developments in English Oil and Gas Law, 2017 Ed, at pages 48-50. An electronic copy of this publication is available on the CMS website: https://cms.law/en/GBR/Publication/CMS-Annual-Review-of Developments-in-English-Oil-and-Gas-Law-2017.

③ "Gassled: Norwegian Supreme Court upholds government's right to amend gas transport tariffs." CMS Law-Now. <https://www.cms-lawnow.com/ealerts/2018/12/gassled-norwegian-supreme-court-upholds-governments-right-toamend-gas-transport-tariffs?cc_ lang=fr> (accessed 16 January 2019).

事重新提交仲裁。[①]

（五）给中国企业的借鉴

2018 年，中国超过日本，成为全球第一大天然气进口国。作为天然气购买方的中方，需要在合同谈判中主动重视、强调卖方的照供不误责任。从上文介绍的仲裁案例中，中国企业能够得到的借鉴是：合同起草时，中方作为买方要尽可能明确约定卖方交付不足的情形、卖方未达到最低数量义务应承担的后果。

本案特别需要引起注意的是，即使合同中未明确约定照供不误条款，供气一方也难以免除交付不足的责任承担。因此，中方不仅要在初期主动参与供气方义务的合同起草，而且当后期对方违反最低数量义务时，可以通过不同方式寻求救济（如本案，在没有照供不误条款情况下，被告因违反最低数量义务，原告不能基于照供不误主张债的索赔，但能够主张违约损害赔偿）。

当中国企业作为供气一方时，能够得到的借鉴是：当违反最低数量义务时，责任承担的轻重会因法律适用而不同。在国际天然气运输合同起草中，中方要积极参与约定适用哪国法律的谈判，明确中方需要承担的最低数量义务与违反该义务的具体责任承担。

[①] Oil & Gas：Absence of send-or-pay clause does not necessarily avoid liability for underdeliveries in international transportation agreements. An electronic copy of this publication is available on the CMS website：https：//www.lexology.com/library/detail.aspx?g=a14c4de4-6b7e-4472-8c5c-97dc9f6445c0.

后　记

我们为天然气企业提供法律服务至今已十余载，感慨良多。

法律是一个需要不断学习的技术领域。我曾经在法院从事过多年的民事审判，以律师身份执业后，主要的业务领域涵盖争议解决和部分非诉业务，此外，我还曾在毕业多年后赴英一年有余，在以能源法著称的大学学习法学课程，无论是理论学习还是实践经验都有了一些积累，多少可以称为"老法师"了。即使如此，在接触这个行业之前，对天然气行业特殊性的了解也十分寥寥。因此，在为天然气行业企业以及从业者提供法律服务之初，心中着实有些惴惴，担心学力不逮无法胜任。为此，曾经集中一段时间搜集大量资料、恶补相关行业知识，至今回想当年挑灯夜战、冥思苦想，力图破解新难题时的场景，仍会深感法律服务者的不易。所幸功不唐捐，我们服务的客户一个个项目顺利执行，遇到的法律问题一个个解决，由此带来的成就感和满足感远远超过了曾经的辛苦和付出。

多年的法律实践还促使我们思考，并尝试对现行法制的不足提出自己的见解或主张。律师不能空谈，必须给自己的客户提供解决的方案，这决定了我们更多关注法律规则在现实中的应用。在工作过程中，我们曾经遇到过一些很难实际操作的难题，比如有从事管道建设的天然气企业对外融资，需要将管道分段抵押给不同的金融机构，假如出现无法偿还贷款的情况，金融机构将如何行使抵押权将这分段的管道进行处置呢？会有企业接手这样的资产吗？在法院查封这类资产的过程中，也会付出大量的精力。针对这些问题，我们也会萌生出一些新的想法，例如提出了对天然气管道建立产权登记制度。

无论这些想法能否变成现实，相信多少都可以为日后解决行业中的难题提供一些思路，这也是我们阐述自己观点的价值所在。

法律实践还是一个伴随客户共同成长的过程。我们服务的某央企天然气公司企管部的领导曾经跟我们开玩笑，你们律师给我们企业做法律顾问，我们企业同时也帮助你们成长为更专业的律师。虽然是玩笑，但我们深有同感。想成为一个行业的专业律师，仅仅研究一些共性的法律知识是远远不够的，必须要对这个行业的特点和实际经营运转情况进行深入了解和把握，才能理解企业真正的需求在何处。在这个过程中，和行业专家、一线人员的深度沟通交流成为我们提高业务能力和水平的重要助力。包括在单纯行业性问题之外，伴随业务处理过程中对国有企业合规运营逐步深入的理解，也帮助我在后来国务院国资委组织的国有企业违规经营投资责任追究项目中有能力担任评审专家，参与规则的制定。本书作为这一段时间积累、学习、思考的成果和总结，其出版离不开这些师友的帮助，在此要向这些天然气行业的专家、技术人员乃至每一位帮助我们深入理解行业逻辑的从业者表示衷心的感谢。

在本书撰写过程中，我们律师团队的小伙伴以及实习生也做出了巨大的贡献，田卓亚律师、舒秋月律师、马莉律师以及我指导的中国政法大学的王盱衡同学、北京外国语大学的欧玥伶同学在工作、实习之余，帮助做了大量的资料搜集、整理工作，还对其中的部分内容进行了翻译、编写、修订。本书能够出版，也凝聚着他们的汗水和心血，在此对他们的工作和奉献一并表示衷心的感谢。

最后需要强调的是，尽管我们想将自己所有在法律工作中的经验、感悟毫无保留地呈现给各位读者，诚心可鉴，但执业律师毕竟不是天然气行业一线的从业者，也不是专业的理论研究者，无论是本书的逻辑结构还是文字，难免会出现一些偏差、遗漏，甚至是一些讹误，在此万望读者给予海涵，同时也期待各位方家不吝赐教，帮助我们在相关领域继续深耕，继续保持和提高我们的法律服务水平，助力行业发展。

参考文献

一、中文文献

[1] 刘吉余. 油气田开发地质基础：第 4 版 [M]. 北京：石油工业出版社，2006.

[2] 郑俊德，张洪亮. 油气田开发与开采 [M]. 北京：石油工业出版社，1997.

[3] 侯丽艳. 经济法概论 [M]. 北京：中国政法大学出版社，2012.

[4] 陈玉龙. 我国应加快天然气立法进程 [J]. 四川石油经济，2001 (5).

[5] 马强伟. 油气管道铺设中的用地问题及解决思路：从公共地役权理论到空间建设用地使用权 [J]. 法治研究，2017 (06).

[6] 孙宇. 油气管道地下通过权的法律属性探析 [J]. 吉首大学学报 (社会科学版)，2016，37 (06).

[7] 张耀东，陈元鹏. 论油气长输管道项目的用地管理 [J]. 国际石油经济，2010，18 (07).

[8] 靳媛. 从电网建设看公共地役权设定之现实意义 [J]. 社科纵横 (新理论版)，2009，24 (04).

[9] 陈新松. 天然气行业十大特色法律问题 [J]. 上海煤气，2015 (05).

[10] 黄振中，张晓粉. 浅论国际能源贸易中"照付不议"合同的特点与新趋势 [J]. 中外能源，2011，16 (03).

[11] 戴轶龙，蔡永彤. 燃气能源销售中"照付不议"合同若干问题研究[J]. 能源研究与信息，2006（03）.

[12] 程大庆. 国际LNG买卖合同价格复议与仲裁[J]. 当代石油石化，2020，28（06）.

[13] 邱豪. 中美天然气质量标准要求及实施比对[J]. 中国标准化，2022（15）.

[14] 王保登，王保群. 天然气质量指标有哪些？[J] 石油知识，2017（3）.

[15] 李树峰，王成龙，徐小峰，陈蕊. 国际天然气市场"照付不议"条款变化趋势及中国企业应对建议[J]. 国际石油经济，2019，27（11）.

[16] 肖泽晟. 公共资源特许利益的限制与保护：以燃气公用事业特许经营权为例[J]. 行政法学研究，2018（2）.

[17] 李公科. 燃气特许经营权法律与实务问题解读[J]. 现代商贸工业，2016（31）.

[18] 宏利伟. 燃气经营许可制度与特许经营制度的法律思考[J]. 商务时报，2011（38）.

[19] 陈兴华，董倩. 我国城镇燃气特许经营权的纠纷表现及解决机制研究[J]. 中国石油大学学报（社会科学版），2021，37（02）.

二、外文文献

HUGHES W E, Fundamentals of international oil and gas law [M]. Tulsa, Oklahoma：PennWell Corporation, 2016.